国家社会科学基金项目资助（项目编号：17BJY035）

企业创新模式选择及其金融错配纠偏机制设计

刘斌斌　著

·北京·

图书在版编目（CIP）数据

企业创新模式选择及其金融错配纠偏机制设计 / 刘斌斌著. —北京：科学技术文献出版社，2021.10（2022.10重印）
ISBN 978-7-5189-8398-8

Ⅰ.①企⋯　Ⅱ.①刘⋯　Ⅲ.①企业创新—金融学—研究—中国　Ⅳ.①F279.23

中国版本图书馆CIP数据核字（2021）第190589号

企业创新模式选择及其金融错配纠偏机制设计

策划编辑：孙江莉　　责任编辑：崔灵菲　胡远航　　责任校对：文　浩　　责任出版：张志平

出　版　者	科学技术文献出版社
地　　　址	北京市复兴路15号　邮编 100038
编　务　部	（010）58882938，58882087（传真）
发　行　部	（010）58882868，58882870（传真）
邮　购　部	（010）58882873
官方网址	www.stdp.com.cn
发　行　者	科学技术文献出版社发行　全国各地新华书店经销
印　刷　者	北京虎彩文化传播有限公司
版　　　次	2021年10月第1版　2022年10月第2次印刷
开　　　本	710×1000　1/16
字　　　数	224千
印　　　张	14
书　　　号	ISBN 978-7-5189-8398-8
定　　　价	58.00元

版权所有　违法必究

购买本社图书，凡字迹不清、缺页、倒页、脱页者，本社发行部负责调换

前　言

《企业创新模式选择及其金融错配纠偏机制设计》一书是笔者所主持的国家社会科学基金项目"企业技术创新模式选择及其金融资源错配纠偏机制设计与路径优化对策"（项目编号：17BJY035）的阶段性成果，非常感谢全国哲学社会科学规划办公室给予本书出版的资金支持。

自党的十八大报告明确提出"科技创新是提高社会生产力和综合国力的战略支撑，必须摆在国家发展全局的核心位置"以来，为了确保我国创新驱动发展战略的顺利实现，2016年3月，国务院在《国家创新驱动发展战略纲要》中进一步明确制定创新驱动发展战略实施过程中的"三步走"具体方针。但近年来所发生的中美贸易摩擦充分说明，原始发明创新不足、核心竞争力缺乏已然成为制约我国经济高质量发展的重要因素。随着发达国家先进技术封锁的日趋盛行，如何在新的国际国内环境背景下，进一步提升企业原始发明创新能力以解决我国当前诸多领域的核心技术问题，并顺利走出"中等收入陷阱"，显得尤为重要。

企业原始发明创新能力的提升不仅受其自身内部管理水平、创新基础、人力资本等诸多因素的影响，外部的市场结构、创新环境、创新文化及创新资源的获取等对企业原始发明创新能力的提升也至关重要。毋庸置疑，企业原始发明创新能力的提升是一个复杂的、长期性的系统问题，不可能一蹴而就。本书试图从创新资源获取的视角来剖析金融资源错配对企业技术创新模式选择的具体影响，并据此设计金融资源错配纠偏机制与优化路径，以期促进金融市场在资源配置中基础性功能的更好发挥与我国企业原始发明创新能力的提升。

基于金融资源错配必然扭曲企业技术创新模式这一基本理念，经过三年多的调查与研究，本书从我国企业技术创新及其模式选择现状入手，在深入分析金融资源错配的表征、成因、形态及其测算方法的基础上，采用演化博弈模型与系统动力学 SD 模型对金融错配影响企业技术创新模式选择的机制进行推演与模拟仿真。在此基础上，进一步基于不完全信息贝叶斯纳什均衡理论与信号发送理论设计出金融资源错配的纠偏机制并进行实证检验，据此提出相关政策建议及其金融资源配置优化路径与方案。但愿本书的付梓问世，能给相关领域的工作带来一些有益的参考与借鉴。

本课题在研究过程中得到了南昌大学刘耀彬副校长、中国人民银行南昌分行曹军新研究员、江西财经大学严武教授、广发银行宁波分行丁俊峰书记、长江证券江西分公司赵显亮总经理、江西省发改委朱邵勇博士与南昌大学中部经济研究中心戴璐博士等的大力支持，在此一并表示衷心的感谢！

无可讳言，囿于个人能力及其观点的局限性，本书在诸多方面仍有其稚嫩和欠缺之处，错漏难免，恳请各位读者批评斧正。

刘斌斌

2021 年 6 月 13 日

目 录

第一章 导 论 1
    第一节 研究背景与意义 1
    第二节 研究思路、内容与方法 9
    第三节 可能的创新与不足 13

第二章 文献综述 15
    第一节 技术创新及其模式选择的影响因素研究 15
    第二节 金融发展对企业技术创新影响的研究 22
    第三节 金融资源错配及其对企业技术创新影响的研究 23
    第四节 金融资源配置优化机制设计研究 28
    第五节 文献评述及其研究空间 30

第三章 我国企业技术创新模式选择现状分析 33
    第一节 技术创新相关概念界定 33
    第二节 企业技术创新模式选择分类 35
    第三节 我国企业技术创新及其模式选择现状分析 39
    第四节 我国企业技术创新及其模式选择存在的问题 49
    本章小结 51

第四章 金融资源错配成因、形态分析与程度测算 53
    第一节 金融资源错配内涵界定与表征分析 53
    第二节 金融资源错配成因分析 57
    第三节 金融资源错配形态分析 65
    第四节 金融资源错配程度测算 71
    本章小结 88

第五章 金融资源错配影响企业技术创新模式演化博弈分析 …… 91

第一节 基本假设与模型构建 …… 92
第二节 演化博弈均衡分析 …… 93
第三节 数值模拟与参数校正 …… 97
本章小结 …… 100

第六章 金融资源错配影响企业技术创新模式选择模拟仿真 …… 103

第一节 指标选取与系统边界确定 …… 104
第二节 SD模型构建 …… 105
第三节 模拟仿真与结果分析 …… 112
本章小结 …… 114

第七章 企业技术创新模式选择金融错配纠偏机制设计 …… 115

第一节 精炼贝叶斯均衡与信号发送机制理论回顾 …… 116
第二节 跨所有制并购缓解金融资源错配纠偏机制设计 …… 121
第三节 政府科技补贴的金融资源错配纠偏机制设计 …… 123
第四节 金融结构优化缓解金融资源错配机制设计 …… 129
本章小结 …… 130

第八章 金融资源错配纠偏机制效果检验 …… 131

第一节 跨所有制并购缓解金融资源错配效果检验 …… 131
第二节 政府科技补贴缓解金融错配对企业技术创新影响效果检验 …… 149
第三节 金融结构优化缓解金融资源错配效果检验 …… 172
本章小结 …… 184

第九章 主要结论与路径优化对策建议 …… 185

第一节 研究结论 …… 185
第二节 调研访谈及其结果分析 …… 188
第三节 路径优化与对策建议 …… 194

第十章　研究展望	200
参考文献	201
调查问卷	208
访谈纲要	211

图表目录

表 3-1	3 种专利授权量及其占比情况	40
表 3-2	不同省区发明专利授权量占比统计结果	41
表 3-3	发明、实用新型专利授权占比 IPC 分类统计结果	44
表 3-4	国有与民营企业技术创新及其模式选择统计结果	45
表 4-1	我国各类银行资产与机构数占比统计结果	61
表 4-2	不同所有制企业所面临的地区总体信贷错配程度测算结果	77
表 4-3	模型 4-12 中的变量设置与定义	82
表 4-4	国有与民营控股上市企业 2010—2016 年各变量均值比较结果	83
表 4-5	定向增发融资价格与规模对盈利能力与融资需求敏感性分析结果	85
表 5-1	企业 A 与 B 演化博弈收益矩阵	93
表 6-1	单位根 ADF 检验结果	106
表 6-2	部分时间序列的 Granger 因果检验结果	107
表 6-3	残差序列的 ADF 单位根检验	111
表 7-1	博弈分类及其对应的均衡概念	118
表 8-1	模型（8-1）中各变量描述性统计结果	140
表 8-2	跨所有制并购影响主并民营企业金融资源配置受扭曲程度基本回归检验结果	141
表 8-3	跨所有制并购降低民营企业金融资源配置扭曲程度的机制检验结果	143
表 8-4	不同地域跨所有制并购影响主并民营企业金融资源配置受扭曲程度检验结果	146
表 8-5	不同行业选择跨所有制并购影响主并民营企业金融资源配置受扭曲程度检验结果	148

表 8-6	变量描述性统计分析	159
表 8-7	2012—2017 年我国 A 股市场国有与民营控股企业各变量均值比较	162
表 8-8	金融错配影响企业技术创新的政府补贴效应实证检验结果	162
表 8-9	政府科技补贴对金融错配约束下企业研发投入的"挤入效应"检验	169
表 8-10	不同金融结构地区规模较大企业资产收益率、信贷数量与信贷价格均值对照	179
表 8-11	不同金融结构地区中小企业资产收益率、信贷数量与信贷价格均值对照	179
表 8-12	地区金融结构对不同规模企业信贷价格影响回归结果	181
表 8-13	地区金融结构对不同规模企业信贷数量影响回归结果	182

图 1-1	总体研究思路与技术路线	10
图 3-1	我国 3 种专利授权量占比动态变化趋势	40
图 3-2	民营企业相对于国有企业的（发明）专利申请及有效专利数占比	46
图 3-3	中国发明专利授权五大局占比	48
图 3-4	五大局有效专利占比	48
图 4-1	两人经济均衡的埃奇沃思盒示意	54
图 4-2	金融资源错配形态	70
图 4-3	股权融资占银行新增贷款比例动态变化趋势	81
图 5-1	演化博弈均衡分析	97
图 5-2	企业 A 概率选择曲线（$y=0.2$）	98
图 5-3	企业 A 概率选择曲线（$y=0.8$）	98
图 5-4	企业 B 概率选择曲线（$x=0.2$）	99
图 5-5	企业 B 概率选择曲线（$x=0.8$）	100
图 5-6	基于相关条件参数设置的博弈双方概率演化	101
图 6-1	因果关系	107
图 6-2	金融错配影响技术创新 SD 模型	110
图 6-3	企业技术创新仿真图	113

图 7-1 两类企业无差异曲线 …………………………………… 125
图 7-2 分离均衡 …………………………………………………… 126
图 7-3 不同企业的补贴要求 ……………………………………… 127
图 7-4 不同质量企业比例下的分离均衡与高质量企业境况 …… 128

第一章 导 论

第一节 研究背景与意义

一、研究背景

(一) 技术创新成为我国经济发展新引擎

改革开放以来,我国经济长期保持两位数的高速增长,国内生产总值已跃居世界第二,仅次于美国。在世界范围经济增长普遍出现低迷的国际背景下,我国2019年经济仍保持6.1%的增速,国内生产总值高达99.1万亿元,取得了举世瞩目的成绩。① 虽然在过去几十年中,得益于人口红利、结构红利与改革红利,我国的经济保持了高速稳定的发展,但这种源自于要素与投资拉动的粗放式增长在不久的将来可能难以为继,由此引发的资源枯竭、环境恶化等一系列不足与弊端将不断凸显。历史经验表明:没有技术进步的投资增加只会导致产能过剩的出现,无法实现技术赶超将难以摆脱"中等收入陷阱"的困境。随着我国经济发展水平的进一步提升及与之相伴的人口红利、结构红利与改革红利的逐渐消失,如何进一步确保我国经济持续稳定的发展并逐步实现我国经济的高质量发展,引起各级政府与学者们的广泛关注。

自熊彼特1912年在《经济发展理论》一书中首次系统提出技术创新概念以来,技术创新被认为是一国或一经济体实现经济持续稳定增长、产业转型升级和企业永葆持续竞争力的关键影响因素。在前人工作的基础上,新古典经济增长理论学派的诸多学者进一步指出,技术创新既是经济增长的核心

---

① 数据来自中国统计局官方网站。

动力，也是不断缩小世界范围内收入差距的重要途径。① 改革开放以来，虽然邓小平提出"科学技术是第一生产力"这一重要发展战略，但由于我国当时的科技水平基础薄弱、经济发展水平较低，技术创新水平的提升主要是通过对外资的引用来学习国外先进生产管理技术与经验，"以市场换技术"成为那个时代提升我国技术水平的重要手段。然而，随着世界竞争的加剧与国外对先进技术封锁的日益加重，我国曾一度在失去"市场"的同时，并未换得国外的核心技术。于是，在21世纪初引发了商务部与科技部之间关于"以市场换技术"政策可行性与持续必要性的一场激烈争论，并因此在2012年党的十八大报告中明确提出"技术创新是提高我国社会生产力和综合国力的战略支撑，必须摆在国家发展全局的核心位置"。

为了确保党的十八大报告所提出的"创新驱动发展"战略的顺利实现，2016年3月，国务院在《国家创新驱动发展战略纲要》中进一步明确制定创新驱动发展战略实施过程中的"三步走"方针，以确保我国创新驱动发展战略目标的真正实现。第一步，到2020年进入创新型国家行列，基本建成中国特色国家创新体系，有力支撑全面建成小康社会目标的实现。这一阶段要求创新型经济格局初步形成、自主创新能力大幅提升、创新体系协同高效、创新环境更加优化。第二步，到2030年跻身创新型国家前列，发展驱动力实现根本转换，经济社会发展水平和国际竞争力大幅提升，为建成经济强国和共同富裕社会奠定坚实基础。这一阶段所要实现的基本目标包括：主要产业进入全球价值链中高端、总体上扭转科技创新以跟踪为主的局面、研究与试验发展（R&D）经费支出占国内生产总值比重达2.8%、国家创新体系更加完备、创新文化氛围浓厚、法治保障有力，全社会形成创新活力竞相迸发、创新源泉不断涌流的生动局面。第三步，到2050年建成世界科技创新强国，成为世界主要科学中心和创新高地，为我国建成富强民主文明和谐的社会主义现代化国家、实现中华民族伟大复兴的中国梦提供强大支撑。这一阶段的基本目标是：科技和人才成为国力强盛最重要的战略资源，创新成为政策制定和制度安排的核心因素；劳动生产率、社会生产力提高主要依靠科技进步和全面创新，经济发展质量高、能源资源消耗低、产业核心竞争力强，国防科技达到世界领先水平；拥有一批世界一流的科研机构、研究型大

---

① 戴维·罗默. 高级宏观经济学 [M]. 吴化斌，龚关，译. 上海：上海财经大学出版社，2014.

学和创新型企业,涌现出一批重大原创性科学成果和国际顶尖水平的科学大师,成为全球高端人才创新创业的重要聚集地;创新的制度环境、市场环境和文化环境更加优化,尊重知识、崇尚创新、保护产权、包容多元成为全社会的共同理念和价值导向。为了充分保证"创新驱动发展战略"的顺利实施,该纲领进一步明确了具体战略任务。具体包括:①推动产业技术体系创新,创造发展新优势;②强化原始创新,增强源头供给;③优化区域创新布局,打造区域经济增长极;④壮大创新主体,引领创新发展等。

2017年,党的十九大报告上,习近平总书记进一步明确"创新是引领发展的第一动力,是建设现代化经济体系的战略支撑"的重要理念。他在报告中明确指出:加强国家创新体系建设,强化战略科技力量。深化科技体制改革,建立以企业为主体、市场为导向、产学研深度融合的技术创新体系,加强对中小企业创新的支持,促进科技成果转化。

由此可见,创新驱动已经成为我国经济增长的新引擎,我国应在现有基础上不断完善国家创新体系建设、夯实创新力量,让技术创新成为我国经济发展第一驱动力,让创新驱动成为实现我国经济高质量发展目标的重要机制保障。

(二) 原始创新不足成为制约我国经济高质量发展的重要因素

作为经济增长的重要驱动因素,技术创新引起各国政府与学者们越来越多的关注。虽然诸多国内外学者对技术创新相关问题进行了广泛而深入的研究,但对不同技术创新模式的划分迄今尚未形成一个统一的标准。一般而言,国外学者在对技术创新问题进行研究时,很少对具体的技术创新模式进行区分,而我国则不然。国内学者在研究技术创新问题时,一般认为按照技术创新模式差异可以将其分为自主创新及与之相对应的技术引进和模仿两种。[①] 如果按照技术创新的独立程度来分,可以将其分为独立创新与合作创新[②];根据技术创新能力层次差异可以将其分为原始发明创新和包含外观设

[①] 自主创新的概念最早由浙江大学陈劲教授在1994年提出的。杨德林和陈宝春(1997)对自主创新进行了明确论述,认为自主创新是指企业的创新是依靠自身力量独自研究开发、进行技术创新的活动。万君康(2000)、周寄中等(2005)及毛蕴诗和汪建成(2006)则通过对模仿创新与自主创新的比较界定了自主创新的内涵。洪银兴(2010)强调自主创新是自主知识产权的创新。

[②] 吴延兵,米增渝. 创新、模仿与企业效率:来自制造业非国有企业的经验证据[J]. 中国社会科学,2011(4):77-95.

计与实用新型在内的二次创新两种。① 尽管对技术创新模式的分类并未形成一致性标准，且早些年人们对技术创新究竟是选择自主创新还是引进或模仿，抑或是采取自主创新还是合作创新进行了探讨，但近年来越来越多的国内学者倾向于以技术创新能力差异对我国技术创新问题来展开研究，即将技术创新分为原始发明创新和包含实用新型与外观设计在内的二次创新两类，并其各自的专利申请量或授权量来衡量我国不同地区、不同行业及不同企业之间的技术创新能力水平差异。②③

近年来，虽然我国的技术创新水平相对于改革开放初期得到了明显提高，且自 2011 年起我国的专利申请量长期位居世界首位，成为世界专利大国，④ 但原始发明创新不足、核心竞争力匮乏仍是制约我国经济高质量发展的重要因素并引发中央政府的高度关注。⑤ 以 2018 年爆发的中美贸易战为例，虽然美国所实施的 "232 调查"、加征关税、"301 调查" 及 "华为" 事件等一系列行为，表面上是为了解决中美之间的贸易不平等问题而产生的贸易摩擦，但其真实的目的却是为了限制美国那些具有竞争优势的高新科技产品对中国的出口，以此来阻碍中国的技术进步并控制中国发展的命脉。由此可见，在日趋严重的发达国家技术封锁的背景下，如何实现我国更多领域的"突破式"创新以打破国外对我国所进行的技术封锁，真正实现诸多领域的核心技术突破，其意义不言而喻。

那么，我国企业对不同技术创新模式的选择具有哪些典型特征？又是什么原因导致我国原始发明创新的不足呢？

（三）金融资源错配影响企业技术创新及其选择

技术创新能力的提升离不开资源的优化配置。作为核心生产要素，只有当金融资源得到合理配置时，才能引导人力、技术等其他生产要素源源不断

---

① 左勇华，黄吉焱. 不同 FDI 进入方式对区域创新能力影响研究：基于市场化程度差异视角 [J]. 科技管理研究，2017（6）：85 – 91.
② 黎文靖，郑曼妮. 实质性创新还是策略性创新？：宏观产业政策对微观企业创新的影响 [J]. 经济研究，2016（4）：60 – 73.
③ 康志勇. 政府补贴促进了企业专利质量提升吗？[J]. 科学性研究，2018（1）：69 – 80.
④ 数据来自国家知识产权局官方网站，网址为 http：//www.sipo.gov.cn/.
⑤ 刘斌斌，陈熹. 信贷错配环境下知识产权保护对区域技术创新影响分析：基于中美贸易战背景的思考 [J]. 金融经济学研究，2020（1）：137 – 149.

地从效率低下的企业或部门流向效率较高的企业或部门，最终促进生产效率的提升与企业技术创新能力的增强。反之，当有限而稀缺的金融资源出现错配时，将会阻碍其他生产要素的进一步合理流动，势必造成企业生产效率的损失与技术创新时的 X - 效率。

金融资源的合理配置要求有限而稀缺的资源按照"效率均等"的原则在不同经济主体间进行配置，使得效率较高的企业获得更多的资金支持，效率次之者获得较少的资金，效率最低者难以获得资金。金融资源的合理配置需要完善的金融市场工具才能实现，而完善的金融市场工具须以健全的银行、证券、保险三大现代金融体系为前提。然而，由于历史原因，我国金融资源配置长期以来均以银行信贷为主。当金融资源通过银行系统信贷渠道在我国进行配置时，受我国"二元"所有制经济结构与金融资源配置政府主导型特征的影响，大量信贷资金流向了效率低下的国有企业，信贷所有制歧视现象明显、信贷错配严重。[①②] 虽然我国近年来的股票市场融资规模不断扩大，但纵观我国股票市场发展的历史可知，企业股权融资机会与规模亦在很大程度上受企业控股权性质差异的影响，导致证券市场的金融资源错配现象依然明显。[③] 特别是近年来，我国金融行业的"脱实向虚"现象特别明显，因而如何进一步促进金融更好地服务于实体经济问题备受中央政府与学术界的高度关注。根据相关数据统计，我国金融业企业数量占全国企业数量仅 1.2% 左右，但其所创造的利润却占全国企业总利润的 65% 以上。更有甚者，在 2017 年上市企业利润中，金融行业所创造的利润竟占全部上市企业总利润的 70% 以上。我国金融行业的自我循环现象明显，制造业过早的"空心化"、资本的无序扩张及金融投机行为的膨胀等已经给我国实体企业与总体经济的发展带来巨大的系统性风险。

金融资源是社会核心生产要素之一，金融资源配置的优化将引导人力、技术等生产要素在企业与部门间合理流动，而金融资源的错配势必对企业技术创新及其模式选择产生不利影响。正如 1912 年熊彼特所指出，金融发展

---

① SONG Z, STORESLETTEN K, ZILIBOTTI F. Growing like China [J]. The American Economic Review, 2011, 101 (1): 196 - 233.
② 靳来群. 所有制歧视所致金融资源错配程度分析 [J]. 经济学动态, 2015 (6): 36 - 44.
③ 戴利君, 刘斌斌. 控股权性质、外部融资需求与上市企业定向增发资源错配 [J]. 企业经济, 2018 (8): 105 - 111.

的本质是金融体系能够帮助企业家进行创新活动。金融发展将通过筛选企业家、为企业家技术创新融通资金、分担企业家技术创新风险和帮助企业家进行技术创新预期收益核算等渠道促进企业技术创新活动的进行。① 不仅如此,能否获得充足的外部股权融资和债务融资将直接影响到企业技术创新活动的进行及其创新模式策略的选择。②③ 当金融资源出现错配时,一方面,金融错配不仅容易造成部分效率更高的企业难以获得资金、影响到企业研发投入的资金融通可得性,导致企业研发投入不足,使得本身具有技术创新潜力的企业因融资约束而无法保证企业技术创新活动的顺利进行;另一方面,金融错配还常常导致资本市场价格信号的扭曲从而影响金融系统风险分散与收益评估功能的正常发挥,同时也会改变不同技术创新模式选择时的成本与收益,不利于企业做出正确的技术创新模式选择,从而对企业技术创新产生不利影响。据相关资料统计,我国中小微企业的专利数占比超全国专利总数的 70% 以上,但国有商业银行 75% 的贷款流向了国有企业、15% 以上流向大型非国有企业,中小微企业大多只能转向影子银行、小额贷款公司、地下钱庄等非正规金融机构。技术创新产出与金融资源获取之间的失衡已经达到令人震惊的地步。

那么,我国金融资源错配的具体形态有哪些?不同形态的金融错配程度如何?不同形态与程度的金融资源错配将对企业不同技术创新模式的成本和收益产生何种影响?进而如何扭曲企业的技术创新模式选择呢?

(四) 设计何种金融错配纠偏机制与优化路径值得深思

作为社会资源的核心要素,金融资源能否得到有效合理的配置不仅关乎自身配置效率的高低,而且直接影响到劳动、技术等其他生产要素的资源配置效率水平,进而对企业技术创新模式选择产生重要影响。毋庸置疑,当有限而稀缺的金融资源得到有效配置时,企业可以根据对自身的技术水平基

---

① KING R G, LEVINE R. Finance, Entrepreneurship and Growth: Theory and Evidence [J]. Journal of Monetary and Economics, 1993, 32 (3): 513 – 542.
② BROWN J R, FAZZARI S M, PETERSEN B C. Financing Innovation and Growth: Cash Flow, External Equity and the 1990's R&D Boom [J]. Journal of Finance, 2009, 64 (1): 151 – 185.
③ ANG J S, CHENG Y M, WU C P. Does Enforcement of Intellectual Property Rights Matter in China? Evidence from Financing and Investment Choices in the High-Tech Industry [J]. Review of Economics and Statistics, 2014, 96 (2): 332 – 348.

础、资金融通成本高低等因素的综合考虑做出正确的技术创新模式选择，不仅能提升自身技术创新效率，而且也更有利于整个国家的技术创新不断趋于效率前沿。相反，当金融资源出现错配时，不仅单个的微观企业技术创新模式受到扭曲，而且也会造成宏观技术创新效率的损失。虽然我国近年来通过混合所有制改革的形式不断完善市场经济体制机制，并不断强调让市场在资源配置中发挥基础性的作用，但我国长期以来所形成的"二元"所有制经济结构特征及政府对资源配置起主导作用的原貌并未发生根本性的改变，金融资源错配现象仍然比较明显，金融"脱实向虚"、自我循环、资本无序扩张、制造业过早"空心化"等问题已经变得越来越严重。

那么，在我国现有特定的经济发展阶段的背景下，考虑到金融资源配置效率高低对技术创新模式选择的突出重要性，该如何有效结合我国特殊的经济、社会、政治形势来设计有效的金融资源错配纠偏机制，来尽量减少其对企业技术创新及其模式选择的不利影响？又该提出何种更行之有效的优化路径以期让金融更好地服务于我国"创新驱动发展"战略目标的实现，并尽快解决我国企业原始发明创新不足、核心竞争力匮乏及诸多核心技术领域中的难题呢？这些都是当前亟须解决的重要问题。

二、研究意义

本书首先基于对我国企业技术创新选择模式现状的了解与把握，在对影响企业技术创新模式选择的金融配置错配进行形态分析与程度测算后，基于演化博弈模型工具深入分析金融错配影响企业技术创新模式选择的作用机制与传导路径；然后再以面板数据模型与系统动力学模拟仿真模型为基础，对理论分析结果进行实证检验。在此基础上，进一步设计企业技术创新模式选择的金融错配纠偏机制与优化路径，据此提出新时代背景下优化金融资源配置的具体对策及其制度保障，以期不断优化我国企业技术创新模式、提升企业原始发明创新能力，具有重要的理论与现实意义。

（一）理论意义

（1）剖析金融错配扭曲企业技术创新模式的机制与路径，丰富资源配置效率影响企业技术创新模式选择的现有研究成果。相对于现有研究成果多以实证检验为主、理论分析不足之局面，本书将结合我国企业技术创新模式选择现状及金融资源错配的形态与程度差异，基于演化博弈模型来深入剖析金融资源错配扭曲企业技术创新模式选择的作用机制与传导路径，以期揭开金融错配影响企业技术创新模式选择的"黑箱"。

（2）设计企业技术创新模式选择的金融错配纠偏机制，完善金融发展影响技术创新的相关理论体系。以往研究更多关注金融发展如何促进企业技术创新水平的提升，对金融错配如何扭曲企业技术创新进行深入研究的相关文献较少，更没有对如何设计相应的纠偏机制以优化企业技术创新模式选择进行深入研究的相关成果。本书以机制设计理论为基础，在对金融错配扭曲企业技术创新模式选择的具体路径及其影响效果进行深入分析的基础上，进一步设计出金融资源错配的纠偏机制。不仅有效丰富了金融发展影响企业技术创新的相关理论成果，而且更有利于完善金融发展影响企业技术创新的相关理论体系。

（二）现实意义

（1）对我国企业技术创新模式选择现状及其动态演化特征的深入剖析，有助于把脉我国企业技术创新现实能力水平并据此设计出更切实有效的顶层制度方案。虽然近年来，我国的技术创新水平得到显著提升，但原始创新不足、核心竞争力缺乏等仍是制约"创新驱动发展"战略目标顺利实现的重要因素，使得如何不断努力提升我国"突破式"技术创新能力成为中央政府长期关注的重点。本书将基于对具有不同地区、不同行业及不同控股权性质等异质性微观企业现有技术创新模式选择的深入调查，了解我国企业技术创新模式选择现状及其动态演化特征，不仅有助于把脉目前我国企业技术创新的现实能力水平，更有助于中央政府制定更切实可行的顶层设计方案，以进一步优化我国企业技术创新模式、提升我国企业技术创新的效率水平。

（2）剖析我国金融资源配置扭曲的形态与程度，为进一步优化金融体制改革提供决策参考与依据。基于企业外部融资需求满足程度及企业控股权性质差异双重视角，本书从"数量"与"价格"两个维度对我国银行信贷及证券市场上的金融资源配置扭曲形态进行分析，并进一步对不同地区、不同控股权性质的微观企业金融错配扭曲程度进行具体测算，以期深入剖析引起我国金融资源配置扭曲的深层次原因、具体形态及其程度高低，从而可以为相关政策制定者就如何优化我国金融资源配置效率、降低金融资源配置扭曲对我国企业技术创新模式选择的不利影响提供决策依据与政策参考。

（3）设计企业技术创新模式选择的金融资源配置扭曲纠偏机制，以期充分发挥金融资源配置优化对提升我国企业技术创新能力的积极影响。基于对不同形态与程度的金融资源配置扭曲如何影响我国企业技术创新模式选择的机制与路径分析，本书将设计出企业技术创新模式选择的金融资源配置扭曲纠偏机制，并提出与企业最优创新模式选择的金融资源配置路径优化方案相对应的制度保障与改革方案，形成企业技术创新模式选择的金融资源配置扭曲纠偏机制"工具箱"，发挥金融资源配置优化对提升我国企业技术创新能力的积极影响。

第二节　研究思路、内容与方法

一、研究思路

秉承"提出问题→分析问题→解决问题"之逻辑，以"现状分析→机制演绎→实证检验→机制设计→路径优化→对策方案"为主线，首先，本书对我国企业技术创新模式选择现状进行描述，并对金融资源配置扭曲的形态与程度进行分析与测算；其次，基于进化博弈模型对金融资源配置扭曲影响企业技术创新模式选择的内在机制进行演绎，并进行模拟仿真；再次，设计企业技术创新模式选择的金融资源配置扭曲纠偏机制，并构建具体的企业最优技术创新模式选择的金融资源配置优化路径；最后，在理论与实证分析的基础上，结合我国特定的政治、经济形态提出企业最优创新模式选择的金融资源配置优化对策及其制度保障。本书总体研究思路及其技术路线如图1-1所示。

二、研究内容

以"金融错配势必扭曲企业技术创新模式"为逻辑起点，以设计企业技术创新模式选择的金融资源错配纠偏机制与优化路径为目标，在对该领域现有研究成果进行搜集与梳理的基础上，本书紧紧围绕"现状分析→机制演绎→实证检验→机制设计→路径优化→对策方案"这一主线对相关问题逐层深入地展开研究。

企业创新模式选择及其金融错配纠偏机制设计

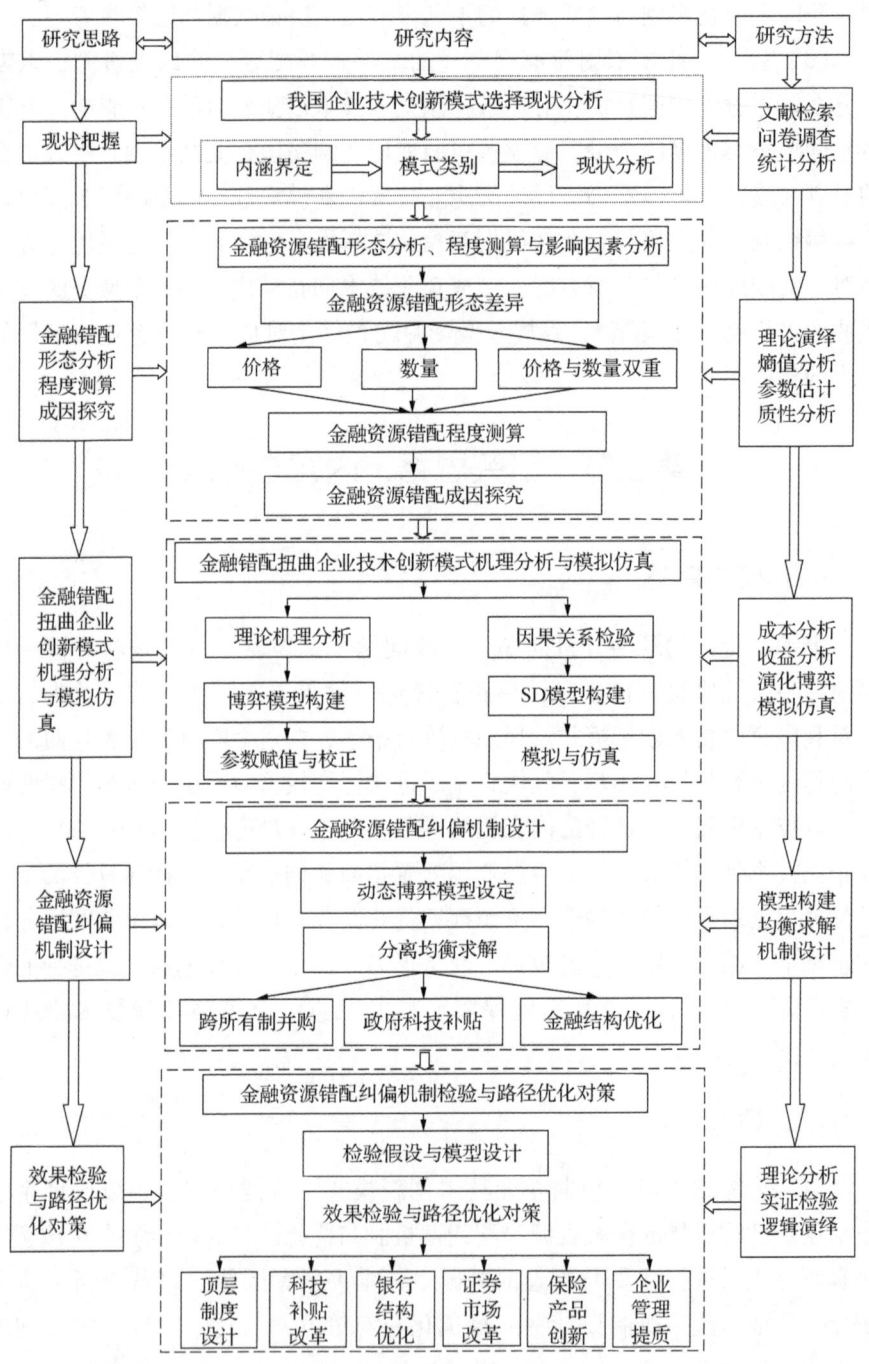

图 1-1　总体研究思路与技术路线

第一章 导 论

第一章为导论。导论部分首先从技术创新是我国经济发展新引擎、原始发明创新不足是制约我国经济高质量发展的重要因素、金融资源错配导致企业技术创新模式扭曲和设计金融资源错配纠偏机制设计4个重要的方面引出本课堂的研究背景，然后再从理论与实践上阐述本研究的重要意义。在此基础上，进一步对研究思路、研究内容和主要研究方法进行介绍，最后则提出可能存在的创新之处与研究中的不足。

第二章为文献综述。该章重点在于对所涉及的相关理论基础进行回顾，并对相关领域现有的研究成果进行梳理。这一部分首先介绍了技术创新及其模式选择影响因素的相关研究成果，然后再对金融发展促进企业技术创新的相关文献进行搜集与整理。在对金融错配如何影响企业技术创新模式选择现有的研究成果进行总结与分析的基础上，回顾资源配置优化的机制设计与实现路径相关成果。最后对上述各个方面现有研究中所存在的不足进行评述，并对尚需进一步深入研究的问题进行阐释。

第三章为我国企业技术创新模式选择现状分析。该章首先界定企业技术创新这一基本概念，然后再对企业技术创新模式的类别进行分类。在此基础上，进一步通过中国统计局官网、《中国科技统计年鉴》及其他搜索引擎对我国企业技术创新模式选择的现状进行统计与分析，发现企业技术创新模式选择在不同地区、行业及具有不同控股权性质企业间的分布情况，以期了解我国企业技术创新模式选择的典型特征。

第四章为金融资源错配形态分析与程度测算。该章首先介绍了金融资源错配的内涵与外延，并对其表征进行详细的描述，然后系统分析了我国金融资源错配形成的典型性原因。在此基础上，进一步分析我国金融资源错配可能存在的各种形态，根据不同的错配形态设计差异化的金融资源错配程度测算模型并基于不同的数据样本对企业所面临的金融错配程度进行具体测算。

第五章为金融资源错配影响企业技术创新模式选择机制与演化博弈分析。在这一章，将基于演化博弈模型来分析金融资源错配影响企业技术创新模式选择的内在机制及其传导路径。在对演化博弈模型做出最基本的相关假设后，首先对金融错配影响企业技术创新模式选择的作用机制做出质性分析，然后再对金融资源数量与价格错配情景下的企业不同技术创新模式的成本与收益进行具体分析。在构建演化博弈的收益支付矩阵模型后，进一步基于动态演化方程对进化博弈的均衡解进行详细探讨。

第六章为金融资源错配影响企业技术创新模式选择模拟仿真。在完成金融资源错配影响企业技术创新模式选择时的各个变量因果关系检验后，确定系统流位、流率变量并基于流率基本入树法构建 SD 模型。进一步通过对相关变量完成赋值后，进行 SD 模型的模拟与仿真，并对其所得研究结果进行深层次的分析。

第七章为企业技术创新模式选择金融资源错配纠偏机制设计。在回顾与机制设计相关的贝叶斯均衡、精炼贝叶斯均衡、信号发送等基本概念的基础上，进一步对通过跨所有制并购国有企业、政府科技补贴所产生的信号发送分离均衡进行博弈分析，并据此设计相应的信号发送机制。此外，本书还在该章通过领导者—追随者数量博弈模型阐述了增加中小银行对缓解我国金融资源数量与价格错配的基本原理。

第八章为金融资源错配纠偏机制效果检验。在设计出企业技术创新模式选择的金融错配纠偏机制后，该部分内容分别检验了跨所有制并购国有企业降低民营企业金融资源配置扭曲程度、政府科技补贴缓解金融资源错配对民营企业技术创新模式选择扭曲程度、中小银行发展对提升我国信贷资金价格与数量配置效率的积极影响。在此基础上，进一步设计出相应的优化路径与完善对策。

第九章为主要结论与路径优化对策建议。该章在对所得到的主要研究结论进行总结与整理的基础上，进一步指出本研究可能存在的不足及未来尚需深入研究的方向与问题。

三、研究方法

本书将综合采用文献分析法，质性分析与量化检验相交叉、理论分析与实证分析相结合等多种研究方法对所涉及的具体问题进行分析。现将所使用的主要研究方法介绍如下。

（1）文献分析法。文献搜集与梳理是对相关问题进行深入研究的基础，基于中国知网、Web of Science、Elsevier、百度学术等中英文数据库，在对所涉及的现有相关文献进行搜集与梳理后，通过分析现有相关成果中所存在的不足，进一步提炼出本书研究的具体内容与方法等。

（2）质性分析法。本书将基于质性分析法来分析企业技术创新的模式分类、金融资源错配的具体形态、企业最优技术创新模式选择的优化路径及具体的优化对策与制度保障等。

（3）博弈均衡分析法。在对金融资源错配影响企业技术创新模式选择的作用机制进行分析时，本书将基于演化博弈分析法对金融资源价格与数量错配如何影响不同企业的技术创新模式选择进行具体的分析与讨论。在设计金融资源错配纠偏机制设计时，首先构建不完全信息动态博弈模型，然后再对博弈模型进行分离均衡求解，并据此设计相对应的纠偏机制。此外，在讨论金融结构优化缓解金融资源价格与数量错配时，先构建领导者—追随者数量博弈模型。对该模型进行均衡求解后，进一步设计通过发展中小银行来提升金融资源价格与数量配置效率的具体机制。

（4）模拟仿真法。在完成金融资源错配对企业技术创新模式选择影响的基础上，进一步基于流率基本入树法构建系统动力学 SD 模型。在对相关参数进行赋值后，采用 VensimPLE 软件对金融资源错配扭曲企业技术创新模式选择的影响路径与程度大小进行模拟与仿真。

（5）实证分析法。本研究不仅包含对金融资源错配如何影响企业技术创新模式选择、企业技术创新模式扭曲的金融资源错配纠偏机制进行理论分析，而且还会采用多元统计、面板数据模型等多种实证分析法对所涉及的问题进行实证检验。

第三节　可能的创新与不足

一、可能的创新

（1）学术思想的创新。以进化博弈有限理性思维为基础，基于金融错配扭曲企业技术创新模式内在机制与传导路径差异化的视角，设计企业技术创新模式选择的金融错配纠偏机制，在机制设计上具有新意。以金融资源错配纠偏机制为基础，从最优金融结构理论、信息披露与政府科技补贴"后置化"视角提出企业实现最优技术创新模式的金融资源配置优化路径，在金融资源优化配置理论上具有一定的创新性。

（2）学术观点的创新。金融资源错配将扭曲资本市场信号而对异质性企业不同技术创新模式的成本与收益产生重要影响，金融错配扭曲企业技术创新模式的作用机制与传导路径因错配形态与程度的不同而有所差异。根据最优金融结构理论与不完全信息动态博弈理论，存在"适宜的"金融资源错配纠偏机制与优化路径帮助企业实现最优技术创新模式的策略选择，如何设计企业技术创新模式选择的金融错配纠偏机制与优化路径取决于金融错配的程度与形态。

二、存在的不足

本书从现有相关的研究成果出发，对企业技术创新模式进行分类，对金融资源错配形态与程度进行分析与测算，对金融资源错配扭曲企业技术创新模式选择的内在作用机制与传导路径进行探讨。在此基础上进一步设计了企业技术创新模式扭曲的金融资源错配纠偏机制，并据此提出具体的优化路径与政策保障。但囿于个人能力有限，本研究仍可能存在以下3点不足。

（1）样本数据的代表性。本研究在实证检验金融资源错配对企业技术创新模式选择影响进行实证检验时，所采用的样本数据主要来自国泰安 CSMAR 数据库和 Wind 数据库中的上市企业数据、一线调查所收集到的企业样本数据及团队实地调研的部分数据。因我国的企业数量众多，致使本研究在进行实证检验时所基于的数据样本可能存在有偏性，进而对检验结果造成一定的不利影响。

（2）企业技术创新模式选择的金融错配纠偏机制设计的全面性。众所周知，不仅影响企业技术创新模式选择的影响因素众多，而且经济、政治、历史等原因均有可能造成我国金融资源错配及其程度的加深。本研究在设计企业技术创新模式选择的金融资源错配纠偏机制时，更多是从经济学的视角来进行，这就使得所设计出的纠偏机制不够全面，尚需从更多的维度对其进行进一步的修正与完善。

（3）金融资源配置优化路径的可行性有待商榷。由于我国仍处于经济转轨时期，一方面，地区经济发展水平、技术创新基础及金融市场发达程度等方面所存在的差异程度明显，难以针对上述差异相应设计出各种具体的优化路径；另一方面，金融资源配置的优化不仅涉及金融资源配置本身，而且离不开经济、政治与法律等层面深层次的综合性改革，在短期内可能会影响到优化路径的可执行性。

第二章 文献综述

由于本研究旨在研究企业技术创新模式选择及其金融资源错配纠偏机制的设计及具体的路径优化对策，在对相关的理论与文献进行回顾与梳理时，将围绕以下4个方面进行展开：①技术创新及其模式选择的影响因素研究；②金融发展理论及其对技术创新的影响研究；③金融资源错配及其对技术创新的影响研究；④资源配置优化机制设计与实现路径研究。

第一节 技术创新及其模式选择的影响因素研究

一、技术创新及其模式选择问题研究

创新一词最早出现在亚当·斯密的《国民财富的性质和原因的研究》一书中，而技术创新这一概念最早却是由熊彼特于1912年所提出。自20世纪初奥地利经济学家熊彼特1912年在其《经济发展理论》一书中提出创新概念以来，[1] 技术创新影响因素及其模式选择问题备受理论界与企业界所高度关注。自改革开放以来，我国经济经历了长期高速、稳定的发展。然而，随着我国人口红利、结构红利和改革红利的不断消失，及技术创新水平的不断提升，如何能够持续保持我国经济的快速发展并屹立于世界之林是现阶段摆在我国目前需要重点考虑的问题。早在2006年，胡锦涛总书记就在全国科技大会上明确指出："一个国家只有拥有强大的自主创新能力，才能在激烈的国际竞争中把握先机、赢得主动"。在随后的《中共中央国务院关于实施科技规划纲领增强自主创新能力的决定》及国家的"十一五""十二五""十三五"规划中，中央政府也均明确企业在技术创新中的主体性地位。近年来，随着世界核心技术竞争程度的日益加剧及发达国家技术封锁程度的加

---

[1] 熊彼特. 经济发展理论 [M]. 郭武军，吕阳，译. 北京：华夏出版社，2015.

深,中央政府进一步先后在党的十八大、十九大报告中明确指出"科技是第一生产力",并确立"创新驱动发展"的宏伟战略及其分三步走的具体方针。

关于什么是技术创新问题,在 Schumpeter(1912)出版的《经济发展理论》一书中,他将技术创新的内涵定义为生产要素的重新组合,而技术创新的具体形式则包括"引进一个新产品、开辟一个新市场、找到一种原料的新来源、发明一种新生产工艺流程和采用一种新的企业组织形式"。沿用技术创新的这一原始定义,国内外诸多学者对企业的技术创新模式选择进行了广泛而深入的探讨。崔远淼(2005)在其博士论文中指出:"技术创新模式的选择是企业技术创新的重要内容,对不同技术创新模式的选择反映了企业预期投资额、风险偏好及其内在动机的不同。不仅如此,技术创新模式选择还是企业制定技术创新战略的核心内容,直接影响到企业经营的方向与成败。"① 然而,虽然诸多国内外学者对技术创新及其模式选择问题进行了广泛而深入的研究,但国内外现有文献迄今未对技术创新模式分类形成统一的标准,从而使得学术界对企业技术创新模式的类别问题并未达成共识。当按技术创新对象的不同来划分时,可以将技术创新分为产品创新和过程创新;当按技术创新的技术变动方式来划分时,可以将其分为科学技术创新和要素组合结构创新;当按英国苏塞克斯科技政策研究所规定的技术创新程度来划分时,又可以将其分为渐进式创新、根本性创新、技术系统的变革和技术 - 经济范式的变革这四大类;当按技术创新的动因来分时,可以将其分为技术推动型技术创新、需求拉动型技术创新和综合型技术创新3种;当按技术创新的组织方式或方法来进行划分时,可以将其分为自主创新、模仿创新、引进创新与合作创新等。在国内学者对该问题的研究中,早期的研究文献一般会按技术创新的组织方式或方法差异对我国技术创新模式进行划分。近年来,人们越来越认识到原始发明创新不足、核心竞争力匮乏是影响我国经济高质量发展的重要因素,因此会更多地按照技术创新的能力层次差异将其分为原始发明创新和包括外观设计与实用新型在内的"二次创新"两大类,由此衍生出"突破性"创新这一新的概念。

自主创新的概念最早由浙江大学陈劲教授在1994年提出。② 杨德林和

---

① 崔远淼. 基于企业边界视角的技术创新模式选择研究 [D]. 上海:复旦大学, 2005.
② 陈劲. 从技术引进到自主创新的学习模式 [J]. 科研管理, 1994(2):32 – 34.

陈宝春（1997）对自主创新进行了明确论述，认为自主创新是指企业的创新依靠自身力量独自研究开发、进行技术创新的活动。万君康（2000）、周寄中等（2005）及毛蕴诗和汪建成（2006）则通过对模仿创新与自主创新的比较界定了自主创新的内涵。洪银兴（2010）强调自主创新是自主知识产权的创新。笔者则倾向于认为：自主创新是相对于技术引进、模仿而言的一种创造活动，其要求企业依靠自身的力量独立完成创新的一系列工作，技术创新所需资源由企业投入，企业对创新独自进行管理和运作；模仿创新是指主体通过学习模仿率先创新者的方法，引进、购买率先创新者的核心技术和技术秘密，并以此为基础进行改进再创新的过程。① 由于不同创新模式在预期研发投入、研发周期、研发收益的风险与不确定性及研发成果的经济外部性等方面均存在较大差异，企业所选择的具体技术创新模式是其在综合考量自身优势和劣势后所作出的符合其发展战略目标后的结果。事实上，在市场竞争环境下，企业选择何种技术创新模式是其均衡博弈的结果。彭纪生和刘春林（2003）从经济效益的角度建立了自主创新与模仿创新的博弈模型，认为我国应更多地采取模仿创新来实现企业技术的进步。刘和东和石岿然（2007）基于罗默的领导者—跟随者模型在对我国企业最优技术创新模式选择进行研究时，也得到了同样的结论。高广阔和高书潜（2012）基于Maynard（1974）的进化博弈理论对企业技术创新模式选择问题进行研究时指出：企业对自主创新和模仿创新的选择依赖于其自身知识、技术和资本存量，当自主创新的成本过高而模仿创新成本很低时，企业将倾向于选择模仿创新策略。汤吉军（2012）的研究发现，当考虑到自主创新沉淀成本效应时，国有企业相对于非国有企业而言更不愿意进行自主创新，而是采取模仿或引进的技术创新策略。龚传洲（2012）指出，当企业技术创新过程中所面临的风险与收益不匹配时，极易导致企业技术创新的失败，技术创新过程中的关键问题在于对创新风险的有效管理。蔡翔和谌婷（2013）运用两阶段模型分析了我国中小企业自主创新与模仿创新之间的博弈均衡，并结合演化博弈模型动态分析了在影响创新收益参数取值范围不同的条件下的企业自主创新与模仿创新选择过程。戴园园和梅强（2013）则对我国高新技术企业技术创新模式的选择问题进行了研究。李士梅等（2015）基于 Hoppe &

---

① 陆玉梅，田野. 基于演化博弈的企业自主创新与模仿创新模式选择研究 [J]. 科研管理研究，2008（6）：25–27.

Grube（2005）的终止博弈模型对不同企业间的自主创新行为策略进行博弈分析时发现：如果政府在企业自主创新时给予一次性直接补贴或阶梯式补贴，具有后发优势的等待博弈将转化为抢先进入博弈，政府可以采取不同策略组合激发企业自主创新潜力和动力。

二、企业技术创新及其模式选择影响因素研究

随着人们对技术创新重要性认识程度的加深，如何才能实现更有效的技术创新问题备受政府与学术界所高度关注，由此引发对技术创新及其模式选择影响因素问题的深刻探讨。技术创新及其模式选择的影响因素众多，企业技术创新既可能是因为自身发展内在需求所驱动，也可能是因外在的竞争压力抑或是为了获得更多的政府补贴等而进行的"策略性"行为。[①]

在企业技术创新的内在驱动因素研究方面，根据熊彼特技术创新理论及现有的研究成果可知，物质、制度和精神等企业内在因素会对企业的技术创新行为产生重要的影响。郊萌和韩树政（2013）从企业利益驱动和投入拉动两个层面探讨来探讨企业技术创新动力时，发现R&D人员数量、经费投入、新产品产值和对外出口额等对不同类型高新技术企业产生的技术创新推动效应存在显著差异；企业所拥有的发明专利数量会对其技术创新产生显著为正的推动力。余子鹏和王今朝（2015）在基于调查问卷的数据进行研究时发现：财政、金融和劳动力市场等因素对我国企业技术创新作用不明显，企业物质、制度和精神等因素对技术创新选择影响较强，但对不同技术创新的效应差异显著。[②] 刘畅和梅洪常（2020）在对大数据企业的技术创新的内在影响因素进行研究时指出，知识资源量、关系网络、硕博学历员工数、研发投入等是中低型大数据企业技术创新的主要影响因素。

在企业技术创新的外在影响因素研究方面，根据熊彼特技术创新理论及现有的研究成果可知，财政、金融、知识产权保护、制度环境差异等均会对企业技术创新产生外部的影响。为了鼓励技术创新，国家一般会采取政府补贴的财政手段。在政府科技补贴影响企业技术创新研究方面，吴剑峰和杨震

---

① 黎文靖，郑曼妮. 实质性创新还是策略性创新？：宏观产业政策对微观企业创新的影响 [J]. 经济研究，2016（4）：60-73.

② 余子鹏，王今朝. 我国企业技术创新选择影响因素的实证分析 [J]. 科研管理，2015（7）：49-55.

宁（2014）发现：企业获得的政府补贴与其技术创新绩效之间不存在显著的正相关关系，且企业 CEO 两职合一、控股股东所有权和控制权的两权分离对政府补贴和技术创新绩效之间的关系起到负向的调节作用。丁重和邓可斌（2019）在对政府补贴影响中小企业技术创新时指出，"双创"政策对非高新中小企业政府补贴的增加改善了竞争环境，不仅能够增加非高新中小企业的创新产出，而且显著大幅提升了高新中小企业政府补贴的创新产出。此外，Xu 等（2014）及杨亭亭等（2018）基于不同的理论讨论了政府补贴对企业技术创新投入与产出的具体影响，且范寒冰、徐承宇（2018）及邓若冰（2018）等研究了政府补贴对不同所有制企业技术创新的差异性影响。Tether（2002）及 Kang 和 Park（2012）指出，当政府对效率高的企业进行补贴时，政府补贴可以通过直接的资金支持补充企业的创新资源，从而降低企业创新活动的边际成本、创新产出的不确定性与创新风险。

当从金融视角来研究其对技术创新的影响时，国内外学者们分别从金融发展水平、金融结构差异、金融资源可得性、金融资源配置小水平等方面对技术创新及其模式选择所产生的影响进行了大量研究。因后文对金融发展与金融资源配置效率如何影响技术创新的诸多文献进行了较为详细的梳理与综述，这里仅从金融结构差异与金融资源可得性两个方面对相关研究进行介绍。在金融结构差异影响企业技术创新方面，Kim 等（2016）认为信贷市场由于具有天生保守等特性，与创新高风险特征并不匹配，会抑制企业的创新活动。[①] 相对于银行信贷而言，Hsu 等（2014）指出，投资者可以从市场的均衡价格中提取有效投资信息，从而减少对未来投资的误判，促进企业对创新项目的有效资金配置，因此与信贷融资相比，股权融资更能够有效地支持企业创新。[②] Yin 等（2019）也指出，创新活动往往面临不确定性高、研发周期长等挑战，而金融市场的发展有助于缓解道德风险和逆向选择问题，从而更有利于降低企业的外部融资成本、提升企业的技术创新能力。[③] 在金融资源可得性影响企业技术创新方面，Brown 等（2012）对 1995—2007 年

[①] KIM S, LEE H, KIM J. Divergent effects of external financing on technology innovation activity: Korean evidence [J]. Technological Forecasting & Social Change, 2016, 106（5）: 22-30.

[②] HSU P H, TIAN X, XU Y. Financial development and innovation: cross-country evidence [J]. Journal of Finance Economics, 2014, 112（1）: 116-135.

[③] YIN X M, HAI B L, CHEN J. Financial constraints and R&D investment: the moderating role of CEO characteristics [J]. Sustainability, 2019, 11（15）: 41-53.

欧洲16个国家微型企业的实证研究表明，内源融资和外源融资的可得性是影响企业研发投资的重要因素，特别是对于那些融资受限的企业。[①] 在对金融资源可得性如何影响我国企业技术创新方面，海本禄等（2021）指出：不同外源融资方式对企业技术创新的影响具有显著的差异性；对融资约束程度较高的企业和技术密集度较高的企业，信贷融资显著抑制企业的技术创新，而股权融资则显著激励企业的技术创新。[②]

在知识产权保护程度及制度环境差异等影响因素方面，作为保障一定期限内合法垄断收益的制度安排，知识产权保护因有利于激励研发主体的技术创新而为各国政府所广泛采用。Lemley 和 Shapiro（2005）、Allred 和 Park（2007）、尹志锋等（2013）、Fang 等（2017）及龙小宁等（2018）等大量研究均发现知识产权保护有利于促进各国技术创新的有力证据。刘斌斌和陈熹（2020）则对知识产权保护在信贷错配影响企业技术创新时的调节效应进行了研究。在对制度环境差异如何影响企业技术创新的研究中，曹琪格等（2014）在对区域制度环境影响企业技术创新进行研究时指出，市场中介组织的发育和要素市场发育对企业技术创新产生了显著正向影响，且市场中介组织发育中的律师和会计师等市场中介组织服务条件、行业协会对企业R&D 投资有明显的影响，而其他诸如对生产者合法权益的保护等制度指标却没有促进企业技术创新的投入。与此同时，金融业的市场化、技术成果市场化程度这两个要素指标对企业技术创新发挥了明显的作用，但引进外资的程度、劳动力流动性对企业技术创新的影响不明显。王钦和张雀（2018）在研究制度环境与企业技术创新共生演进行为时发现：制度环境变迁主要是通过创新主体地位的确立和创新资源条件的创造对企业技术创新行为产生影响。徐鹏和白贵玉（2019）基于动态竞争视角对制度环境如何影响企业技术创新进行了深入研究，发现随着制度环境水平由低向高的逐步转变，动态竞争中企业技术创新积极性呈现出明显的先上升后下降的倒"U"形演化趋势。

[①] BROWN J R, MARTINSSON G, PETERSON B C. Do financing constraints matter for R&D? [J]. European Economic Review, 2012, 56（8）: 1512 – 1529.

[②] 海本禄, 杨君笑, 尹西明, 等. 外源融资如何影响企业技术创新: 基于融资约束和技术密集度视角 [J]. 中国软科学, 2021（3）: 183 – 192.

三、我国企业核心技术匮乏的原因分析

近年来,随着我国经济发展形势不断从追求数量走向质量大国要求的转变,人们越来越意识到:原始发明创新不足、核心竞争力匮乏是制约我国经济向高质量发展转型的重要因素。虽然我国先后制定了一系列鼓励技术创新的发展战略和政治纲领,企业在国家创新体系中的主体地位已经确立、创新能力也得到明显提高,但相对于外国企业而言,我国企业基于自主创新的国际竞争力并不显著。[①] 根据科技部的研究显示,我国在关键技术上的自给率水平仍然较低,对外技术依存度依旧在 50% 以上。

由于企业自主创新动力不足将直接影响国家的自主创新能力和国际竞争力水平,对我国企业自主创新成因不足问题的研究已经引起了国内诸多学者的关注。冯雁秋(2000)认为,我国企业自主创新动力不足的根源在于后发优势的存在加大了技术创新的机会成本,使其更加倾向于对现有技术的引进和改造而不是进行自主创新。张小蒂和李风华(2001)指出,我国企业自主创新能力不足一方面是因为企业在社会创新中的主体地位不明确,企业技术创新投入在社会总投入中的比例过低;另一方面是技术创新具有很强的正外部性,这种正外部性难以有效内部化为投资收益,削减了企业技术创新的积极性。袁泽沛和王琼(2002)认为,企业自身创新能力薄弱、科技意识淡薄,企业技术创新行为短期化是国有企业自主创新能力不足的主要因素。陈华(2006)发现,我国一些国有大型企业因受到政府保护而缺乏自主创新的市场激励,与外国企业的技术差距较大容易导致其过分依赖技术引进,从而渐渐失去自主研发能力。范红忠(2007)则认为,有效需求规模大小对一国的研发投入有着重要的影响,收入差距过大是影响我国自主创新动力不足的重要因素。高帆(2008)认为,要素价格扭曲是制约自主创新能力提升的关键因素,要素价格被低估将减少企业自主创新投入的动力。汤吉军(2012)则认为,国有企业在进行自主创新决策时会考虑沉没成本,使得现有经济体制下的国有企业不愿意进行自主创新活动。

---

① 李树培. 我国企业技术创新动力不足:原因与对策的博弈分析 [J]. 南开经济研究,2009 (3):116-127.

第二节 金融发展对企业技术创新影响的研究

一、理论机制研究

熊彼特早在1912年就提出，金融发展的本质是金融系统能帮助企业家进行创新活动。因此，金融发展应不断完善自身功能、实现金融资源的优化配置并积极参与到企业技术创新的各个环节中，否则将会出现金融资源配置的低效甚至无效的结果。King & Levine（1993）指出，金融发展应该为技术创新提供筛选企业家、融资、帮助企业家分散风险和对创新活动预期收益进行估值等功能。Brown 等（2009）及 Ang 等（2014）则进一步指出，企业是否进行技术创新在很大程度上取决于研发主体能否获得充足的外部股权融资和债务融资。由此可见，通过金融市场进行研发投入资金的融通是企业技术创新的首要前提。白钦先和谭庆华（2006）将金融功能划分为4层，分别为基础功能、核心功能、扩展功能和衍生性功能。其中基础功能主要包括服务功能和中介功能；核心功能为资源配置功能；扩展功能主要指对经济的调节功能和风险规避功能；衍生功能则包括企业资产重组、公司治理、资源再配置、信息生产与分配及风险分散等功能。Audretsch 和 Keilbach（2004）则认为，企业的技术创新不会自发进行，而是由企业家在对各种新知识或新技术进行筛选组合并成功融资后才进行的活动。由此可见，金融的资源配置功能、风险甄别与规避功能对企业技术创新尤为重要，任何一种功能的丧失都将导致金融发展与实体经济技术创新适应性的偏差。

二、实证检验研究

在实证检验金融发展对企业或地区技术创新影响方面，Philipper（2010）发现，融资短缺会增加企业长期创新投入的风险，进而减少企业长期创新的研发投入。孙伍琴和王培（2013）在研究金融发展对我国技术创新影响时发现，金融发展有利于我国技术创新水平的提升，但相对于西部地区而言，金融发展对东、中部地区技术创新的促进作用更明显。李林汉和胡尹燕（2017）在研究金融发展对技术创新影响时指出，金融发展效率促进我国技术创新的门限值为88.61%，高于这一门限值时，金融发展将促进企业技术创新，否则将会起到抑制作用。黎杰生和胡颖（2017）在研究金融集聚对技术创新的影响时指出，金融集聚对技术创新的影响具有行业异质性，银行和保险业集聚有利于促进技术创新，而证券业集聚将会抑制技术创新活动的进行。研究金融发展对技术创新影响的文献还有 Li（2011）、Ilyinal 和 Samaniego（2011）及李苗苗等（2015）等。

第三节 金融资源错配及其对企业技术创新影响的研究

考虑到对金融资源错配问题的研究目前尚处于起步阶段，且仍主要聚焦于金融错配的表征、成因及其程度测算 3 个方面。为了加深对金融错配相关问题的了解，本节将从金融错配的表征与成因、金融错配程度测算及金融错配对企业技术创新的影响 3 个方面对现有相关研究成果进行梳理与综述。

一、金融资源错配的表征及成因研究

金融资源错配属于资源配置效率理论范畴。根据帕累托最优资源配置原理可知，在完全市场竞争体制下，金融资源应遵循"效率均等"原则，在不同企业与部门间进行合理的配置，使得效率最高的企业与部门获得最多的金融资源，效率次之者获得较少的金融资源，而效率最低者则获得最少的金融资源。[①] 因此，基于上述对金融资源错配问题的理解，鞠市委（2016）认为，金融资源错配是指金融系统不能按照"效率均等"的原则将有限且稀缺的金融资源配置到那些效率更高的企业或部门，而是将其配置给那些低效甚至无效的企业或部门，由此导致金融资源配置的"非理性"或者说"错配"。[②]

普遍认为，政府干预、利率非市场化、金融体制固有缺陷等是导致金融资源配置出现错配的重要影响因素，虽然专门对金融资源错配产生的原因进行具体研究的文献很少，但诸多学者在对金融资源错配相关问题进行研究时却指出了我国金融错配产生的种种原因。Huang（2003）认为，我国政府在构建金融体系时遵从"政治性主从次序"，政府给予国有企业更多的信贷

---

① MAS-COLELL A, WHINSTON M D, GREEN J R. Microeconomic Theory [M]. 上海：上海财经大学出版社，2006.
② 鞠市委. 我国金融资源错配及其影响研究 [J]. 技术经济与管理研究，2016（7）：80 – 87.

"关照"，使得民营企业在获取银行信贷时遭受"所有制歧视"；加上民营企业在规模上小于国有企业和外资企业，在获取银行信贷时又将面临"规模歧视"。"所有权歧视"和"规模歧视"的存在割裂了我国金融市场的整体性和完整性，在金融资源配置政府主导型特征的影响下，使得本属于同一经济体的企业因所有制和规模差异而面临不同的信贷融资能力，造成金融资源错配局面的出现。靳来群（2015a，2015b）不仅发现所有制歧视所造成的融资成本扭曲是造成我国金融资源错配的重要原因，而且还对所有制歧视如何导致金融资源错配的两条途径进行了深入剖析。陈力为等（2015）在基于我国工业企业大数据面板模型来分析金融错配和结构性研发投资短缺对企业绩效影响时指出，地方政府干预下的预算软约束、利率非市场化和我国金融制度现存的各种缺陷是导致我国出现严重金融资源错配的重要原因。因为我国金融市场尚不健全，使得银行系统成为我国金融资源配置的最主要渠道；而我国银行主要是通过信贷资金配置来完成和实现金融资源的配置，如果银行信贷资金出现错配将直接导致我国金融资源配置的低效。余雪飞和宋清华（2013）在分析"二元"信贷错配下的金融加速器效应时认为，尽管经过30多年的改革开放，但我国企业主体的"二元"所有制结构特征始终存在，这种"二元"所有制结构将会导致"二元"所有制的信贷市场错配。特别是在2009年推出的4万亿救市计划后，一方面是国有企业资金充足、"另类投资"套利分红或享受利息减免及贷款延期等变相优惠服务；另一方面是民营企业融资难、高息借贷普遍，最终形成典型的"二元"所有制信贷错配。鞠市委（2016）在研究我国金融资源错配及其影响时指出，因为我国银行信贷市场存在严重的信息不对称，使得企业"自有财富效应"在银行信贷配置中的作用凸显。而2009年的刺激计划及其所伴随的预算软约束、政府隐性担保和政府直接财政补贴等一系列行为扭曲了企业风险收益特征，使得以"自有财富效应"为特征的银行信贷资源被配置到一些低效甚至无效的企业而出现明显的金融错配行为。

在金融资源行业间错配研究方面，Midrigan 和 Xu（2010）、Larrain 和 Stumpner（2012）均发现金融摩擦会导致资本在不同部门或不同产业间的错配现象产生。在对我国金融资源行业间错配现象进行研究时，占明华（2015）指出：银行信贷渠道的强化将会导致资本在我国行业间的错配，紧缩性的货币政策会明显放大这一错配效应，而企业的国有属性也强化了银行信贷渠道的信贷资源错配效应。

二、金融错配程度测算相关研究

金融错配的概念源于资源配置效率理论。Samuelson（2005）认为，资源的稀缺性是经济学存在的原因，资源的稀缺与需求的无限性导致资源配置问题。作为核心资源之一，金融资源的流向将会带动企业经济资源的流动，使得金融资源配置在经济资源配置中发挥着主导作用。正如 Case（1965）所指出，企业对金融资源的需求能否得到满足将直接决定其未来发展。根据资源配置效率理论可知，为了实现金融资源配置的帕累托最优，金融资源应不断从效率低下的企业和部门流出并流向经营效率更好的企业和部门，最终按照"边际效率均等"之原则在不同企业和部门间进行配置。

金融错配是指金融资源配置出现非效率状态或对效率不敏感，使得那些效率低下的企业和部门占有更多的金融资源。Song 等（2011）及袁志刚和邵挺（2010）的研究均表明：国有企业和民营企业在生产效率和融资能力方面的差异已经达到令人震惊的程度，国有企业资本收益率仅为民营企业的一半左右，而其所获得的银行信贷和政府资助占投资总额的比重却在民营企业的 3 倍以上。Allen 等（2005）指出，虽然我国民营经济在国民经济中的重要性不断提升并逐步发展成为推动我国经济发展的主力军，但我国大部分银行信贷却流向了效率更低的国有企业，银行"信贷歧视"现象明显。虽然学者们对金融资源错配概念已经取得较为一致的认同，但在对金融错配程度的度量方面却尚未取得一致性意见。目前，对金融资源错配程度的测算既包含了对我国金融资源错配整体水平的测算，也包括了对地区与地区、行业与行业及企业与企业之间错配程度的测算，所采用的方法大致可以分为如下 4 类，分别为基于 Wurgler（2000）的投入产出弹性模型间接测算法、生产效率损失法、资本成本法和债务融资比重偏离度法。

在对金融资源错配程度的测算过程中，Wurgler（2000）所提出的投入产出弹性模型间接测算法得到了广泛运用。李青原等（2013）在利用该模型研究金融发展对地区资本配置效率的具体影响时发现：金融发展促进了中国地区实体经济资本配置效率的提升，但地方政府对信贷决策的干预会阻碍金融系统对中国地区实体经济资本配置效率功能的发挥。王钰等（2015）基于 Wurgler（2000）模型对政府干预如何影响银行信贷价格与信贷数量进行研究时发现，地方政府的干预对信贷数据配置效率的影响不显著，但会损害银行信贷价格配置的效率水平。刘斌斌和黄吉焱（2017）基于 Wurgler（2000）所提出的模型对金融结构差异如何影响地区信贷资金配置效率时指出，我国银行信贷价格配置效率较高，但在信贷资金的数量配置上缺乏效率。

金融错配导致的直接后果便是金融市场资本价格信号的扭曲，使得金融资源不能按照市场机制在不同企业和部门间进行配置，最终造成要素生产率的损失。基于资源错配必然造成全要素生产率（TFP）损失的理念，Aoki（2009）、Hsieh 和 Klenow（2009）、Bartelsman 等（2013）、Brandt 等（2013）及 Midrigan 和 Xu（2014）等分别对不同国家、地区和行业间的资源错配程度进行了测算。Aoki（2009）在对行业内企业做出同质性假定的前提下，提出了行业间资源错配程度的度量方法。陈永伟和胡伟民（2011）利用该方法重新测算了我国制造行业间的要素扭曲系数并对错配程度进行了测算，他们发现因资源错配造成了我国制造业的实际产出相对于潜在产出 15% 的缺口。Hseih 和 Klenow（2009）则在企业异质性的假设下，对行业内企业资源错配程度进行了测算。邵宜航等（2013）利用该方法来计算我国整体水平的资源错配程度时发现，资源错配造成我国全要素生产率损失达 200% 以上。Midrigan 和 Xu（2014）还有 Moll（2014）重点研究了因金融市场摩擦所导致的金融资源错配程度的大小，但因金融市场摩擦不是引起我国金融资源错配的根本性原因，该方法很少用于测算我国金融资源错配程度高低。靳来群（2015）在综合 Hsieh 及 Klenow（2009）和 Brandt 等（2013）结论的基础上，对我国因所有制歧视所造成的金融错配程度进行测算时指出，如果能消除金融资源配置的所有制歧视，我国制造业全要素生产率将会提高 50% 左右。

无论是因为政府干预、所有制歧视、利率非市场化还是金融体制等原因所造成的金融资源错配，其所体现出来的特征均表现为不同经济主体在获取金融资源的多寡及其融资成本时没有按照效率高低原则来进行。在我国"二元"所有制经济结构特征的影响下，鲁晓东（2008）指出：国有和民营企业效率与不对称的融资能力是现阶段我国金融资源错配的集中体现。Allen 等（2005）、Dollar 和 Wei（2007）、Song 等（2011）均发现我国的国有企业和私营企业在生产效率和融资能力方面的差异已经达到令人震惊的地步。卢峰和姚洋（2004）发现，我国的金融部门存在严重的"漏损效应"，私人部门的金融资源大多靠从效率低下的国有部门的漏损来获取。当从融资规模差异的角度来测算我国金融资源的错配程度时,鞠市委(2016)基于中国统计局网站中的工业调查年度数据对国有与民营企业之间的错配程度进行了测算,他提出可以用私营企业债务融资额比重除以私营企业企业产值比重与1的偏离度来衡量金融资源在这两种不同控股权性质企业之间的错配程度。偏离度越高说明金融错配程度越严重,反之则错配程度越低。当基于不同经济主体获取金融资源的成本差异来测算金融错配程度时,大多借鉴Chari 等(2007)、Hsieh 和 Klenow(2009)与 Song 等(2011)等所提出的资源错配定义,即金融错配程度等于经济单位资本成本程度与社会平均资本程度的偏离度大小。运用该定义来测算我国金融资源错配程度的还有邵挺(2010)、戴静和张建华(2013)、周煜皓和张盛勇(2014)及成力为等(2015)。此外,刘斌斌等(2019)则基于"熵"这一概念对地区间不同控股权性质企业所面临的银行信贷错配程度进行了具体测算。

虽然我国证券市场、保险市场等其他金融市场尚不健全,银行系统在未来很长一段时间内仍将是我国金融资源配置的主要渠道,但在企业股权融资过程中,同样有可能存在着金融资源错配的问题。戴利君和刘斌斌(2019)在研究企业股权融资错配程度时指出,定向增发对企业盈利能力不敏感,我国上市企业定向增发同样存在着严重的资源错配现象。

三、金融资源错配对企业技术创新影响研究

金融错配是指金融资源配置不能按照"效率均等"原则在不同企业与部门间进行配置。一方面,金融错配势必扭曲金融市场价格信号,造成企业家对技术创新成本、预期收益及其风险预测与评估的误判;另一方面,当金融资源不能按生产效率差异在企业间进行配置时,必然导致那些具有技术创新优势的企业难以获得足额资金来投入研发,金融市场的资源配置优化这一核心功能受到扭曲。由此可见,金融错配必将对技术创新产生不利影响。

虽然对技术创新及金融发展如何推动技术创新的相关研究成果已经颇为丰富,但对金融错配如何抑制企业技术创新的研究尚有待深入。根据中国知网数据库统计,迄今仅有8篇被CSSCI收录的文章对金融资源错配如何影响企业技术创新进行了相关研究。其中2篇研究的是金融低效和信贷歧视对技术创新的影响,剩下的6篇则主要研究了金融错配对技术创新和技术进步的

具体影响。戴静和张建华（2013）基于两厂商模型和委托—代理理论在分析金融错配和所有制结构对技术进步影响时指出，金融错配会加剧国有经济比重高的企业偏好于通过技术引进和购买来进行技术创新，自主创新动力不足。康志勇（2014）基于 Gorodnichenko 和 Schnitzer（2010）的理论构建了金融错配影响企业技术创新的理论模型，并对其进行了实证检验。结果发现：中国金融市场存在的金融错配抑制了企业创新活动，导致我国金融市场规模发展对企业创新的促进功能无法充分发挥。王昱等（2014）基于 Aghion 等（2010）的方法进行研究后发现，资本错配使得创新资金过度投入到效率较低的国有企业中，金融风险甄别功能缺失导致的我国金融低效使得金融发展不能有效参与到企业的创新决策过程中，降低了企业最优创新投入的规模。成力为等（2015）发现金融错配释放的资本价格扭曲信号导致结构性研发投资短缺，使得企业创新投入不足。王贞洁（2016）指出，信贷歧视会促使低成本的债务资源流向部分技术创新动力匮乏的国有企业和大企业，对技术创新产生不利影响。刘任重等（2016）的研究表明，科研产出效率低下的中西部地区倾向于通过更高的科研经费占比来弥补效率低下对企业技术进步的影响，而金融错配的存在更是加剧了这一结果的产生，且在中部地区尤为明显。刘斌斌等（2019）发现：信贷错配严重阻碍了我国绿色技术创新；提升环境规制标准有助于降低信贷错配对环境规制较弱地区绿色技术创新的不利影响，但对环境规制较强地区的影响不显著。刘斌斌和陈熹（2020）的研究结果表明，信贷错配阻碍技术创新产出与原始发明创新能力的提升，且对错配程度较高地区更明显；知识产权保护仅能缓解信贷错配对错配程度较高地区创新产出的不利影响，对缓解错配程度较低地区及原始发明创新不利影响的政策效果不显著。

第四节　金融资源配置优化机制设计研究

一、资源配置优化机制设计研究

虽然资源配置优化对经济发展的重要性不言而喻，且诸多国内外学者对其所带来的好处进行了卓有成效的研究，但对该如何优化资源配置效率及当资源配置出现扭曲时，如何从理论上探求其纠偏机制与优化路径的现有研究成果甚少。根据中国知网的文献查询结果可知,迄今为止仅有 8 篇被 CSSCI 收录的论文对如何优化资源配置效率以促进我国经济更好地发展进行研究。其中,仅有 4 篇涉及金融资源配置优化理论的问题,更多的研究成果则仅仅是基于定性分析的方法对金融资源配置优化理论的问题进行了相关阐述。

针对资源配置时的外部经济问题,刘昌臣和罗云峰(2012)利用机制设计的基本方法设计了实现效率与公平的资源配置优化方案,并为存在外部经济时如何实现社会最优的资源配置提供了一种新的解决方案。[①] 赵艳秉和陈文磊(2017)则对稀缺性资源配置优化的问题设计了一种转移补偿方案,他指出:获得稀缺资源的一方必须转移其收益,从而获得足够的收入以补偿未获得资源一方的转移损失[②]。

二、金融资源配置优化机制设计研究

对如何设计金融资源配置的优化机制方面,迄今为止的相关研究成果甚少。郭树华等(2008)较早对如何我国农村金融的差异性需求方面进行了探讨,并构建了农村金融市场上差异需求与分层供给行为选择的相关约束机制模型;据此进一步分析了相关约束机制变量对农村金融供求行为选择的影响。[③] 高宏霞和史林东(2011)基于机制设计理论的比较研究发现,我国以往的农村金融制度不能有效解决农村金融市场参与主体之间所存在的较高信息传递成本问题,使得金融机构缺乏为农村提供金融服务的激励;农村金融新政则实现了对原有制度变迁的路径突破,有效降低了金融机构和农村借贷者之间的信息传递成本。[④] 针对普惠金融实施过程中的现实困境,赵建(2018)则基于机制设计理论对其突破路径进行了研究。[⑤]

---

① 刘昌臣,罗云峰. 存在外部经济时资源配置机制设计[J]. 中国管理科学,2012(S1):270-273.
② 赵艳秉,陈文磊. 稀缺资源配置的转移补偿机制设计[J]. 统计与决策,2017(22):71-74.
③ 郭树华,王健康,袁天昂. 对农村金融的差异需求与分层供给行为选择的模型分析:基于机制设计理论的视角[J]. 上海金融,2008(5):22-26.
④ 高宏霞,史林东. 中国农村金融制度变迁的路径突破:基于机制设计理论的比较分析[J]. 农村经济,2011(4):72-75.
⑤ 赵建. 普惠金融的现实困境与突破思路:基于技术可能性曲线与机制设计理论[J]. 山东社会科学,2018(12):26-35.

第五节 文献评述及其研究空间

一、文献评述

毋庸置疑,对技术创新问题的研究由来已久并已经取得丰硕成果。虽然诸多学者从地区经济发展水平、技术创新环境基础、相关法律法规制度完善、知识产权保护、政府补贴及资源配置效率水平等诸多方面对企业技术创新的影响进行了广泛而深入的研究,但迄今为止,从资源错配角度对企业技术创新进行深入研究的相关成果较为少见,更鲜有从金融资源错配视角对该问题进行深入研究的相关文献。更为重要的是,虽然我国技术创新总产出水平长期以来位居世界第一,但原始发明创新不足、核心竞争力匮乏已经成为制约我国经济实现高质量发展的重要因素。由此可见,对企业技术创新问题的研究不仅需要关注其总体创新产出与效率问题,更需要从更深层次的企业技术创新模式选择入手,努力探求能有效克服严重制约我国经济高质量发展的关键技术的攻关问题。由于原始发明创新与企业核心技术竞争力的提升均离不开资源配置的优化,作为社会核心的生产要素之一,金融资源配置效率水平的高低将直接关系到我国核心技术攻关问题能否得到及时而顺利地解决。

不仅如此,虽然世界各国均一定程度上面临着金融资源配置扭曲的问题,但我国的"二元"所有制经济结构与金融资源配置的政府主导型特征进一步加剧了我国金融资源配置扭曲的程度。考虑到在当前乃至未来很长一段时间内,我国目前的这种金融配置模式仍难以发生根本性的改变,基于当前的金融资源配置模式现状来设计更行之有效的纠偏机制与优化路径将显得尤为重要。虽然近年来因金融资源错配所引发的社会、经济、政治等问题已经引起政府与学术界的高度关注,但目前的相关研究仍主要集中于金融资源错配的表征、原因及其程度测算方面,鲜有对如何降低金融资源错配程度及其具体优化路径进行深入研究的相关成果。

二、研究空间

一方面,国内外诸多学者对金融发展如何影响企业技术创新进行了深入而广泛的研究,为本研究奠定了坚实的基础;另一方面,随着人们对金融资源错配研究的逐渐深入，虽然已有部分学者对金融资源错配的定义和程度测算进行了初步的探讨，但诸多相关问题还有待进一步深入研究。具体表现在如下3个方面。

(一) 金融错配形态分析有待开启、错配程度测算有待进一步完善

众所周知，在金融资源错配形态方面，银行、证券和保险是现代金融体系的三大支柱。虽然由于历史性原因使得银行系统在我国金融资源配置过程中长期发挥主导性作用，但随着近年来的快速发展，证券市场在我国金融资源配置中的重要性日益凸显。可以预见，随着我国证券市场工具的不断完善及企业上市审批由当前的核准制向注册制过度的逐步完成，证券市场在我国金融资源配置中的地位将进一步增强。遗憾的是，虽然已有国内外学者对我国银行信贷错配的表象、成因及其程度大小进行了富有成效的研究与探讨，但据笔者所知，迄今尚未有对证券市场资源配置效率高低或其错配问题进行分析与研究的相关文献。由此可见，为了积极响应李克强总理所提出的"充分发挥金融市场在资源配置中的基础性功能、增强资本市场对我国技术创新的支撑作用"这一改革目标，有必要开启对我国证券市场金融资源错配形态及其程度大小问题的研究。

在金融资源错配程度测算方面，虽然诸多国内外学者基于生产效率损失法、间接法和资本成本法等方法对我国信贷资源错配程度进行了测算，但这些方法的合理性及其实用性有待进一步商榷。具体表现在如下3个方面：①囿于微观企业数据的可得性，基于生产效率损失法对我国银行信贷错配程度的测算难以进行有效的复制，使其实用性受到很大限制。虽然诸多学者基于生产效率损失法对我国信贷资源错配程度进行了测算，但这些研究均以"中国工业企业数据库"中2007年以前的企业调查数据为基础来进行，且很多参数均采用外生给定形式给予限定。过于陈旧的数据样本使得对金融错配程度的测算结果无法代表现阶段我国信贷错配的实际情况，诸多参数指标的外生给定进一步降低了测算结果的可信程度。②基于间接法的金融错配程度测算结果可信度有待考究。随着近年来越来越多的股份制银行、城商行及诸多中小银行的不断涌现，以四大国有银行的资本份额或市场份额大小来间接反映金融错配程度大小，其代表性与合理性有待进一步商榷。③与生产效率损失法类似，以资本成本法来测算我国信贷资源错配程度大小同样面临着

微观数据可得性问题，使其实用性受到很大程度的限制。鉴于上述分析，对我国金融资源错配程度大小的测算有待进一步提出新的更切实可行而又能与时俱进的新方法。否则，建立在金融资源错配程度大小基础上的任何研究将如海市蜃楼般脆弱，致使对该领域更深入的研究难以为继。

（二）金融资源错配对技术创新模式选择的影响有待进一步完善

虽然国内外学者对金融发展如何促进技术创新进行了广泛而深入的研究，但对金融错配约束下的企业技术创新模式选择尚有待完善。根据中国知网数据库的论文检索结果可以发现，目前仅有 6 篇 CSSCI 论文涉及金融资源错配与技术创新选择问题，且在对这一主题进行研究的过程中存在如下问题：一方面，论文以理论模型分析为主，缺乏实证检验。在现有的几篇研究金融错配对技术创新影响的文章研究中，均仅采用静态或动态博弈模型对该问题进行了理论分析，得到一系列相关研究结果。据笔者所知，目前尚未有对所得研究结果进行数据检验的实证分析。由此可见，对这一领域问题的研究有待进一步深入与完善。另一方面，缺乏对金融错配如何影响企业技术创新模式选择进行深入研究的文献。虽说目前已有 6 篇 CSSCI 论文对金融错配如何影响技术创新进行讨论，但这些论文很少对金融错配约束下的企业技术创新模式选择进行深入分析，所选取的指标太过笼统、针对性不强，使得这一领域的可靠研究成果非常缺乏。为了真正发挥金融市场在资源配置中的基础性作用并切实增强资本市场对我国技术创新的支撑作用，对不同形态和不同程度的金融资源错配将以何种方式、在多大程度上扭曲我国的技术创新模式选择问题有待进一步深入与完善。

（三）金融资源错配纠偏机制设计与优化路径有待进一步深入研究

迄今为止，鲜有对资源配置如何进行优化进行理论分析的研究成果，更没有对核心生产要素——金融资源的优化配置问题进行深入研究的相关文献。因此，有必要基于金融资源错配影响企业技术创新的作用机制与传导路径，设计出能有效提升企业技术创新能力、优化企业技术创新模式选择决策的金融资源错配纠偏机制，探寻这一机制得以顺利实现的优化路径与制度、政策保障，以期充分发挥金融资源配置优化对减少企业技术创新模式扭曲的积极作用。

第三章 我国企业技术创新模式选择现状分析

由于本书旨在分析金融资源错配对企业技术创新模式选择的影响，以及金融错配纠偏机制的设计、优化路径及其相应的政策保障，有必要首先对企业技术创新的概念、企业技术创新模式选择的类别及我国企业技术创新模式选择的现状进行深入的了解，本章将逐层深入地对上述问题进行阐释。

第一节 技术创新相关概念界定

创新一词最早出现在亚当·斯密所出版的《国民财富的性质和原因的研究》（简称《国富论》）一书中。[①] 创新是指以现有的思维模式提出有别于常规或常人思路的见解为导向，利用现有的知识和物质，在特定的环境中，本着理想化需要或为满足社会需求而改进或创造新的事物，包括但不限于各种产品、方法、元素、路径、环境，并能获得一定有益效果的行为。

技术创新这一概念最早是由熊彼特于1912年所提出。自20世纪初奥地利经济学家熊彼特1912年在其《经济发展理论》一书中提出创新概念以来，[②] 技术创新影响因素及其模式选择问题备受理论界与企业界高度关注。那么，究竟何为技术创新呢？在Schumpeter（1912）出版的《经济发展理论》一书中，熊彼特对技术创新的内涵定义如下：技术创新本质上是一种生产要素的重新组合，而技术创新的具体形式则包括"引进一个新产品、开辟一个新市场、找到一种原料的新来源、发明一种新生产工艺流程和采用一种新的企业组织形式"。由此可见，在熊彼特对技术创新的定义中，既包括技术层面的改进，同时也包括对企业组织形式的变革，这实质上已经属于经济学或管理学的范畴。在后来人们对创新问题的研究中，更多关注的是技

---

① 斯密. 国富论[M]. 孙善春，李春长，译. 郑州：河南大学出版社，2020.
② 熊彼特. 经济发展理论[M]. 郭武军，吕阳，译. 北京：华夏出版社，2015.

术创新这一层面（引进一种新产品、发明一种新的生产工艺），而其他3个方面的研究则更多地成为管理学、产业组织理论及制度经济学等学科的研究重点。

　　以熊彼特的技术创新概念为起点，根据实际研究的需要，国内外学者在后来的研究中不断对技术创新的定义进行拓展与延伸，从而给予技术创新以不同的定义。美国经济学家Mansfield（1968）认为：技术创新是"一项发明的首次应用"。① 显然，Mansfield所指的技术创新仅仅包含原始发明创新这一种特殊的形式。世界经济合作与发展组织（OECD）则认为，技术创新是"使一种设想在工业或商业活动中销售好的产品或改进的产品"。② 英国经济学家Friedman（1982）则把技术创新定义为"一种新产品、新过程、新系统或新服务的首次商业化转化"。③ 美国工业调查协会（1979）给出的技术创新定义为：技术创新是指实际应用新的材料、设备和工艺，或使某种已经存在的事物以新的方式在实践中进行有效的使用；创新是一个承认新的需求、确定新的解决方式、发展一个在经济上可行的工艺、产品或服务，并最后在市场上获得成功的完整化过程。

　　随着技术创新水平的提升及国内学者对该问题研究炙热化程度的加深，结合我国社会经济发展的需要，国内学者也开始纷纷对技术创新的深刻内涵进行解读。但是，国内学者在定义技术创新的概念时，更多的是强调技术创新中的"技术"层面。傅家骥（1998）认为：技术创新是企业家抓住市场潜在盈利机遇，以获取商业利益为目标，重新组织生产条件和生产要素，建立起效能更强、效率更高、费用更低的生产经营管理系统，推出新产品、新工艺，开辟新市场、获取新材料或半成品供给来源或建立企业新组织，技术创新是一个包含科技、组织、商业、金融等一系列活动的综合性过程。④ 柳卸林在其1993年出版的《技术创新经济学》一书中指出，技术创新是指与新产品的制造、新工艺过程或设备的首次商业应用有关的技术上、设计上、制造上及商业上的一种活动，主要包括产品创新、过程创新和

---

① MANSFIELD M. Industrial research and technological innovation [M]. New York：WW Norton, 1968.
② OECD. 技术创新统计手册 [M]. 北京：中国统计出版社，1993.
③ FRIEDMAN C. The Economics of Industrial Innovation [M]. New York：The MIT Press, 1982.
④ 傅家骥. 技术创新学 [M]. 北京：清华大学出版社，1998.

扩散。①

在1999年中共中央联合国务院出台的《中共中央、国务院关于加强技术创新、发展高科技、实现产业化的决定》中明确指出：技术创新是指企业应用创新的知识和新技术、新工艺，采用新的生产方式和经验管理模式，提高产品质量、开发生产新的产品，提供新的服务，占据市场并实现市场价值。这里的技术创新概念与熊彼特与1912年所提出的技术创新概念并不矛盾，反而是一脉相承的关系。显然，这里所指的技术创新已经不再是单纯的技术概念，而是强调技术与企业经济行为的相结合。这一定义不仅明确了技术创新必须以企业为主体、以实现市场价值为目标，而且也反映出技术创新是对新技术的研发、生产及商业化全过程的经济技术活动，技术创新的核心在于实现科技与经济的有机融合。

根据上述对技术创新基本概念的搜集与梳理可知，针对不同的研究对象与研究重点，技术创新被赋予了不同的含义。因本书旨在研究金融资源错配对企业技术创新的影响，故而对技术创新问题的研究更侧重于企业层面。纵观国内外学者对企业技术创新的理解可以看出，企业技术创新亦有狭义和广义之分。狭义的企业技术创新一般是指企业运用新知识、新材料、新工艺等来生产一种新产品、提供一种新服务的过程，而广义的企业技术创新则既涉及技术层面的创新，如技术创新、产品创新、工艺创新，也包括非技术性的创新，如管理创新、市场创新抑或是制度创新等。

第二节　企业技术创新模式选择分类

根据新古典经济增长理论可知，技术创新是经济增长的持久动力。在经济发展经历了要素驱动和投资驱动阶段后，最终的竞争优势必将来源于创新产品所带来的世界竞争力。②

自熊彼特在1912年首次提出技术创新概念以来，如何实现更有效的技术创新备受各国政府与学者所关注。虽然国内外学者对技术创新的深刻内涵及如何提升企业技术创新能力进行了卓有成效的探讨与研究，但国外学者一般不对企业的技术创新的不同模式加以严格区分。然而，在国内学者的研究

---

① 柳卸林. 技术创新经济学 [M]. 北京：中国经济出版社，1993.
② 波特. 国家竞争优势 [M]. 北京：华夏出版社，2002.

企业创新模式选择及其金融错配纠偏机制设计

中情况则不然,即使迄今尚未形成对企业技术创新模式分类的一个统一标准。崔远淼（2005）在其博士论文中指出："技术创新模式的选择是企业技术创新的重要内容,不同的技术创新模式反映了企业预期投资额、风险偏好及其内在动机。不仅如此,技术创新模式选择还是企业制定技术创新战略的核心内容,直接决定着企业经营的方向与成败。"① 纵观国内外的相关研究成果,学者们一般会根据研究对象与重点的不同对企业的技术创新模式按照技术创新对象、技术创新变动方式、技术创新程度差异、技术创新动因及技术创新的组织方式或方法来进行划分。按照企业技术创新对象的不同来进行划分,一般可以将企业技术创新分为产品创新或流程、工艺等生产过程的创新；按技术创新的技术变动方式来划分,可以将企业技术创新分为科学技术的创新与要素组合结构的创新；按企业技术创新的程度差异进行划分,英国苏塞克斯科技政策研究所将企业技术创新分为渐进式创新、根本性创新、技术系统的变革和技术—经济范式的变革 4 种；按照企业技术创新动因的不同对其进行区分,一般将企业技术创新分为技术推动型、需求拉动型与综合型技术创新 3 种。

在国内学者的研究中,对企业技术创新模式的划分到目前为止大致经历了两个阶段。早期的研究更多的是按照企业技术创新组织方式或方法的不同对企业技术创新的模式进行划分,具体包括自主创新及与之相对应的包含模仿、引进与合作创新在内的非自主创新两大类。自主创新的概念最早由浙江大学陈劲教授在 1994 年提出。② 杨德林和陈宝春（1997）对自主创新进行了明确论述,认为自主创新是指企业的创新依靠自身力量独自研究开发、进行技术创新的活动。万君康（2000）、周寄中等（2005）及毛蕴诗和汪建成（2006）则通过对模仿创新与自主创新的比较来界定自主创新的内涵。洪银兴（2010）强调,自主创新是自主知识产权的创新。本研究则倾向于认为：自主创新是相对于技术引进、模仿而言的一种创造活动,其要求企业依靠自身的力量独立完成创新的一系列工作,技术创新所需资源由企业投入,企业对创新独自进行管理和运作；模仿创新是指主体通过学习模仿率先创新者的方法,引进、购买率先创新者的核心技术和技术秘密,并以此为基础进行改

---

① 崔远淼. 基于企业边界视角的技术创新模式选择研究 [D]. 上海：复旦大学,2005.
② 陈劲. 从技术引进到自主创新的学习模式 [J]. 科研管理,1994（2）：32–34.

进再创新的过程。①

相较于风险更高、投入更大、周期更长及研发管理独立性更强的自主创新而言，模仿创新是通过模仿他人的技术而进行的创新活动，一般包括完全模仿创新和模仿后的再创新这两种主要模式。完全模仿创新的技术创新层次较低，而模仿后再创新是指对率先进入市场的产品进行再创造，即在引入他人技术的基础上，经过自身的消化吸收，达到甚至超过原有产品所包含的技术水平。引进创新则是指企业运用逆向工程等手段，通过对引进的技术和产品的消化、吸收以不断实现再创新的过程。合作创新则是指通过与其他企业、科研机构、高等学校等建立技术合作关系的基础上，在保持各自利益与社会身份相对独立的前提下，在一段时期内协助开展技术或产品的研究开发与技术创新活动。由此可见，包含模仿创新、引进创新和合作创新在内的非自主性技术创新不仅创新时的投入更少、风险更低，而且技术创新时所采用的组织形式和方法也与自主创新存在显著性差异。

随着经济发展水平与技术创新能力的逐步提升，我国正经历着不断由经济发展"数量大国"向"质量大国"的转变。在世界竞争日趋加剧及国外对先进生产技术实施封锁程度的日益加深的现实背景下，中央政府逐渐认识到原始创新不足、核心竞争力匮乏正逐渐成为制约我国经济高质量发展的重要因素，低质量、简单的技术创新哪怕是自主创新亦难以满足我国"创新驱动发展"战略目标牵引下的经济高质量发展对掌握世界核心技术的基本要求。然而，根据上述对自主创新与模仿创新、引进创新与合作创新的阐述与分析可知，即使是独立性更强的自主创新亦可能存在创新能力层次不高、创新结果技术含量较低等现象的发生。鉴于当前我国经济向高质量发展转型的需要，国内学者进一步依据技术创新能力层次的不同对企业技术创新模式重新进行了划分，并将其分为原始发明创新与包含外观设计与实用新型在内的"二次创新"两种。②③ 原始创新是指独立开发一种全新技术并实现商业化的过程，其是指一种前所未有的重大科学发现、技术发明、原理性主导技

---

① 陆玉梅，田野. 基于演化博弈的企业自主创新与模仿创新模式选择研究 [J]. 科研管理研究，2008（6）：25-27.
② 刘斌斌，陈熹. 信贷错配环境下知识产权保护对区域技术创新影响分析：基于中美贸易战背景的思考 [J]. 金融经济学研究，2020（1）：137-149.
③ 左勇华，黄吉焱. 不同FDI进入方式对区域技术创新能力影响研究 [J]. 科技管理研究，2017（6）：85-91.

术等创新成果；原始发明创新又可称为"元创新"，其意味着在研究开发（特别是在基础研究和高技术研究领域）方面取得独有的发现或发明，是一种最高能力水平的技术创新行为，具有研发投入大、技术门槛高、难度大、研发周期长、研发风险高等特点，有时又被称为"突破式"创新。

相对于原始发明创新而言，企业的二次创新活动则有着所需研发投入较少、研发周期较短、研发风险较低及技术门槛低等特征。外观设计创新是指以现实生活中某个物象为素材，在对其具体形态元素进行剖析的基础上，进行多次符号化的凝练和拓展，以塑造理想化形态为目标的形式创新。在《中华人民共和国专利法》中，实用新型是指对产品的形状、构造或者其结合所提出的适于实用的新的技术方案。因此，无论是外观设计还是实用新型创新，严格意义上说，其均只是对现有产品的一种改进，而称不上是完全意义上的技术创新。

此外，Tong 等（2014）及黎文靖和郑曼妮（2016）还从创新主体技术创新的动机出发，按技术创新动机的不同将企业技术创新分为实质性技术创新与策略性技术创新两种。[①] 实质性技术创新是指企业以推动技术进步和保持竞争优势为目的的技术创新，而策略性技术创新则是指企业以获取其他利益为目的（如政府补贴、财税优惠等），通过追求创新"数量"和"速度"来迎合监管与政府而进行的一种创新活动。[②] 这意味着企业的"策略性"创新仅仅是管理层的一种策略，其目的并不是为了实质性地提升企业的技术竞争力，而是为了获取某种利益所进行的消极创新活动，更多的时候表现为企业对政府与监督的迎合。

本书旨在通过对金融资源错配影响企业技术创新模式选择的作用机制与传导路径的分析，进一步设计出金融资源错配纠偏机制与优化路径，以期为如何尽快实现我国的"创新驱动发展"战略目标提供一些政策建议与决策参考。针对当前我国在实现经济高质量增长过程中所出现的原始创新不足、核心竞争力匮乏等局面，本书将研究重点放在如何提升我国原始发明创新能

---

① TONG T W, HE W L, HE Z L, et al. Patent Regime Shift and Firm Innovation：Evidence from the Second Amendment to China's Patent Law [J]. In Academy of Management Proceeding, 2014（1）：14174.

② 黎文靖，郑曼妮. 实质性创新还是策略性创新？：宏观产业政策对微观企业创新的影响 [J]. 经济研究, 2016（4）：60 - 73.

力上。因此，在后续的研究中，将按照技术创新能力层次差异标准对企业技术创新模式进行划分，并将其分为原始发明创新和包含外观设计与实用新型在内的"二次创新"两种，后文不再赘述。

第三节　我国企业技术创新及其模式选择现状分析

为了深入了解我国企业技术创新及其模式选择情况，本节不仅对我国企业自身的技术创新总体能力及其在不同地区、行业及不同所有制企业之间的分布情况进行统计分析，而且还从国际水平差异视角来进行对比。虽然长期以来我国一直非常重视技术创新水平的提升，但"创新驱动发展"战略到2012年党的十八大才正式提出。因此，本节在对我国企业技术创新及其模式选择现状进行分析时，主要对2012年以后的情形加以介绍。虽然企业研发投入的多寡及其研发支出对象的不同也能间接地反映企业技术创新活动总体水平及对技术创新模式的具体选择，但研发投入难以反映企业人力资本与创新关系网建设及新知识的引进吸收等活动。① 参照大多数文献的做法，这里将以衡量企业技术创新产出的专利申请、授权量及有效专利数等来反映企业技术创新总体水平及其模式选择情况。根据《中华人民共和国专利法》的规定，技术创新专利申请或授权包括发明专利、外观专利和实用新型专利3种。

一、企业技术创新及其模式选择总体演化特征

自2012年实施"创新驱动发展"战略以来，我国的企业技术创新能力得到明显提升，专利申请与授权总体出现大幅提升。对2012—2018年我国3种专利的授权总量及其占比变化情况进行统计分析后，所得结果如表3-1所示。②

为了更直观地反映我国发明专利、实用新型专利和外观设计专利授权量占比的动态变化特征，将表3-1中的比例数据绘制成图3-1。

---

① FAGERBERG J, MOWERY D C, NELSON R. The Oxford Handbook of Innovation [M]. Oxford: Oxford University Press, 2005.

② 虽然大专院校、科研单位、机关团体及个人等均可能是我国各项专利的申请者，但大部分专利仍来自企业。以2018年的发明专利为例，在该年度的432 147件发明专利授权中，有309 478件来自企业，占授权总量的72%左右。鉴于不同年份企业专利授权量准确数据难以获取，本章将以专利授权总量来近似替代企业专利授权情况，下同。

表 3-1　3 种专利授权量及其占比情况

单位：件、%

年份	总计	发明	占比	实用新型	占比	外观设计	占比
2012	1 163 226	143 847	12.37	566 750	48.72	452 629	38.91
2013	1 228 413	143 535	11.68	686 208	55.86	398 670	32.45
2014	1 302 687	233 228	17.90	707 883	54.34	361 576	27.76
2015	1 718 192	359 316	20.91	876 217	51.00	482 659	28.09
2016	1 753 763	404 208	23.05	903 420	51.51	446 135	25.44
2017	1 836 434	420 144	22.88	973 294	53.00	442 996	24.12
2018	2 447 460	432 147	17.66	1 479 062	60.43	536 251	21.91

注：数据来自国家知识产权局官网，网址为 http://www.cnipa.gov.cn/。

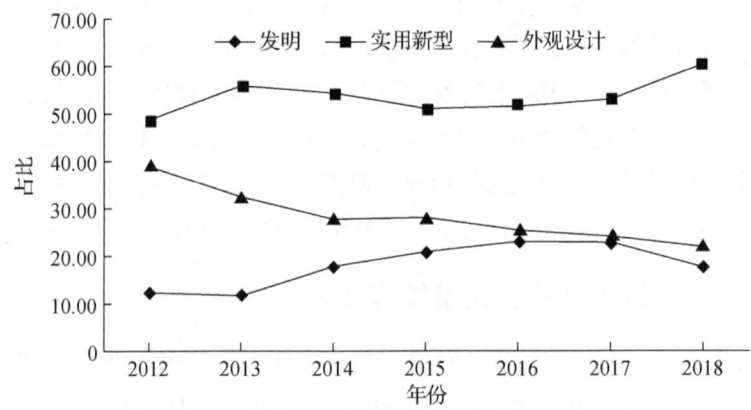

图 3-1　我国 3 种专利授权量占比动态变化趋势

结合表 3-1 和图 3-1 可以看出，我国 3 种专利授权量的占比动态变化具有如下典型性特征。

①原始发明专利授权量占比不稳定，且总体上偏低。根据图 3-1 中的原始发明专利授权量占比动态变化特征可知，自 2012 年以来，我国原始发明专利授权量占比远低于实用新型与外观设计专利授权量水平，且 2016 年达最高值时也仅为 23.05%。虽然自 2012 年以来，该比例出现了较大幅度的上升，但 2016 年以后又开始出现下滑，且与实用新型专利授权量占比之间的缺口呈不断放大的趋势。这一现象说明，原始创新不足、核心竞争力缺

失在未来很长一段时间内仍将制约我国经济的进一步发展。如果我国不能逐步提升原始发明创新能力,仍将难以摆脱"中等收入陷阱"困境,努力提升我国原始发明创新能力任重而道远。

②虽然外观设计专利授权量占比逐年递减,但以实用新型专利为主的技术创新模式仍呈上升趋势。图3-1中的外观设计与实用新型专利授权量占比变化特征显示:我国外观设计专利授权量自2012年以来一直呈现逐年递减的趋势,但实用新型专利授权量占比不仅长期高于50%的水平,而且呈进一步攀升之势,2018年甚至高达60.43%。虽然实用新型创新也算是企业技术创新的一种,但其技术含量低、产品创新的附加值不高,我国应积极引导企业努力实现原始发明创新的突破,不断提升产品的国际核心竞争力水平。

二、企业技术创新及其模式选择地区比较

企业是否进行技术创新及采取何种模式进行技术创新,不仅取决于其自身知识、技术、人力等资源禀赋的多寡,同时也在很大程度上受其所处区域的经济发展水平、技术创新环境、市场化程度水平等相关制度环境的影响。①② 考虑到我国不同地区间经济发展水平、金融市场发达程度及相关法律法规完善程度等方面均存在较大差异,有必要对我国各地区间的企业技术长效及其模式选择情况进行对比分析。

为了突出企业原始发明创新相对于实用新型与外观设计这两种二次技术创新的重要性,本书对2012—2018年我国31个省(区、市)的年度原始发明创新专利授权量占比情况进行统计分析。所得结果如表3-2所示。

表3-2 不同省区发明专利授权量占比统计结果

单位:%

省(区、市)	2012年	2013年	2014年	2015年	2016年	2017年	2018年
平均	12.37	11.68	13.45	16.50	18.55	19.00	14.81
西藏	42.86	36.36	34.25	20.20	13.47	10.00	9.67

---

① 许玲玲.制度环境、股权结构与企业技术创新[J].软科学,2015(12):22-26.
② 徐浩.制度环境影响技术创新的典型机制:理论解读与空间检验[J].南开经济评论,2018(5):133-154.

续表

省（区、市）	2012 年	2013 年	2014 年	2015 年	2016 年	2017 年	2018 年
北京	39.87	33.02	31.12	37.55	40.37	43.10	38.04
海南	36.23	33.73	23.79	20.23	19.75	17.49	14.85
陕西	26.95	19.84	21.41	20.43	15.48	25.39	21.42
吉林	26.69	24.06	21.42	25.23	24.29	27.57	20.66
云南	22.23	19.28	17.52	17.83	17.66	15.87	11.29
上海	22.09	21.87	23.00	29.03	31.27	28.41	23.07
甘肃	19.22	16.57	15.93	17.91	16.40	13.85	9.17
青海	19.17	18.13	17.77	17.01	19.97	15.19	11.17
辽宁	18.72	17.69	20.36	26.09	26.81	29.09	20.42
内蒙古	18.45	14.31	11.36	14.43	14.90	13.52	8.98
山西	18.02	15.55	18.62	24.27	23.96	21.06	15.17
天津	16.81	12.64	12.44	12.38	13.05	14.02	10.29
宁夏	16.59	15.19	17.06	23.70	20.92	15.48	13.15
湖北	16.55	14.09	17.16	20.03	20.36	23.46	17.77
广西	15.29	16.43	20.00	29.60	34.72	29.82	21.07
湖南	14.45	14.81	15.62	19.89	20.46	20.86	16.87
广东	14.42	11.78	12.38	13.88	14.91	13.75	11.14
新疆	13.26	10.80	11.55	10.84	12.79	11.74	9.56
河北	12.62	11.04	11.36	12.74	13.34	13.94	9.88
黑龙江	11.93	11.29	15.92	21.24	24.08	27.15	22.17
重庆	11.91	9.51	9.55	10.19	11.80	17.65	14.38
河南	11.88	10.76	10.47	11.27	13.86	14.28	10.13
江西	11.17	9.26	7.47	6.78	6.08	6.78	4.78
四川	10.56	9.89	12.06	14.02	16.57	17.76	13.39
贵州	10.48	9.80	10.36	10.63	19.53	14.93	10.70
山东	9.87	11.58	14.47	17.21	19.78	18.99	15.36
福建	9.76	7.84	9.05	9.30	10.68	12.76	9.61

第三章 我国企业技术创新模式选择现状分析

续表

省（区、市）	2012年	2013年	2014年	2015年	2016年	2017年	2018年
安徽	7.08	8.68	10.72	18.94	25.08	21.37	18.62
浙江	6.14	5.50	7.09	9.93	12.00	13.44	11.44
江苏	6.02	7.01	9.83	14.39	17.73	18.27	13.69

注：数据来自国家知识产权局官网，网址为 http://www.cnipa.gov.cn/。

从表3-2中的我国2012—2018年各省区发明专利授权量占比的统计结果可以看出如下基本特征。

①我国企业发明专利授权量占比不仅普遍偏低，而且波动性明显。根据表3-2中第二行我国平均发明专利授权量占比来看，2012—2018年，我国发明专利授权量占比的年度均值均明显低于20%。这意味着虽然我国的专利授权量在逐年上升，但原始发明创新能力不足仍是其主要特征，技术创新80%以上仍是以包括实用新型和外观设计在内的"二次创新"为主。不仅如此，原始发明创新专利授权量占比的波动较明显。2012年，我国发明专利授权量占比为12.37%，2013年下降至11.68%；在逐年上升至2017年的19%后，2018年的发明专利授权量占比又开始下降至14.81%。这说明我国发明专利授权量占比不仅普遍偏低，而且波动性明显，如何进一步提升我国企业的发明创新能力任重而道远。

②我国企业原始发明创新能力地区间的差异明显。虽然表3-2中仅对2012年的发明专利授权量占比情况进行了从大到小的排序，但其他年份的变化情况亦可见一斑。从2012年的原始发明专利授权量占比来看，西藏地区最高，达42.86%；其次是北京、海南、陕西、吉林、云南、上海、甘肃、青海和辽宁9个省区。令人感到惊讶的是，虽然浙江、江苏、福建、山东等沿海省份的经济发达水平较高，但其原始发明专利授权量占比不仅在2012年较低，而且在随后的几年中亦明显低于其他地区水平。这一现象说明，我国不仅地区间原始发明专利授权量占比的地区差异明显，而且原始发明创新目前尚未成为驱动地区经济发展的核心要素，原始发明创新能力与地区经济发展水平之间的失衡现象非常明显。

三、企业技术创新及其模式选择行业比较

考虑我国行业数量众多，难以对每个具体不同行业的技术创新及其模式

选择情况进行详细比较，本书将基于国际专利分类 IPC 标准来对我国各不同行业的技术创新及其模式选择情况进行对比分析。①

同样出于对原始发明创新重要性的考虑，因中国国家知识产权局在按国际 IPC 分类标准对我国不同行业的专利授权量进行统计时，仅统计了发明专利与实用新型专利的授权情况，并未对企业外观设计专利授权量的分类情况进行统计。因此，本书在对比我国发明专利授权量占比的行业分布情况时，也仅对发明专利相对于其与实用新型专利授权量之和的占比情况进行统计分析。所得结果如表 3-3 所示。

表 3-3　发明、实用新型专利授权占比 IPC 分类统计结果

单位:%

部类	2012 年	2013 年	2014 年	2015 年	2016 年	2017 年	2018 年
平均	27.54	23.06	24.78	29.08	30.91	30.15	22.61
A 部（农、轻、医）	21.16	20.19	22.67	22.33	22.74	20.64	17.48
B 部（作业、运输）	15.86	12.60	13.84	20.07	21.30	20.85	13.47
C 部（化学、冶金）	69.79	67.21	67.44	68.34	66.83	61.98	52.69
D 部（纺织、造纸）	89.58	21.18	23.61	31.66	32.98	32.08	22.23
E 部（固定建筑物）	11.78	9.23	12.20	18.28	20.69	19.44	12.54
F 部（机械工程）	14.51	11.77	12.45	19.22	21.86	21.70	14.63
G 部（物理）	37.86	29.19	32.86	37.40	40.81	41.83	34.23
H 部（电学）	40.07	32.57	34.53	38.91	41.79	41.34	34.38

注：数据来自国家知识产权局官网，网址为 http：//www.cnipa.gov.cn/。

根据表 3-3 中的发明专利授权占比 IPC 分类情况来看，我国被授权的企业发明专利主要集中于 C 部、D 部、G 部和 H 部，即在化学、冶金、纺织、造纸、物理和电学方面，其他部类的企业发明专利授权量则相对较低。

四、不同所有制企业技术创新及其模式选择比较

众所周知，虽然自改革开放以来，我国的经济发展总量得到显著提升，

---

① 国际专利 IPC 分类标准将不同的行业分为八大部，分别记为 A、B、C、D、E、F、G 和 H 部。其中 A 部为人类生活必须（农、轻、医），B 部包含作业与运输类，C 部包含化学与冶金类，D 部包含纺织与造纸类，E 部为固定建筑物类，F 部为机械工程类，G 部为物理类，H 部为电学类。

第三章 我国企业技术创新模式选择现状分析

但市场经济体制并未得到充分完善,政府干预企业的行为仍较为普遍、"二元"所有制经济结构特征依旧比较明显。[①] 在"二元"所有制经济结构背景下,正如杨继生、阳建辉(2015)指出,政府经常会通过对民营企业设置行业标准障碍、产权交易壁垒或直接通过行政干预等手段来减轻国有企业竞争压力,使得国有企业在很多行业可以长期获得超额垄断利润,导致国有企业的创新动力不足。[②] 根据创新经济理论,企业技术创新与其所处的微观市场结构之间存在倒"U"形关系。当企业市场垄断力越强时,其进行技术创新的动力越弱;反之则更强。

虽然我国企业的注册类型包含国有企业、国有控股、国有联营、私营企业、中外合资、外商独资及集体企业等多种形式,但鉴于外资企业所有权性质的特殊性及集体企业经济规模有限,本书将对我国的国有与民营这两种主要企业组织形式的技术创新及其模式选择情况进行对比分析。因相对于国有企业所具有的各种优势而言,民营企业必须适应市场经济"优胜劣汰"的竞争机制,技术创新的必要性及其内在动力自然更强。为了直观了解国有与民营这两类不同企业的技术创新及其模式选择差异,现将2012—2018年我国的国有与民营企业的专利申请总数、发明专利申请数及有效发明专利数的分布情况进行统计。[③] 所得结果如表3-4所示。

表3-4 国有与民营企业技术创新及其模式选择统计结果

单位:件、%

年份	专利申请数			发明专利申请数			有效发明专利数		
	民营	国有	民营占比	民营	国有	民营占比	民营	国有	民营占比
2012	144 168	44956	76.23	39 626	16 760	70.28	55 726	24 264	69.67
2013	174 650	48 424	78.29	50 653	19 281	72.43	74 757	24 123	75.60
2014	202 849	51 329	79.81	62 185	22 494	73.44	103 775	30 574	77.24

---

① 戴利君,刘斌斌. 控股权性质、外部融资需求与上市企业定向增发资源错配 [J]. 企业经济,2018(8):105-111.

② 杨继生,阳建辉. 行政垄断、政治庇佑与国有企业的超额成本 [J]. 经济研究,2015(4):50-62.

③ 此处国有企业包括国有控股、国有联营和国有独资企业3种。因全部微观企业专利申请数据的可得性,此处仅对规模以上工业企业的专利数据进行统计。

续表

年份	专利申请数			发明专利申请数			有效发明专利数		
	民营	国有	民营占比	民营	国有	民营占比	民营	国有	民营占比
2015	215 465	52 593	80.38	67 125	24 134	73.55	128 688	40 202	76.20
2016	237 820	50 948	82.36	78 551	25 003	75.86	180 490	53 822	77.03
2017	270 129	53 034	83.59	84 468	26 368	76.21	231 855	62 701	78.71
2018	380 281	60 896	86.20	122 242	28 272	81.22	322 578	70 192	82.13

注：数据来自中国统计局官方网站，网址为 http://www.stats.gov.cn/。

为了更直观地了解民营企业专利申请、发明专利申请及有效专利数相对于国有企业的占比动态变化特征，现将表3-4中的民营企业技术创新各种占比数据绘制成图3-2。

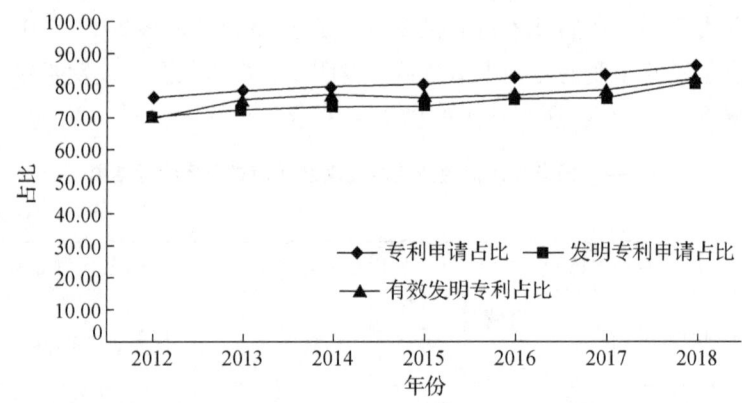

图3-2 民营企业相对于国有企业的（发明）专利申请及有效专利数占比

从表3-4和图3-2中的统计结果及其动态变化趋势可以看出：

①相对于国有企业而言，我国民营企业专利申请数、发明专利申请数与有效发明专利数占比均显著更高。根据表3-4和图3-2统计结果，2012—2018年，我国民营企业专利申请数、发明专利申请书及有效发明专利数相对于其与国有企业之和的占比均在70%以上，且最高的年份甚至逼近90%。这充分说明在过去一段时间内，民营企业是我国技术创新的主体，国有企业因其所有权属性优势的存在而导致其技术创新动力不足。

②民营企业的专利申请数、发明专利申请数与有效发明专利数的占比递增趋势明显。根据图 3-2 中的变化趋势显示，2012—2018 年，我国的民营企业无论是其专利申请数量占比与发明专利申请数量占比，还是其有效发明专利数占比均呈现逐年递增态势。进一步结合表 3-4 中的数据可知，2012 年民营企业专利申请数占其与国有企业专利申请数之和的比例为 76.23%，发明专利申请数占其与国有企业发明专利申请数之和的比例为 70.28%，而其有效发明专利数占其与国有企业有效发明专利数之和的比例为 69.67%。随后，民营企业的这 3 项占比指标均逐年上升，到 2018 年已分别达 86.20%、81.22% 和 82.13%。这进一步说明，我国民营企业的技术创新能力正不断增强，而国有企业的技术创新产出则相对出现下滑。

五、企业技术创新及其模式选择国际差异比较

为了加深对我国企业技术创新水平国际地位的了解，这里将以中国国家知识产权局（CNIPA）、美国专利商标局（USPTO）、日本特许厅（JPO）、韩国特许厅（KIPO）和欧洲专利局（EPO）五大知识产权局（以下简称"五大局"）与世界知识产权组织（WIPO）所联合发布的《世界五大知识产权局统计报告》中的统计数据为样本，对我国的发明专利授权量占比与有效专利数在五大局中的占比动态变化特征进行比较分析。①

（一）发明专利授权量国际比较

虽然我国自 2011 年以来的专利申请数量长期位居世界首位，但因包含外观设计与实用新型在内的二次创新技术含量较低，难以提升我国原始发明创新能力水平并摆脱核心技术受制于人的困境，而原始发明创新技术含量更高、创新难度更大，更能体现我国的技术创新综合实力水平。因此，本书对 2012 年以来我国的发明专利授权量世界占比情况进行了统计，所得结果如图 3-3 所示。

从图 3-3 中的我国发明专利授权在五大局中的占比变化情况可知，除 2013 年较之于 2012 年略有下降外，自 2012 年开始，我国发明专利授权量在五大局中的占比逐年上升。其中 2012 年的占比约为 15.56%，被授权的

---

① 世界五大知识产权局成立于 2007 年，其所接受与授权的专利申请数量达世界专利申请与授权总量的 95% 以上。

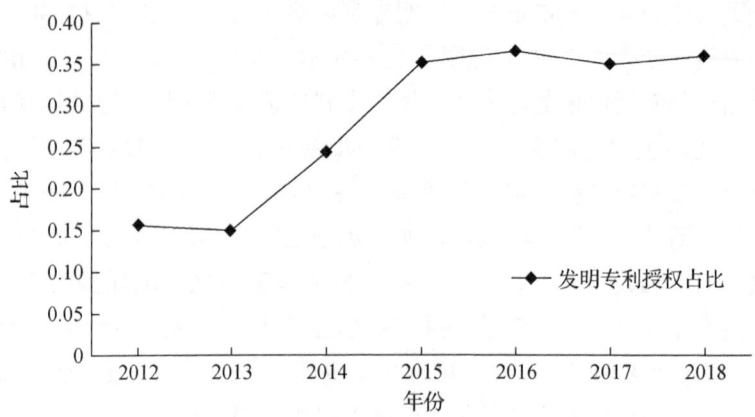

图 3-3 中国发明专利授权五大局占比

发明专利143 847件;到2018年,我国的发明专利授权量上升至432 147件,在世界五大局中的占比则上升至36.01%。由此可见,我国的原始发明创新能力自"创新驱动发展"战略实施以来得到明显增强。

(二) 有效专利数国际比较

众所周知,当某项专利得到授权后,如果申请人希望能继续持有专利权,则必须缴纳一定的费用以延续专利的有效性。一个国家的有效专利数越多,间接说明这个国家的技术创新能力更强。因2018年统计结果的可得性,这里仅对2012—2017年世界五大局的有效专利分布情况进行统计,所得结果如图3-4所示。

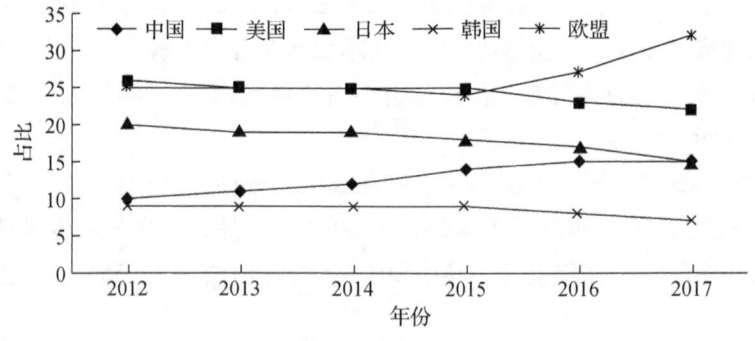

图 3-4 五大局有效专利占比

根据图3-4的动态变化趋势可以看出：在美国、日本和韩国的有效专利占比不断下滑的同时，中国的有效专利数量占比自2012年开始猛增，且虽然与美国和日本之间的差距在逐渐减少，但与欧盟之间的差距仍然较大。以2012年为例，中国、美国和日本的有效专利数在五大局中的占比分别为10%、26%和20%，到2017年时，中国的有效专利数占比上升至15%，而美国和日本的有效专利数占比则分别下降至22%和15%。由此可见，虽然中国的有效专利占比在上升，美国的有效专利占比在下降，但到2017年仍然存在7%的缺口，且与欧盟之间的缺口高达17%。这意味着我国仍需进一步提升有效专利水平，技术创新质量也有待进一步提升，我国希望完成的经济发展由"数量大国"向"质量大国"的转变依旧有很长一段路要走。

究其原因：首先，虽然长期以来我国都非常重视技术创新在社会经济发展中的重要作用，但"创新驱动发展"国家战略直至2012年党的十八大报告中才被正式确立。随着"创新驱动发展"战略的提出，我国迅速呈现"大众创新、万众创新"的双创繁荣景象，使得我国的专利总产出和原始发明专利产出水平出现大幅提升。其次，虽然自2012年起，我国的专利总产出与原始发明专利产出水平有了大幅提升，但很多专利申请可能来自国有部门的行政摊派，导致我国一度出现较为明显的"专利泡沫"。与专利申请所不同的是，有效专利需专利持有人续缴一定的费用才能得以维系。正是因为"专利泡沫"的存在，使得很多被授权的原始发明专利难以成为有效专利，故而导致我国的原始发明有效专利数量在国际上仍处于较低水平。

第四节 我国企业技术创新及其模式选择存在的问题

根据前文对我国企业技术创新及其模式选择的现状分析结果，我国企业在技术创新及其模式选择方面存在如下4个方面的问题。

首先，国有与民营企业技术创新与其经济地位之间的失衡现象明显。作为我国国民经济的重要支柱，国有企业在我国诸多关键领域和重要部门中长期处于支配性地位，民营企业则是国民经济的重要补充。然而，从对我国不同所有制企业技术创新的现状来看，相对于国有企业而言，民营企业已然成为我国技术创新的主力军，使得国有与民营企业的技术创新与其各自经济地位之间的失衡现象非常突出。

其次，我国企业技术创新以包括外观设计与实用新型类的二次创新为主，原始发明创新不足。虽然自"创新驱动发展"战略实施以来，我国专利申请与授权量早已位居世界前列，但原始发明创新不足非常明显，使得我国在诸多关键领域仍经常面临技术难题，中美贸易战爆发后的"中兴事件""华为事件"等便是最好的佐证。

再次，我国企业技术创新时的"专利泡沫"问题严重。虽然近年来我国的专利申请与授权量在世界五大局中的排名急剧上升，但从有效专利数量来看，我国不仅低于美国和欧盟，同时也低于日本。这说明我国的技术创新或者仅仅只是追求专利数量的膨胀，或者其难以进行有效的商业转化，无论是前者还是后者都意味着我国企业技术创新时的"专利泡沫"现象明显。

最后，原始发明创新并没有成为拉动我国地区经济增长的主引擎，原始发明创新与地区经济发达水平之间的失衡明显。根据内生经济增长理论，技术创新本是拉动经济增长与超越的主要内生驱动力。然而，从我国技术创新地区的统计结果来看，经济更发达的东部沿海地区的原始发明创新水平不仅没有位居全国前列，而且像江苏、浙江、福建、山东等地区的原始发明创新专利占比均排在后面，就连广东也仅处于中游水平。这充分说明，不仅原始发明创新没有真正成为拉动我国经济增长的主引擎，而且其与各地区经济发达程度水平之间的失衡现象非常明显。

究竟是什么原因导致我国技术创新及其模式选择出现上述诸多问题的呢？毋庸置疑，创新动力与能力、创新环境与文化、创新基础与资源等皆是影响企业技术创新的重要元素，具体包括企业的创新意愿强弱、企业创新的人才与资金保障、企业知识基础与环境、创新成果的受保护程度等。如果企业希望通过技术创新来更好地促进其发展，首先需要进行技术创新研发资金的投入。研发资金既可以来自企业内部，也可以通过外部融资渠道获取。因我国大部分企业发展历史较短，特别是民营企业，使得外部融资成为诸多企业进行研发资金融通的主要渠道。在完备的金融市场环境中，无论是银行系统还是证券市场均具有良好的资金融通、风险分散与收益评估等功能。然而，当金融市场资源配置优化功能出现紊乱时，不仅使得那些盈利能力更强、研发项目更可行的企业难以获得足额的资金支持，金融资源配置优化功能的紊乱还会导致金融市场价格信号的扭曲；不仅不利于企业对技术创新的预期收益做出正确的判断，而且还会导致技术创新风险难以通过有效的金融市场工具得以分散。由此可见，金融市场资源配置优化功能的正常发挥是促进企业技术创新能力提升的重要保障。

那么，我国金融市场的资源配置效率水平如何呢？其能否将有限而稀缺的金融资源在不同企业或部门间进行合理配置？如果不能，这意味着我国金融资源配置出现了某种程度的扭曲，金融资源配置的扭曲又将对我国企业技术创新及其模式选择产生何种影响？

本章小结

在对技术创新基本内涵的历史沿袭进行梳理、对技术创新概念的外延进行总结的基础上，本章首先对国内外学者就企业技术创新不同模式分类的问题进行了系统阐述。研究发现，国内外学者在对企业技术创新模式进行分类时，一般可根据技术创新对象、技术创新变动方式、技术创新程度差异、技术创新动因及技术创新的组织方式或方法来进行划分。具体包括：①按技术创新对象分为产品创新、流程创新、工艺创新；②按技术变动方式分为科学技术创新、要素组合结构创新；③按技术创新程度差异分为渐进式创新、根本性创新、技术系统变革、技术—经济范式变革；④按技术创新动因分为技术推动型创新、需求拉动型创新、综合型技术创新；⑤按组织方式与方法差异分为自主创新、模仿、引进、合作创新；⑥按创新能力层次分为原始发明创新、实用新型创新、外观设计创新；⑦按创新动机分为实质性创新、策略性创新。

在完成技术创新内涵界定及其模式分类后，本章对我国企业技术创新及其模式选择的国际、国内现状进行了比较分析，以期深入了解当前我国企业技术创新及其模式选择的具体特征。研究结果表明：①总体而言，虽然自2012年实施"创新驱动发展"战略以来，我国的技术创新水平得到明显提升，专利申请与授权量出现大幅上涨，但原始发明专利授权量占比不稳定，且总体上偏低；虽然外观设计专利授权量占比逐年递减，但以实用新型专利为主的技术创新模式仍呈上升趋势。②从国际比较结果来看：一方面，除2013年较之于2012年略有下降外，自2012年开始，我国发明专利授权量在五大局中的占比逐年上升；另一方面，在美国、日本和韩国的有效专利占比不断下滑的同时，中国的有效专利数量占比自2012年开始猛增，且虽然与美国和日本之间的差距在逐渐减少，但与欧盟之间的差距仍然较大。③从国内地区之间的差异比较结果来看，一方面，我国企业发明专利授权量占比不仅普遍偏低，而且波动性较大；另一方面，我国企业原始发明创新能力地区间差异明显。④从企业技术创新及其模式选择的行业分布来看，我国被授权的企业发明专利主要集中于 C 部、D 部、G 部和 H 部，即主要集中于化学、冶金、纺织、造纸、物理和电学方面，其他部类的企业发明专利授权量则相对甚少。⑤从不同所有制企业技术创新及其模式选择的比较分析结果来看：一方面，我国民营企业专利申请数、发明专利申请数与有效发明专利数占比均远超于国有企业水平；另一方面，民营企业的专利申请数、发明专利申请数与有效发明专利数的占比递增趋势明显。

第四章 金融资源错配成因、形态分析与程度测算

第一节 金融资源错配内涵界定与表征分析

一、金融资源错配内涵界定

金融资源错配属于资源配置范畴,其是相对于资源有效配置的一个概念。为了深入了解金融资源错配的概念,首先需要加深对何为资源得到有效配置的理解。因此,本节首先对资源的优化配置问题进行阐述,然后再来介绍金融资源错配的概念内涵。

资源配置是否有效属于资源配置效率问题。根据微观经济学一般均衡理论,在资源稀缺性假定下,当有限而稀缺的资源配置不存在帕累托改进时,则称这时的资源配置是有效的。反之,若现有的资源配置尚可以实现进一步的帕累托改进,则称这时的资源配置是低效甚至是无效的。那么,何为帕累托最优的资源配置呢?帕累托最优均衡配置又是通过何种途径得以实现的呢?本节首先对什么是帕累托最优的资源配置模式进行介绍。

为了对核心问题的描述简单起见,假定社会上只存在两个消费者——消费者 1 和消费者 2,并且假定只存在两个商品 x_1 和 x_2。进一步假设 $e^1 = (e_1^1, e_2^1)$ 表示消费者 1 所拥有的两种非负的物品禀赋向量,$e^2 = (e_1^2, e_2^2)$ 代表消费者 2 所拥有的两种非负的物品禀赋向量。因此,整个社会可利用的每种物品的禀赋总量便可由向量 $e^1 + e^2 = (e_1^1 + e_1^2, e_2^1 + e_2^2)$ 表示。再假设消费者是具有一个常见的、凸性的无差异曲线图谱来表示她的偏好,且随商品消费的增加而递增。在这个两人经济中,交换均衡由如图 4-1 中的埃奇沃思盒所表示。

在图 4-1 的两人经济图中,e 点为两人初始禀赋之和。由个人偏好的凸性和关于产品消费的递增性可知,点 A 的消费组合会受到消费者 1 的拒绝,

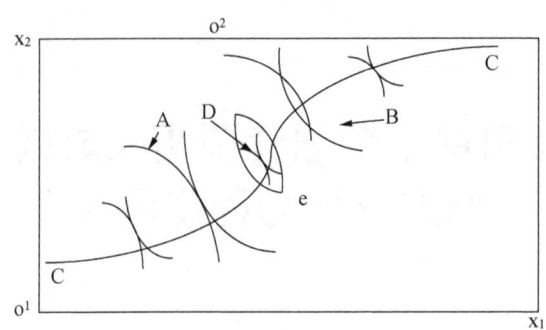

图 4-1　两人经济均衡的埃奇沃思盒示意

点 B 的消费组合同样会受到消费者 2 的拒绝。因此，两人都满意的消费组合一定处于经过 e 点的椭圆形范围内，否则必将受到消费者 1 或 2 的排斥而无法形成均衡。按照此逻辑，在两人进行交换后，可以实现最优的消费组合为 D 点。在该点的位置上，两人的效用曲线相切，消费者 1 和 2 通过交换均获得了比初始禀赋更多的效用，我们把经过 D 点且两人效用曲线均相切的点的连线 CC 称为该交换经济的契约线。一般而言，当商品配置无法在不使其他人效用受损的条件下，没有任何途径使另一些人得到改善时，我们称这样的配置模式是帕累托有效的。[①] 否则，在不使他人受损而有一些人得到改善的资源配置方式称为是可以进行帕累托改进的。

作为社会核心资源，金融资源能否得到帕累托有效配置不仅直接影响金融资源配置效率的高低，而且还会对劳动、技术等其他生产要素的配置效率产生重要影响。根据一般均衡理论可知，只有在完全竞争的市场经济体制下按照"效率均等"的原则对有限而稀缺的金融资源进行配置时，才能实现金融资源的帕累托有效配置，从而使得效率最高的企业与部门获得最多的金融资源，效率次之者获得较少的金融资源，效率最低者获得最少的金融资源。然而，在我国金融资源配置政府主导型特征的影响下，政府对金融资源配置的干预经常导致金融资源错配现象的产生。由此可见，金融资源错配是指金融系统不能按照"效率均等"原则将有限而稀缺的金融资源配置到那些效率更高的企业或部门，而是将其配置给那些低效甚至无效的企业或部

---

① 杰里，瑞尼. 高级微观经济理论：第 2 版 [M]. 王根蓓，译. 上海：上海财经大学出版社，2002.

门，造成金融资源配置的"非理性"或者说是"错配"。①

二、金融资源错配表征分析

金融资源错配的本质在于有限而稀缺的金融资源不能按照"效率均等"原则在不同企业或部门间进行配置，虽然金融资源错配的表征在不同国家或地区的表现形式有所不同，但在我国主要是源于经济结构的"二元"所有制特征及政府对金融资源配置的行政干预所致。

虽然我国的经济形式包括国有、民营、集体所有制企业及中外合资、中外合作、外商独资等多种形式，但随着改革开放程度的加深，集体所有制企业逐渐退出历史舞台。又因为无论是中外合资、中外合作还是外商独资企业，均以吸引国外资本或先进生产管理经验为目的，虽然各地纷纷以土地、财税优惠等措施努力吸引外资的进入，而且外资企业的进入确实为我国改革开放初期经济的发展与腾飞做出了巨大贡献，但其并不会构成我国经济的主体部分。因此，在这样的历史演进过程中，我国逐渐形成以国有和民营企业为主的"二元"所有制经济结构。在"二元"所有制经济结构特征的影响下，随着金融资源配置渠道的不同，金融资源错配呈现出不同的特征。众所周知，现代金融体系由银行、保险与证券三大行业构成，故银行、证券、保险又称为是现代金融体系的三大支柱。因保险业务在我国金融市场中的份额仍较小，使得我国的金融资源配置目前主要还是通过银行和证券市场得以完成。

一般而言，金融资源的配置主要通过金融产品的交易得以进行。由于历史的原因，在我国银行系统的金融产品中仍以银行信贷为主，而在证券市场中则主要以企业 IPO 或定向增发的形式来实现社会金融资源的配置。② 因此，我国金融资源的错配主要表现在银行信贷资金的错配与证券市场股权融资的错配两个方面。与其他产品一样，金融产品同样具有价格和数量这二重属性。因此，金融资源错配的表征主要体现在以下两个方面。

---

① 鞠市委．我国金融资源错配及其影响研究［J］．技术经济与管理研究，2016（7）：80－87．

② 在我国证券市场中，企业进行融资的渠道主要有两种，即首次公开发行（IPO）和股权再融资两大类。股权再融资又包括配股、公开增发和定向增发三种，自 2006 年 5 月 8 日中国证监会办法《上市公司证券发行管理办法》以后，定向增发基本替代了配股和公开增发而成为我国上市企业股权再融资的最主要形式。具体可参见：刘斌斌．上市企业定向增发对信贷融资、投资和资本配置效率的影响研究［D］．江西财经大学，2014．

（1）金融资源数量上的错配。根据金融配置优化理论，有限而稀缺的金融资源应按照"效率均等"的原则在不同的企业或部门间进行合理配置，使得效率最高的企业获得最多的金融资源，效率次之者获得较少的金融资源，效率最低者获得最少的金融资源。否则，当金融资源被配置给那些效率低下的企业或部门时，势必造成金融资源配置的低效甚至无效，这时金融资源便出现错配。在边际报酬递减规律的作用下，金融资源的错配必将造成社会生产效率的损失。

在我国"二元"所有制经济结构的背景下，相对于民营企业而言，国有企业因其所具有的所有权属性优势，即便生产效率远低于民营企业，但其所获得的银行信贷还是远高于民营企业水平。正如 Song 等（2011）及袁志刚和邵挺（2010）等的研究所发现：国有企业和民营企业在生产效率和融资能力方面的差异已经达到令人震惊的程度，国有企业资本收益率仅为民营企业的一半左右，但其所获得的银行信贷和政府资助占投资总额的比重却在民营企业的三倍以上。卢峰和姚洋（2004）也发现，我国银行信贷存在严重的"漏损效应"，金融资源会从享有特权的国有部门流向信贷歧视的私人部门，私人部门的金融资源大多只能从国有部门的"漏损效应"中来获取。虽然学者们目前对中国股票融资市场金融资源错配的研究成果甚少，但戴利君和刘斌斌（2018）发现，中国的股权再融资同样存在严重的错配现象，我国上市企业定向增发存在严重的资源错配现象，定向增发对企业盈利能力不敏感；国有控股企业融资需求更低，但定向增发融资规模更大。

在证券市场首次公开发行方面，我国社会金融资源在国有和民营企业间的数量错配现象同样比较明显。自 1990 年年底深圳证券交易所成立以来，我国企业上市审批先后经历了审批制、通道制、核准制及 2018 年 11 月启动的科创板注册制 4 个阶段。在 2000 年核准制实施以前，我国大部分上市企业均为国有企业或国家急需发展的部分行业里面的民营企业，其他民营企业根本没有机会获得股权融资的机会。2000 年核准制实施以后，随着中小板、创业板、新三板及科创板的陆续出现，虽然越来越多的民营企业有机会通过证券市场进行股权融资，但其上市企业数量和融资规模仍远低于国有企业水平。

（2）金融资源价格上的错配。根据市场价格机制原理，商品的价格由供给与需求决定；当供给大于需求时，价格下降；当需求大于供给时，价格上升。理论上而言，作为一种特殊的商品，金融产品的价格也应该由市场供需原则来共同决定。当对金融产品的需求越强烈时,价格越高;反之则越低。金融资源价格上的错配意味着金融产品对需求不敏感,有时甚至是需求越旺盛,价格反而越低。

在我国"二元"所有制经济结构特征的影响下,我国的金融资源配置同样存在价格错配现象。在银行信贷方面,国有企业因能获得政府隐性担保、资源倾斜及政府对银行信贷决策的干预等"政治关联效应"而使其更能获得较为优惠的信贷支持,信贷融资成本更低。[①] 在证券市场方面,外部融资需求越高的企业定向增发价格越低,价格对企业融资需求的不敏感同样意味着价格错配的存在性。[②]

第二节 金融资源错配成因分析

虽然各个国家的金融资源配置都存在不同程度的错配现象,且引起金融资源错配的原因也不尽相同,但我国引起金融资源错配的根本原因在于"二元"所有制的经济结构及政府对金融资源配置的干预。尽管鲜有学者专门对金融资源错配产生的原因进行探究,但纵观诸多相关研究成果可知,虽然政府金融体制固有的缺陷、利率市场化程度等均是影响我国金融资源错配的重要因素,但政府干预、金融结构差异与所有制歧视等对金融资源配置效率的影响越来越受到国内外学者的高度关注,并被认为是导致我国金融资源错配的最根本原因。

一、政府干预

在经济转轨时期,政府对经济的干预既是其主要制度特征,也是导致我国金融资源错配的主要原因。长期以来,政府因为经常对银行信贷决策的干预导致我国金融资源的错配而备受诟病。由于我国证券市场与保险市场的发展规模仍比较有限,作为金融资源配置的主要手段,银行信贷在我国金融资源配置中长期占据主导地位。在以银行信贷为主导的金融资源配置体系中,

---

[①] 景麟德,李金城,顾国达. 信贷所有制歧视:政治关联效应和信息释放效应 [J]. 中国经济问题,2018 (3):80-92.

[②] 戴利君,刘斌斌. 控股权性质、外部融资需求与上市企业定向增发资源错配 [J]. 企业经济,2018 (8):105-111.

如何优化金融资源配置成为银行的基本职能之一。① 理论上而言，银行应该按照"效率均等"原则对其有限而稀缺的金融资源在不同企业或部门间进行有效的配置。然而，在政府的行政干预下，银行往往只根据一些简单的、较为容易获取的信息来决定是否对贷款申请对象发放贷款，而不是基于对其进行深度的信息采集与调查来做出信贷决策，这表明我国的信贷管理体制存在着较为严重的制度缺陷，因此导致我国的信贷市场长期出现金融资源错配的现象。②

在经济转轨阶段，政府通过控制审批、许可、资金、获得技术和其他稀缺资源的权利对经济实施调控是其主要制度特征之一，政府为了实现其政策目标，自然会对管控社会核心生产要素的金融系统进行行政干预，他们或者通过持有国有银行的股份参与银行的决策，或者间接地使银行对申请贷款的对象进行差异化对待。③ 虽然政府干预的经济效果可能是中性的，④ 但从资源配置效率的角度看，其负面效果仍然比较明显。⑤ 政府对银行信贷决策的干预使得稀缺的资金配置给那些受到政府庇护的企业，损害了那些效率更高但缺乏必要关系的企业，违背了金融资源配置"效率均等化"的原则，造成金融资源配置效率的损失。在这样的现实背景下，政府干预不仅降低了社会对商业精神与职业能力的追求，而且会使得企业千方百计地去建立并维持与政府的关系。同时，因银行信贷更多地依赖于政府的决定获拍板，使得其没有必要去提高自身的职业审慎与评估技术。⑥ 在金融资源稀缺性的假定下，毫无疑问，政府对国有企业的信贷扶持必然会挤走民营企业的贷款来源，造成信贷市场上民营企业的银行信贷"融资难融资贵"问题。特别是在政府官员晋升的政绩考核体制下，地方政府官员有强烈的动机对经济进行干预以调动一切资源服务于其晋升目标。考虑到金融资源是社会资源的核心，而银行信贷又是金融资源配置的最主要渠道，这就使得银行信贷首先成

---

① LEVINE R. Financial Development and Economic Growth Views and Agenda [J]. Journal of Economic Literature, 1997, 35 (2): 688 – 726.

② 易行健, 张德常. 不对称信息、简单分类、信贷约束和信贷集中共存 [J]. 财贸经济, 2007 (11): 15 – 23.

③ 方均雄. 所有制、制度环境与信贷资金配置 [J]. 经济研究, 2007 (12): 82 – 92.

④ 孙铮, 刘凤委, 李增泉. 市场化进程、政府干预与企业债务期限结构 [J]. 经济研究, 2005 (5): 52 – 63.

⑤ 钱颖一. 市场与法治 [J]. 经济社会体制比较, 2000 (3): 1 – 11.

⑥ 刘小玄. 中国转轨经济中的产权结构和市场结构 [J]. 经济研究, 2003 (1): 21 – 29.

为政府干预的重点对象。由于国有企业实际上面临所有者缺位的问题,其对企业的控制权力主要是由政府官员或政府委派的代理人来行使,使得大量国有企业的控制权实际上掌握在地方政府官员手中。因此,地方政府官员将更有意愿和动机把自身的政治目标内生化于其对国有企业的控制上,并通过行政手段来干预银行部门对国有企业的信贷支持。[①]

二、金融结构不合理

毋庸置疑,政府对银行信贷的直接干预自然会扭曲银行信贷决策,甚至造成信贷资金配置的高度扭曲,使得效率更低的国有企业获得更多的资金支持,而效率更高的民营企业难以获得银行贷款,造成社会金融资源配置的低效甚至无效。但事实上,除政府干预外,越来越多的学者开始意识到地区金融结构的不完善也会对信贷资金的配置效率产生重要影响,进而造成金融资源配置的低效率。正如苟琴等(2014a,2014b)所发现,国有与非国有企业之间的信贷配给差距正逐步消失,企业自身禀赋与宏观金融环境越来越成为其能否获得银行信贷的重要影响因素。姚耀军和董钢锋(2015)则指出,虽然金融发展水平的提升有利于整体推动实体经济的快速发展,但金融结构的多元化则能有效提高金融资源配置效率;由中小银行所推动的银行业结构变化显著缓解了中小企业信贷融资约束。

金融结构差异除表现在是以银行为主导还是以资本市场为主导的横向层面外,其还体现在纵向层面的差异上。因我国资本市场起步较晚,使得银行信贷成为我国金融资源配置的主要方式。[②] 根据一般均衡理论,垄断必然造成效率损失,完全竞争的市场结构才能实现资源配置的帕累托最优。因此,金融结构差异影响对金融资源配置效率高低的影响取决于银行业微观市场结构的竞争程度。当银行业市场结构竞争程度越高时,金融资源配置的效率将越高;反之,则越低。在以银行为主的金融结构背景下,地区银行业竞争程度的加剧主要源自于不同类型商业银行机构数量的增加。根据银保监会分类标准,除中国人民银行外,我国现有的银行业已经形成包含大型国有银行、

---

① 黄轲,朱莹. 银行信贷歧视是政府干预的结果吗?:来自改革进程中的经验证据[J]. 当代财经,2020(3):50-63.

② 根据中国人民银行数据统计:2018年我国存款类金融机构所发放的中长期非金融企业及机关团体贷款金额约为5 846 473亿人民币,证券市场股权融资总额约为6827亿元人民币,仅为银行信贷规模的0.12%左右。

政策性银行、股份制银行、城商行及小型农村金融机构等12类银行机构在内的多元化多层级的市场结构，① 且国有银行与股份制银行、大型商业银行与中小银行等银行金融机构之间的竞争程度正逐步加剧。根据各省区年度金融运行报告数据统计，在这12类银行机构中，大型国有银行、股份制银行、城市商业银行、邮政储蓄银行和小型农村金融机构这5类不仅占银行机构数量三分之一以上，而且在资本规模上也占到40%左右。又因各地区城商行跨区域设立分支机构自2011年起受到了更加严格的审批限制，考虑到其在资产规模及经营模式与范围上的差异性特征，这里再进一步将上述5类商业银行划分为三大类，即大型国有商业银行、股份制银行及包括城商行和小型农村金融机构在内的地方性商业银行来加以分析。②

虽然按照国际主流标准，国有垄断的银行体系被普遍认为是低效甚至无效的制度安排。③ 但相对于中小银行而言，大银行在处理信贷客户的"硬信息"方面更具优势，因此，大银行更愿意服务于大型企业并纷纷采取降息或返息的方式来巩固与大企业已经确立的银企关系。相比之下，中小银行则更多地将客户"软信息"纳入贷款决策的考量，从而使得大银行服务于大企业、小银行服务于小企业成为最优的金融结构安排。④⑤ 与国有大型银行类似，各地方性商业银行则充分利用其在搜集当地企业"软信息"时的"地缘"优势来降低信息处理成本，从而可以有效挖掘当地中小优质客户并为其提供成本更低、期限更长的信贷资金支持。股份制商业银行则可以在全国范围内开展业务，多渠道的资金来源有利于其风险的分散，有利于其针对性地开展信贷业务。

由此可见，金融结构的合理性程度对金融资源配置效率的影响至关重

---

① 根据银保监会分类，除中国人民银行外，我国目前银行业金融机构包括大型商业银行（中、农、工、建、交）、国家开发银行和政策性银行、股份制商业银行、城市商业银行、城市信用社、小型农村金融机构、财务公司、信托公司、邮政储蓄银行、外资银行、新型农村金融机构及其他共12类。

② 因邮政储蓄银行2019年已被银保监局并入大型国有银行系列，而且其经营范围、经营模式及资产规模等方面均与其他大型国有银行雷同，这里将邮政储蓄银行与中、农、工、建、交一并合称为大型国有银行。

③ ALLEN F, GALE D. Comparing Financial System [M]. Cambridge, MA: MIT Press, 2000.

④ BERGER A N, BLACK L K. Bank Size, Lending Technologies and Small Business Finance [J]. Journal of Banking and Finance, 2011, 35 (3): 724–735.

⑤ 张一林，林毅夫，龚强. 企业规模、银行规模与最优银行业结构：基于新结构经济学的视角 [J]. 管理世界，2019 (3): 31–47.

第四章　金融资源错配成因、形态分析与程度测算

要。正如林毅夫等（2009）基于金融体系对实体经济发展的适应性视角所提出的新结构经济学框架下的最优金融结构理论所述，特定阶段的经济发展需要与之相匹配的最优金融结构与之对应。虽然多元化的银行结构通过引入更有力的竞争能更好地服务于实体经济信贷需求、提高整个银行系统的信贷配置效率，但一方面中国各地区金融发展水平与金融市场化程度差异明显，使得各地区金融结构表现出明显的非均衡发展特征；另一方面，尽管不同金融机构之间通过发展异质性客户群体、提供异质性金融服务而展开垄断性竞争，但银企之间的信息不对称始终是影响信贷资金配置效率的重要因素。

为了说明我国银行业市场结构变化情况，现将2012—2017年我国各类不同银行的资产与机构数占比情况进行统计。① 不仅如此，这里还对反映银行业微观市场结构的资产占比集中度与机构数占比集中度进行了测算，其中集中度指数等于各类银行资产或机构数占比的平方和。所得结果如表4-1所示。

表4-1　我国各类银行资产与机构数占比统计结果

单位:%

	2012	2013	2014	2015	2016	2017
A组　各类银行资产占比						
大型商业银行	41.62	39.63	37.75	35.68	33.88	33.77
股份制	18.86	19.16	19.13	19.07	19.92	16.39
城商行	10.97	11.42	12.53	13.67	14.99	15.86
小型农村金融机构	12.54	12.95	13.56	13.56	14.07	14.59
财务公司	1.05	1.23	1.39	2.32	2.32	2.72
邮储	3.92	3.86	4.02	3.80	3.90	4.76
新型农村金融机构	0.36	0.66	0.51	0.59	0.65	0.68
其他	10.69	11.08	11.11	11.32	10.27	11.23
资产占比的平方	0.25	0.24	0.23	0.22	0.21	0.20

---

① 根据各地区金融运行报告中的统计资料显示，目前我国的银行体系共包括大型商业银行、股份制银行、城商行、小型农村金融机构、财务公司、邮政储蓄银行、新型农村金融机构及其他共八大类。

续表

	2012	2013	2014	2015	2016	2017
B组　各类银行机构数占比						
大型商业银行	33.10	32.42	31.87	31.21	30.10	30.08
股份制	3.65	3.90	5.19	6.02	7.47	6.80
城商行	4.71	5.12	5.85	6.22	7.03	7.41
小型农村金融机构	37.66	37.17	36.25	35.44	33.99	34.38
财务公司	0.08	0.08	0.09	0.10	0.10	0.11
邮储	18.63	18.84	17.95	17.51	17.21	16.90
新型农村金融机构	0.66	0.95	1.27	1.92	2.36	2.72
其他	1.51	1.52	1.52	1.58	1.73	1.60
机构占比的平方	0.29	0.28	0.27	0.26	0.25	0.25

注：数据来自各地区年度金融运行报告经手工处理而得。

从表4-1中的银行业市场结构统计结果可以看出如下基本特征：

首先，大型国有银行仍是我国银行业的主体，但其资产占比与机构占比数均出现明显下降。根据表4-1中对大型国有银行的资产占比与机构数占比可以看出，2012—2017年，大型国有银行的资产占比均超过三分之一的水平，而其机构数则均不超过三分之一。更为重要的是，近年来，我国大型国有银行的资产产比与机构占比均呈逐年递减趋势，这意味着包含中、农、工、建在内的大型国有银行的市场份额正不断在下降、其在金融资源配置中的主导地位正逐渐减弱。

其次，股份制银行在我国银行业中的地位并未发生根本性的改变，但城商行和小型农村金融机构在我国银行业中的重要性不断得到凸显。从表4-1中的统计结果可以看出，2012—2017年，我国13家股份制银行的资产占比由18.86%上升至19.92%，并未发生根本性的改变。然而，在此期间的各地城商行资产占比却由10.97%上升至14.99%，增长了36.64%；小型农村金融机构的资产占比则由12.54上升至14.07%。这一结果说明，具有地方特色的城商行与机构数量众多的小型农村金融机构正在不断催生我国的银行业市场结构变革。

最后，我国的银行业市场结构竞争水平正不断上升。根据微观市场结构集中度理论可知，当集中度越低时，说明行业竞争水平越高，反之则越低。从表4-1中的测算结果可知，2012—2017年，反映我国银行业竞争程度的资产集中度与机构数集中度正逐年递减。在2012年，我国银行业的资产集中度和机构数占比的集中度指数分别为0.25和0.29，随后逐年下降至2017年的0.21和0.25，说明我国的银行业竞争程度正不断得到提升。

三、所有制歧视

普遍认为，我国更多的资金被配置给效率低下的国有企业而使效率更高的民营企业难以获得信贷支持，导致其或许只能从国有企业的"漏损效应"中得到部分贷款的根本原因在于：政府对银行信贷决策的支持。正如Huang（2003）所指出的：我国政府在构建金融体系时遵循"政治性主从次序"，政府给予国有企业更多的信贷"关照"，使得民营企业在获取银行信贷时遭受"所有制歧视"。[①] 靳来群（2015a，2015b）不仅发现所有制歧视所造成的融资成本扭曲是造成我国金融资源错配的重要原因，而且还对所有制歧视如何导致金融资源错配的两条途径进行了深入剖析。[②]

然而，随着我国金融体制系列改革的推进，银行的商业化特征与经营活动的自主性已经得到明显增强，信贷资金已经开始逐渐实现有政府干预向按照效率高低的标准来进行贷款审批，信贷资金配置效率得到明显提升。[③] 作为向企业提供资金的商业银行，在其信贷决策受到政府干预的现实背景下，特别是当我国中小企业融资过程中的"麦克米伦缺口"不断放大时，在过去很长一段时间内不可避免地受到诸多指责。然而，这些指责往往是站在资金需求方的视角来看待我国银行信贷资金配置的结果，而忽略了作为资金供给方的商业银行所面临的成本、风险及其理性选择问题。对于理性经营的商业银行而言，由于国有企业无论在企业资产规模、债务担保能力还是信息透

[①] HUANG Y S. Selling China：Foreign direct investment during the reform era [M]. Cambridge, Cambridge University Press, 2003.
[②] 靳来群. 所有制歧视所致金融资源错配程度分析 [J]. 经济学动态, 2015 (6)：36-44.
[③] 黄轲, 朱莹. 银行信贷歧视是政府干预的结果吗?：来自改革进程中的经验证据 [J]. 当代财经, 2020 (3)：50-63.

明度等方面均比非国有企业更具优势,①②③ 加上近几年来不断出现的非国有企业巨额诈骗案,使得基于信贷安全考虑的商业银行更倾向于对非国有企业实施差异化的信贷政策。

根据信息不对称理论可知,出于安全经营考虑,作为理性经营的商业银行,他们对申请者是否提供信贷批准更多取决于其与企业之间的信息不对称程度的高低。在高昂的信息搜集与甄别成本影响下,银行一般会根据企业规模、盈利能力、偿债能力及企业经营风险等信用指标来决定是否对贷款申请对象进行信贷审批。虽然平均而言,民营企业相对于国有企业的盈利能力更强,但规模较小、抵押物不充分、会计报表质量较低等也是民营企业常有的典型特征。④ 正如白俊和连立帅(2012)、李四海等(2015)等所指出的,相对于国有企业而言,民营企业存在更多的治理缺陷,其对财务治理的轻视与家族式领导下对会计信息的轻易粉饰使其会计信息质量更低。⑤⑥ 不仅如此,单笔贷款金额小、没有政府兜底的民营企业贷款违约风险高亦是民营企业受到贷款歧视的重要原因之一。由此可见,我国银行信贷所普遍存在的"所有制歧视"是商业银行理性经营的结果,不同所有制企业之间的禀赋差异是导致我国银行信贷所有制错配的另一重要原因。

四、民营企业自身缺陷

虽然诸多学者认为在我国经济转轨时期所存在的金融资源配置政府干预与银行信贷所有制歧视是导致我国民营企业融资难、融资贵问题的根本性原因,但大部分业界人士却不这么认为。在诸多金融业内人士看来,民营企业融资难是一个伪命题。他们认为:作为一家企业,银行也和其他企业一样需要以利润最大化为目标。因为银行信贷风险呈现有偏性的特征,当银行所发

---

① 方军雄. 所有制、制度环境与信贷资金配置 [J]. 经济研究, 2007 (12): 82 - 92.

② 余明桂, 潘洪波. 政府干预、法治、金融发展与国有银行贷款 [J]. 金融研究, 2008 (9): 1 - 22.

③ HASELMANN R, PISTOR K, VIG V. How Law Affects Lending [J]. Review of Financial Studies, 2010, 23 (2): 549 - 580.

④ 刘斌斌, 黄吉焱. 金融结构对地区信贷资金配置效率的影响: 基于企业规模差异视角 [J]. 金融经济学研究, 2017 (3): 66 - 74.

⑤ 白俊, 连立帅. 信贷资金配置差异: 所有制歧视抑或禀赋差异? [J]. 管理世界, 2012 (6): 30 - 42.

⑥ 李四海, 蔡宏标, 张俭. 产权性质、会计盈余质量与银行信贷决策: 信贷歧视抑或风险防控 [J]. 中南财经政法大学, 2015 (5): 78 - 87.

第四章 金融资源错配成因、形态分析与程度测算

放的贷款不发生违约时,银行可以如期获得较少的利息收入;可一旦当银行所发放的贷款不能如期收回或甚至债务人出现违约时,其将面临巨大的损失风险。因此,银行在发放贷款时必须坚持审慎性原则,这是银行贷款业务的必然性特征。

虽然民营企业占我国企业总数的比例达90%以上,但大部分属于中小微型民营企业,企业规模小、抵押物不充分、单笔贷款额低、财务信息不规范是其主要特征。当对这些民营企业进行贷款审批时,银行难以获得关于这些中小微民营企业的相关"硬信息",直接增加了银行贷款审批的信息搜集成本。出于收益最大化与成本最小化考虑,银行不愿意为诸多中小微企业提供贷款支持,从而导致民营企业信贷融资约束。曾经有一个××城商行的工作人员透露,为了深入了解该行一个从事烤卤鸭业务的小微企业的盈利能力情况,他经常跑到那家企业所开的门市店的马路对面观察一天下来该门店所跑掉的鸭头个数;然后再以这一家门市店每天的鸭头个数来反算出该店的盈利能力,对该企业所有门市店进行加总后,进一步估计出该企业每天的营业额和净利润,进而决定是否对其发放贷款审批。然而,对于大型民营企业特别是民营上市企业而言,因为企业规模大、抵押物充分、财务报表规范及单笔贷款额较高等原因,其并不会面临贷款难的问题,甚至还是各大银行的座上宾。

在理论研究方面,正如白俊和连立帅(2012)所指出的:因我国民营企业多处于成长阶段,民营企业在发展过程中确有比国有企业更多的治理缺陷与禀赋劣势;由于规模小、可担保资产少导致其风险承担能力较弱,使得作为债权人的银行在放贷时不得不考虑其能否进行持续性经营的风险。刘国运等(2010)、陈汉文和周中胜(2014)及李四海(2015)等大量研究结果表明,由于发展时间较短并缺乏完备的现代企业制度,再加上对财务管理的轻视和家族式领导下对会计信息粉饰、操控的便利性,民营企业普遍具有较差的会计信息质量。唐松等(2017)发现,民营企业在发展过程中的"第一桶金"往往受到质疑,"原罪"行为使其合法性存疑,直接加剧作为债权人的银行对其风险感知水平。

第三节 金融资源错配形态分析

作为社会核心生产要素,虽然金融资源在很多国家普遍面临着错配现

象，但在我国经济转轨时期，制度环境差异是影响金融资源错配的最重要因素。李茜和张建君（2010）指出，在经济体制改革渐进阶段，企业所有权性质、所处地区及所处行业属性是体现我国制度环境差异最重要的3个方面。① 由于金融资源错配具体表现在价格与数量两个方面，考虑到任何企业必然属于某个地区、某个行业或具有其特定的所有制属性，且金融资源的配置必须通过一定的渠道得以完成，在银行信贷与证券市场股权融资仍是我国企业融资主要渠道的背景下，根据金融资源配置的主体不同，企业的金融资源错配的具体形态主要包含如下几种：

一、银行信贷错配形态分类

作为我国金融资源配置的最主要渠道，银行信贷在我国金融资源配置中长期占据主导地位。当银行信贷资金不能按照"效率均等"原则在不同行业和企业间进行配置时，银行信贷错配现象则会发生。因此，银行信贷错配可划分为银行信贷的行业错配与"二元"所有制企业错配两种不同类型。加上银行信贷资金配置效率包括在数量与价格上的配置效率两个方面，故而形成银行信贷的行业数量错配、行业价格错配、企业数量错配和企业价格错配4种不同形态。

（一）银行信贷行业数量错配

银行信贷行业数量错配是指银行信贷不能按照效率高低在不同行业间实现信贷资金的配置，从而使得效率更高的行业无法得到自身发展所需的资金支持，而那些效率低下的行业却能够获得更多的银行信贷资金。

与产业和企业发展一样，任何行业的发展同样会经历其生命周期中的不同阶段，即幼稚期、成长期、成熟期和衰退期4个阶段。不同的行业发展阶段所具有的产品成熟度、市场需求量等方面具有不同的典型性特征，因此对信贷资金的需求程度不同，而且商业银行为其提供的信贷资金所面临的风险程度大小也各异。所以说，银行信贷能否提供行业发展所需的信贷资金支持将直接影响到行业发展的成与败。当有限而稀缺的信贷资金被配置给那些风险高、效率低下的行业时，便产生信贷资金的行业数量错配。

---

① 李茜，张建君．制度前因与高管特点：一个实证研究［J］．管理世界，2010（10）：110－121．

(二) 银行信贷行业价格错配

银行信贷的行业价格错配是指银行在不同行业间进行信贷资金配置时，未能按照由供给与需求共同决定的市场价格机制在不同的行业间实现资金的有效配置。事实上，作为一种特殊的商品，信贷资金也应遵循市场价格机制去实现银行信贷的定价，使得对信贷资金需求更强烈的行业承受较高的信贷价格，而对于信贷资金需求不强烈的行业，则相应地降低其价格，以期充分发挥市场价格信号机制对信贷资金价格配置的引导作用。

(三) 银行信贷企业数量错配

银行信贷的企业数量错配是指有限而稀缺的信贷资金不能按"效率均等"原则在不同的企业间进行配置，从而使得效率较低的企业获得更多的资金，而效率较高的企业却难以获得资金，造成信贷资金在企业间配置时的"低效"甚至"无效"，影响企业健康稳定地发展。我国地区金融发展水平差异明显，这也直接影响到了不同地区间企业信贷资金错配程度的高低。此外，虽然我国近年来积极倡导以国有经济为主向以混合所有制为主的经济形态的转变，且企业自身资源禀赋差异也是构成银行信贷资金在企业间错配的重要因素，但因长期受到"二元"所有制经济结构的影响，企业所有权性质差异仍是导致我国银行信贷资金在不同所有制企业间出现错配的首要原因，使得我国的民营企业（特别是中小民营企业）的"融资难、融资贵"问题日益凸显，金融资源配置的"脱实向虚"现象已经引起政府与学者们的高度关注。

(四) 银行信贷企业价格错配

与信贷资金在行业间的价格错配原理相类似，信贷资金在不同企业间的价格错配也是指有限而稀缺的信贷资金在企业间进行配置时，违背市场价格规律、扭曲信贷资金的价格信号作用，使得银行信贷的价格不能有效反映不同企业对信贷资金的需求程度。考虑到银行信贷是社会核心生产要素之一，信贷价格的扭曲将进一步造成劳动、技术等其他生产要求的价格扭曲，严重影响社会经济的发展并造成严重的效率损失。

二、证券市场错配形态分类

作为现代金融体系的重要支柱之一，证券市场对金融资源的配置发挥着举足轻重的作用。虽然相对于银行信贷而言，我国证券市场起步较晚，但随着规模的不断扩大及相关政策制度的完善，证券市场资源配置效率如何已经引发学者与政府们的高度关注。但也正是因为我国证券市场发展的相对滞后与制度体系的不完善，使得证券市场过去在进行金融资源的配置时，出现了不同程度与形态的错配现象。通过股权融资来帮助企业实现资金的融资是证券市场实现金融资源配置优化功能的最主要渠道，与其他国家证券市场相同，我国的证券市场股权融资包括企业的首次公开发行（IPO）与上市企业股权再融资两种形式。因此，我国证券市场中的企业股权融资错配也包括IPO错配与股权再融资错配两种形式。

（一）IPO错配

审批制、核准制与注册制是对企业首次公开发行（IPO）申请进行审批的3种不同类型。由于我国证券市场起步较晚，虽然自2019年起正式启动了科创板企业IPO注册制，并于2020年完成了对深交所创业板IPO申请审批的注册制改革，但在经历了审批制阶段后，目前我国对主板与中小板企业IPO申请审批仍以核准制为主。毋庸置疑，当企业IPO申请审批完全实行注册制改革后，企业IPO错配将会明显降低。然而，当企业IPO申请审批处于审批制或核准制阶段而未完成注册制改革时，政府对企业IPO申请审批的行政干预将难免导致IPO资源错配的发生。

IPO错配是指证券市场在对企业进行IPO申请审批时，未能按照"效率优先"原则对进行IPO申请的企业进行审批与核准，使得那些效率更高的企业难以通过IPO申请审批进行证券市场的股权融资，而那些效率低下的企业则因各种原因而获得了更多的IPO融资机会。由于我国金融发展水平地区差异化程度明显，加上"二元"所有制经济结构下政府对金融资源配置的干预，以及出于国家对宏观发展战略考虑的需要，使得对于那些处于金融发展水平较高地区的企业、国家急需扶持产业中的企业及国有控股的企业而言，虽然效率可能更低，但其IPO股权融资机会更多。相比之下，对于那些金融发展水平较低而又不是国家所重点扶持的行业中的企业及大部分民营企业而言，虽然效率可能更高，但IPO申请却难以通过审批与核准，IPO股权融资机会较少,从而造成我国企业 IPO 融资时金融资源错配现象的发生。

与银行信贷既可能存在数量错配又可能存在价格错配不同,IPO 错配更多的是发生在数量错配上,价格错配的可能性较低。究其原因,是因为在进行 IPO 审批前,企业就已经在申请书上对其进行首次公开发行的原因、融资规模、发行价格及公司的前期盈利能力等信息进行了有效的披露,在企业上市审批询价制度体系下,IPO 发行价格的确定更多的是遵循市场定价机制与买卖双方自愿的原则而进行,价格错配较少发生。当考虑到地区金融发展水平、国家战略发展需要及企业控股权性质差异时,企业 IPO 错配的形态更多的是 IPO 地区错配、IPO 行业错配与 IPO 在不同所有制企业间的错配 3 种形态。

(二)股权再融资错配

股权再融资是指上市公司通过再次发行股票的方式来进行再融资。我国的上市公司股权再融资先后经历了配股、公开增发与定向增发 3 种方式,但自 2006 年 5 月 8 日中国证监会颁布《上市公司证券发行管理办法》以来,定向增发基本替代配股和公开增发,从而成为我国上市企业股权再融资的主要手段。

根据 1998 年 10 月 29 日我国颁布的《证券法》第十条规定,证券发行包括公开发行与非公开发行两种,且公开发行又包含"不定向发行"和"定向发行"。定向增发则没有任何相关法律法规对其进行严格地定义,一般认为定向增发是和《上市公司证券发行管理办法》第 13 条关于向不特定对象公开募集股份相对应的一个概念。因此,定向增发可以理解为只面向特定对象增发新股的行为,属于非公开发行的概念范畴,但与非公开发行又存在一定差异。理论上而言,非公开发行要求向不超过 10 个人发行,一定属于定向增发;但定向增发可以是向 10 人以下(这时是非公开发行),或者 10 人以上、200 人以下(如非上市股份公司的私募),也可以是向超过 200 人发行(根据证券法属于公开发行)。由此可见,定向增发不一定是非公开发行。然而,在我国现实经济生活中,由于定向增发超过 10 人的情况比较少见,在投资实务中,人们经常将非公开发行与定向增发相混淆,并认为定向增发也就是普通意义上的非公开发行。鉴于此情形,这里所指的定向增发概念采用的是《上市公司证券发行管理办法》中第三十七条所规定的企业向特定投资者所进行的非公开增发行为。[①]

与证券市场 IPO 资源错配相类似，上市企业定向增发资源错配是指在当上市企业进行定向增发股权再融资申请时，未能按照"效率优先"的原则对其进行审批，导致效率低下的上市企业股权再融资机会更多，而效率更高的上市企业股权再融资机会更少，造成金融资源配置的低效或无效。在我国"二元"所有制经济结构影响下，不同地区、行业及不同所有制企业在申请定向增发股权再融资时，金融资源错配的现象时有发生。由于上市企业定向增发的买卖双方也是在协商自愿的基础上所进行的一种交易行为，在市场价格机制的作用下，定向增发时的价格错配现象相对不明显。因此，与企业IPO 资源错配时的形态相类似，上市企业定向增发资源错配的形态可能会包含上市企业定向增发地区错配、行业错配与不同所有制企业间的错配 3 种形态。

鉴于上述分析，我国金融资源错配包括图 4-2 中的各种形态。

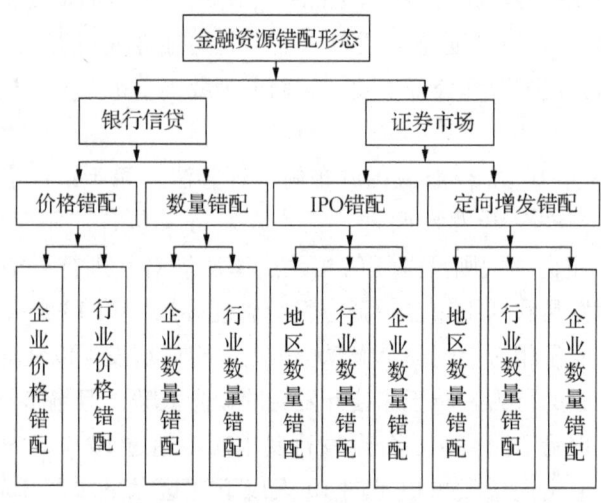

图 4-2 金融资源错配形态

[①] 刘斌斌. 上市企业定向增发对信贷融资、投资和资本配置效率的影响研究 [D]. 南昌：江西财经大学，2014.

第四节　金融资源错配程度测算

如何合理度量金融资源错配程度是对金融资源错配所引发的经济后果进行分析的首要前提。根据定义,金融资源错配是指金融系统不能按"效率均等"原则将有限而稀缺的金融资源配置给那些效率更高的企业或部门,而是将其配置给那些低效甚至无效的企业或部门,由此导致金融资源配置的"非效率"或者说是"错配"。[①] 由该定义可知,金融资源错配的最终结果是导致效率损失,但引起效率损失的原因可以是金融资源在不同企业或部门间的数量错配或价格错配的,[②] 抑或是金融资源配置对企业或部门效率不敏感。为了更合理地对金融资源错配的程度进行度量,本节将在梳理以往金融资源错配程度测算模型的基础上,分析其所存在的不足并进一步提出新的测算方法,然后再以相关数据为样本进行具体测算。

一、金融错配程度测算方法回顾

基于金融资源错配的深刻内涵,当学者们从金融资源错配导致的结果入手来度量金融错配程度时,主要采用的是效率损失法;当从金融资源的数量与价格错配这一根本特征入手来对其进行度量时,主要采用的是金融资源数量(价格)配置偏离度法;当从金融资源配置是否对企业或部门效率是否敏感入手来进行金融资源错配程度测算时,学者们更多采用的是敏感度测算法。此外,鲁晓东(2008)则直接采用间接法来衡量我国金融资源错配水平。

(一) 效率损失法

基于"错配势必造成效率损失"理念,Aoki (2009)、Hsieh 和 Klenow (2009)、Bartelsman 等 (2013)、Brandt 等 (2013) 及 Midrigan 和 Xu (2014) 等分别对不同国家、地区和行业间的资源错配程度进行了测算。Aoki (2009) 在对行业内企业做出同质性假定的前提下,提出了行业间资

[①] 鞠市委. 我国金融资源错配及其影响研究 [J]. 技术经济与管理研究, 2016 (7): 80 - 87.
[②] 王钰, 骆力前, 郭琦. 地方政府干预是否损害信贷配置效率? [J]. 金融研究, 2015 (4): 99 - 114.

源错配程度的度量方法。陈永伟和胡伟民（2011）利用该方法重新测算了我国制造行业间的要素扭曲系数，并对错配程度进行了测算，发现因资源错配造成了我国制造业的实际产出相对于潜在产出 15% 的缺口。Hseih 和 Klenow（2009）则在企业异质性的假设下，对行业内企业资源错配程度进行了测算。邵宜航等（2013）利用该方法来计算我国整体水平的资源错配程度时发现，资源错配造成我国全要素生产率损失达 200% 以上。靳来群（2015）在综合 Hsieh 和 Klenow（2009）与 Brandt 等（2013）的基础上，对我国因所有制歧视所造成的金融错配程度进行了测算，她认为如果能消除金融资源配置的所有制歧视，我国制造业全要素生产率将会提高 50% 左右。

这里以靳来群（2015）为例，介绍金融资源错配程度测算的效率损失法。①

假设整个经济由国有与非国有两个部门构成，且企业数量分别为 p 和 n，整个经济生产函数采用常系数替代弹性（CES）的形式：

$$Y = (Y_p^\sigma + Y_n^\sigma)^{\frac{1}{\sigma}}, \tag{4-1}$$

其中，Y 为最终产出，Y_p 和 Y_n 分别为国有与非国有部门的产出水平。再假设每个生产部门的生产函数也采用 CES 形式，即

$$Y_i = \left(\sum_{j=1}^{M_i} Y_{ij}^\phi\right)^{\frac{1}{\phi}}, \tag{4-2}$$

其中，每个部门 i 中有 M_i 家具体的企业，每家企业的产出水平存在差异性，Y_{ij} 表示企业产出，且采用柯布—道格拉斯生产函数形式：

$$Y_{ij} = A_{ij} K_{ij}^\alpha L_{ij}^{1-\alpha}。 \tag{4-3}$$

再假设每个部门的劳动与资本投入要素总量等于该部门各个企业该类生产要素的简单加总，即 $L_i = \sum_{j=1}^{M_i} L_{ij}, K_i = \sum_{j=1}^{M_i} K_{ij}$，而整个经济的投入要素分别为 $L = L_p + L_n, K = K_p + K_n$。定义

$$l_{ij} = \frac{L_{ij}}{L_i}, k_{ij} = \frac{K_{ij}}{K_i}, l_i = \frac{L_i}{L}, k_i = \frac{K_i}{K}, \tag{4-4}$$

则每个部门及总体全要素生产率的计算公式为：

$$A_i = \left(\sum_{j=1}^{M_i} Y_{ij}^\phi\right)^{\frac{1}{\phi}} / K_i^\alpha L_i^{1-\alpha} = \left[\sum_{j=1}^{M_i} (A_{ij} k_{ij}^\alpha l_{ij}^{1-\alpha})^\phi\right]^{\frac{1}{\phi}}。 \tag{4-5}$$

---

① 靳来群. 所有制歧视所致金融资源错配程度分析 [J]. 经济学动态, 2015 (6): 36-44.

$$A = [Y_p^\sigma + Y_n^\sigma]^{\frac{1}{\sigma}}/K^\alpha L^{1-\alpha} = [(A_p k_p^\alpha l_p^{1-\alpha})^\sigma + (A_n k_n^\alpha l_n^{1-\alpha})^\sigma]^{\frac{1}{\sigma}} 。 \quad (4-6)$$

若以 τr 表示企业融资成本价格，τ 为资本价格扭曲程度，A^* 为无资本价格扭曲时的全要素生产率水平，则因资本价格扭曲所导致的效率损失为：

$$d = (A^*/A) - 1 。 \quad (4-7)$$

进一步对相关参数进行赋值后，间接测算出金融资源价格错配程度大小 τ。

效率损失法虽然被普遍采用，但该方法是从"错配势必造成效率损失"这一金融资源错配所导致的结果出发，容易忽略各种不同金融资源错配形态自身的特征与属性的同时，也将金融资源错配导致效率损失的作用机制进行"黑箱化"处理。不仅如此，当采用该方法来对金融资源错配程度进行测算时，还需要依赖对大量外生变量的赋值才能间接测算出具体的金融错配程度大小。考虑到诸多外生变量的特质性与时变性，该方法难以对金融资源错配程度大小进行适时的测算。

（二）偏离度法

偏离度法包括价格偏离度法和数量偏离度法两种。借鉴 V. V. Chari 等（2007）、Hsieh 和 Klenow（2009）、Song 等（2011）基于企业资本价格相对于社会平均资本成本价格来度量金融资源的价格错配程度的大小 η，即 $r_i = r(1+\eta)$。其中 r 代表平均资金使用成本，η 表示资本价格错配程度。

基于 Allen 等（2005）、Dollar 和 Wei（2007）、Song 等（2011）等的发现——我国国有企业和私营企业在生产效率和融资能力方面的差异已经达到令人震惊的地步，鞠市委（2015）提出了负债融资比重/产值比重的偏离度法来测算我国私营企业所面临的金融资源数量错配程度。具体如下：

$$F_m = 1 - （私营企业债务融资额比重/私营企业产值比重），\quad (4-8)$$

其中，F_m 表示企业债务融资数量错配程度大小。该比值越接近 0，则偏离数值越小，错配程度越低；相反，则说明错配程度越高。

显然，该方法是将私营企业与其他类型企业的债务融资可得性偏离其产出水平来衡量金融资源数量错配程度的大小。

相比较而言，虽然偏离度法具有算法简洁、可操作性强等优势，但其仅依据私营企业的负债融资比/产值比的偏离程度来度量金融资源错配水平的高低，忽略了我国特殊经济发展路径上不同所有制企业的内在规模差异。虽然 2013 年党的十八大三中全会在《全面深化改革若干重大问题的决定》中将混合所有制上升为我国"基本经济制度的重要实现形式",但在此之前国有经济成分对我国经济发展的特殊作用不容忽视。如果能进一步结合我国不同所有制经济成分的历史演进规律加以完善,该方法的优势将进一步得到凸显。

(三) 敏感度分析法

敏感度分析法由 Wurgler(2000)首先提出,李青原等(2013)利用该模型在研究金融发展对地区资本配置效率的具体影响时发现:金融发展促进了中国地区实体经济资本配置效率的提升,但地方政府对信贷决策的干预会阻碍金融系统对中国地区实体经济资本配置效率功能的发挥。王钰等(2015)基于 Wurgler(2000)模型对政府干预如何影响银行信贷价格与信贷数量进行研究时发现,地方政府的干预对信贷数据配置效率的影响不显著,但政府的干预会损害银行信贷价格配置效率水平。刘斌斌和黄吉焱(2017)基于 Wurgler(2000)所提出的模型对金融结构差异如何影响地区信贷资金配置效率时指出,我国银行信贷价格配置效率较高,但在信贷资金的数量配置上缺乏效率。

虽然该方法仅仅围绕金融资源配置优化应遵循"效率优先"这一本质要求,但敏感度测算法事实上属于间接测算方法的一种,其主要是用于分析企业融资数量或价格对企业融资需求敏感程度高低来反映金融资源配置效率的高低,并未对金融资源错配的具体程度高低进行准确衡量。

(四) 间接法

为了反映我国"支持国有企业的政府控制性"水平给金融资源配置所带来的扭曲效应,鲁晓东(2008)采用如下两组指标来间接反映我国金融资源错配程度大小。

①四大国有银行贷款占银行总贷款的比重。由于省际信贷在国有与非国有部门间的数据不可得,所以鲁晓东以全国水平的四大国有银行贷款占比来衡量我国总体金融扭曲水平。其基本逻辑在于:在中国的银行体系中,储蓄存款资金主要集中在国有银行的同时,贷款资金的投向也主要集中于国有企业。因为国有银行的主要贷款对象是国有企业,该指标可以用于反映中国金融体系对国有企业的金融支持力度,被配置给其他性质企业的信贷数量自然将被扭曲。

②国有商业银行的存贷比。该指标反映中国银行体系的另一种政策性金融资源配置扭曲,即中央银行的干预。因为中国的储蓄规模由经济活动直接决定,但贷款规模主要服务于政策性目标并严格按照信贷计划去执行,势必造成金融活动与市场活动脱节,导致资金需求量大的企业或部门得不到足额的贷款。该指标由 Lardy（1998）首创,后被 Dayal-Gulati 和 Husain（2002）及 Bayreau-Debray（2003）所借鉴。①②③

该方法虽然具有简单易操作的优点,但随着近年来我国银行业市场结构的不断变化与竞争程度的加强,四大国有银行的业务占比已大幅下降,股份制银行、城商行等其他银行结构在服务于中小企业、地方企业发展等方面正做出越来越重要的贡献。因此,有必要对该方法进行相应的调整与完善。

二、金融错配程度测算方法重构

虽然国内外学者们基于效率损失法、偏离度法、敏感度分析法及间接法等各种方法对特定国家、地区、行业及不同时期企业金融资源错配程度进行了测算,但仍可在一定程度上对其进行改进与完善。这些方法主要针对银行信贷资源错配程度测算而设计,但迄今为止,鲜有对证券市场资源错配程度进行测算的相关方法。实现金融资源配置的优化本是证券市场的重要功能之一。随着我国证券市场股权的不断扩大,股权融资将越来越成为诸多企业的资金融通渠道。因此,证券市场资源配置效率水平如何将对我国金融资源整体配置效率产生越来越重要的影响。

（一）熵值法

熵本是热力学中表征物质状态的一个概念,其衡量的是一个物理体系的混乱程度。后来,Theil（1967）将熵这一概念用于衡量一个国家或地区之间的收入不平等程度,并构建了收入分配泰尔指数。④ 沿用这一思路,泰尔指数被进一步延伸,以用于衡量产业结构合理化程度、医疗服务公平程度等

---

① LARDY N R. China's Unfinished Economic Revolution [M]. Washington D. C.：Brooking Institution Press, 1998.

② DAYAL-GULARTI A, HUSSAIN A M. Centripetal Forces in China's Economic Take off [R]. IMF Staff Papers, 2002, 42（3）：364-394.

③ GENEVIEVE B D. Financial Intermediation and Growth：Chinese Style [R]. World Bank Policy Research Working Paper Series 3027, 2003.

④ THEIL H. Economics and Information Theory [M]. Amsterdam：North-Holland, 1967.

诸多领域。①

在"二元"所有制经济结构与金融资源配置政府主导型特征的影响下，通过对我国金融资源错配的产生机制进行深入分析后发现，国有与民营企业控股权性质差异是引起我国金融资源错配的根本原因。当充分考虑到国有与民营企业自身规模差异后，基于 Theil（1967）索提出的熵概念，构建我国银行信贷错配程度测算模型如下。

若记 FM_1 为银行信贷错配程度指数，并定义如下：②

$$FM_1 = \left| \sum_{i=1}^{k} \frac{Y_i}{Y} \ln\left(\frac{D_i/Y_i}{D/Y}\right) = \sum_{i=1}^{k} \frac{Y_i}{Y} \ln\left(\frac{D_i Y}{D Y_i}\right) \right|, \quad (4-9)$$

其中，k 表示企业所有制类别的数量；Y_i 表示不同所有制企业年度主营业务收入水平；$Y = Y_1 + Y_2 + \cdots + Y_k$ 为各种所有制企业年度主营业务收入之和；D_i 表示不同所有制企业年度所获得的银行信贷数量，等于企业年度负债合计减去流动负债之差；$D = D_1 + D_2 + \cdots + D_k$ 为各种不同所有制企业银行信贷数量年度之和。若我们定义 $D_i Y/D Y_i$ 为不同所有制企业在获取银行信贷数量时的相对效率公平指数，则当 $D_i Y/D Y_i = 1$ 时，银行信贷错配指数 $FM_1 = 0$，说明银行信贷能够按照"效率均等"的原则在不同所有制企业间进行了合理配置，信贷资金错配程度最低。否则，当 $FM_1 \neq 0$ 时，说明银行信贷资金并非按照效率高低原则在不同所有制企业间进行配置，使得信贷资金在不同所有制企业间出现了错配现象。信贷错配指数 FM_1 越小，意味着错配程度越低；反之，则说明银行信贷错配程度越高。

由于本方法对金融资源错配程度的测算需依赖于连续年份的金融数据加以进行，而上市企业极少进行连续年度的股权融资行为。因此，该方法主要用于对我国银行信贷部门所出现的"所有制"错配程度进行测算。另外，相较于银行信贷错配程度测算偏离度法而言，本方法既考虑了不同所有制企业自身规模差异对信贷错配程度指数的贡献，同时也考虑了不同所有制企业获取银行信贷数量的相对效率公平指数，是对偏离度法的一种补充与完善。

需要特别说明的是，该方法不仅可用于一国或一经济体内部不同类型企业之间总体金融资源错配程度的测算，而且也可以用于企业与企业之间或行

---

① 左勇华、刘斌斌. 出口贸易结构与地区产业结构调整升级效应分析［J］. 河北经贸大学学报，2019（1）：81－89.

② 以该测算方法为基础，所得研究成果先后发表于《当代财经》2019 年第 9 期、《金融经济学研究》2020 年第 2 期。

业与行业之间金融资源错配程度的测算。这时，只需将所要分析的对象换成企业类型，将 k 换成单个的企业或具体的行业即可。考虑到我国企业家数与行业类别众多，这里仅以省（区、市）年度数据为例，运用该方法对我国各省（区、市）内的国有与民营这两类企业所面临的地区总体金融资源错配程度进行具体测算，对不同企业或行业所面临的金融资源错配程度可参照进行。

因我国地区间金融发展水平与国有经济成分比重差异明显，加上西藏地区部分数据缺失原因，这里将以2012—2017年的年度数据为样本，对我国余下30个省（区、市）国有和民营这两类不同所有制企业所面临的地区总体银行信贷错配程度进行测算。为了更直观地了解各地区国有与民营企业所面临的总体金融资源错配程度高低，这里进一步按2012—2017年地区金融错配程度的均值大小进行排序。所得结果如表4-2所示。

表4-2　不同所有制企业所面临的地区总体信贷错配程度测算结果

省（区、市）	2012年	2013年	2014年	2015年	2016年	2017年	均值
福建	0.4396	0.5547	0.5912	0.7521	0.8252	0.6882	0.6418
四川	0.3788	0.4718	0.4977	0.5925	0.5603	0.5052	0.5011
安徽	0.4334	0.3932	0.3889	0.4739	0.4428	0.4009	0.4222
河北	0.4684	0.4620	0.3018	0.3521	0.4222	0.3115	0.3863
江苏	0.4004	0.3775	0.3409	0.3459	0.3311	0.3262	0.3537
河南	0.3672	0.3371	0.3520	0.3099	0.3021	0.3458	0.3357
内蒙古	0.4003	0.2936	0.3533	0.3536	0.4646	0.0843	0.3249
浙江	0.2350	0.2715	0.2855	0.3391	0.3905	0.3554	0.3128
山东	0.2893	0.3258	0.2416	0.3332	0.3540	0.2459	0.2983
湖南	0.3069	0.3349	0.3438	0.2571	0.2325	0.2588	0.2890
广东	0.2654	0.2042	0.2683	0.2900	0.3076	0.2391	0.2624
广西	0.2931	0.2561	0.2856	0.2124	0.2613	0.2562	0.2608
重庆	0.2122	0.2467	0.2529	0.2879	0.2679	0.2003	0.2447
云南	0.1698	0.2980	0.2049	0.1931	0.2663	0.2482	0.2300
辽宁	0.3002	0.3503	0.2621	0.2514	0.0492	0.0382	0.2086
黑龙江	0.2039	0.2356	0.1595	0.2327	0.3018	0.0548	0.1981

续表

省（区、市）	2012年	2013年	2014年	2015年	2016年	2017年	均值
贵州	0.1403	0.1502	0.1485	0.1561	0.2669	0.2233	0.1809
天津	0.1181	0.1262	0.2085	0.0963	0.2300	0.2902	0.1782
青海	0.1435	0.2363	0.1596	0.2351	0.1912	0.0977	0.1772
湖北	0.1640	0.2025	0.1742	0.1825	0.1844	0.1178	0.1709
江西	0.2448	0.2240	0.1527	0.1316	0.1398	0.1137	0.1678
海南	0.0878	0.2081	0.0828	0.0982	0.1171	0.2013	0.1325
吉林	0.1361	0.1746	0.1429	0.0301	0.1596	0.0899	0.1222
陕西	0.0912	0.1062	0.1010	0.1511	0.1512	0.1269	0.1213
北京	0.1225	0.1115	0.1238	0.1178	0.0864	0.0732	0.1059
山西	0.0873	0.1409	0.0680	0.0499	0.1143	0.1616	0.1037
宁夏	0.0623	0.0346	0.1204	0.1125	0.2075	0.0769	0.1024
上海	0.0595	0.0354	0.0423	0.0271	0.0534	0.0285	0.0410
新疆	0.0071	0.0020	0.0168	0.0654	0.0742	0.0379	0.0339
甘肃	0.0171	0.0139	0.0102	0.0072	0.0206	0.0005	0.0116

注：数据来自中国统计局官方网站。（http://www.stats.gov.cn/）

根据表4-2中的测算结果可知：我国银行信贷错配程度与地区经济发展水平呈现出明显的不对称性。江苏、福建、山东、浙江等沿海省份虽然经济发展水平较高，但其在过去诸多年份中的信贷错配程度仍相当严重。与之相对应的是，北京和上海两地不仅经济水平处于全国前列，而且其信贷错配程度指数亦非常低，意味着这两个地区的经济得到充分发展的同时，银行信贷资源也得到了合理、充分的优化配置。值得注意的是，虽然甘肃、新疆、宁夏、陕西和山西这几个省和自治区的信贷错配指数较低，但其经济发展水平仍有待进一步提升。由此可见，如何在优化信贷资金配置、提升银行信贷资源配置效率的同时更好更快地促进地区经济高速发展，仍需进行进一步的深入探究。

（二）融资需求满足度法

随着我国证券市场的不断发展与完善，除银行信贷外，证券市场股权融资正越来越成为企业融资的另一重要渠道。根据资源配置优化理论，有限而稀缺的金融资源应按照外部融资需求大小在不同企业间进行有效的配置，使得外部融资需求高的企业获得更多资金、外部融资需求低的企业获得较少资金。否则，金融资源将出现错配现象。借鉴 Demirguc-kunt 和 Maksimovic（1998）[①] 及 Durnev 和 Kim（2005）[②] 的做法，企业外部融资需求大小等于企业资产增长率减去其可持续增长率水平。于是，这里将通过如下模型来测度微观企业金融错配程度的大小：

$$\frac{RZ_t}{A_t} = \left(\frac{A_t - A_{t-1}}{A_{t-1}} - \frac{ROE_{t-1}}{1 - ROE_{t-1}}\right)(1 + \theta), \quad (4-10)$$

其中，RZ 为外部融资总额，等于企业外部债务与股权融资额之和；A 为企业总资产；RZ/A 为企业融资率水平；ROE 为净资产收益率；$(A_t - A_{t-1})/A_{t-1}$ 为企业资产增长率；$ROE_t/(1 - ROE_t)$ 为企业可持续增长率；资产增长率与其可持续增长率之差 $(A_t - A_{t-1})/A_{t-1} - ROE_{t-1}/(1 - ROE_{t-1})$ 则为企业外部融资需求大小。若定义 FM_2 等于 θ 的绝对值，则 FM_2 反映了企业的实际外部融资相对于其外部融资需求的偏离程度，用以衡量企业所面临的金融错配在数量上的程度大小。当 $FM = 0$，即企业外部融资率等于其外部融资需求大小时，意味着企业可以按其外部融资需求获得相应水平的融资数额，金融资源得到有效配置；但当 $FM_2 \neq 0$ 时，说明企业的外部融资偏离了其实际外部融资需求，金融资源出现错配。FM_2 数值的大小反映企业金融错配程度的高低。数值越大说明错配程度越严重，反之则越轻。该方法将在第八章金融资源错配纠偏机制效果检验中得以运用。

（三）敏感度分析法

敏感性分析法是指从众多不确定性因素中找出对所要分析的对象具有重要影响的敏感性因素，分析、测算其对具体研究对象的影响程度和敏感性程度，进而判断影响因素与被研究对象之间相关作用关系的一种不确定性分析方法。

假设研究目标与影响因素之间存在如下函数关系：

[①] DEMIRGÜÇ-KUNT A, MAKSIMOVIC V. Law, Finance and Firm Growth [J]. Journal of Finance, 1998, 153 (6): 2107 - 2137.

[②] DURNEV A, KIM E H. To Steal or not to steal: Firm attributes, legal environment and valuation [J]. Journal of Finance, 2005, 60 (3): 1461 - 1493.

$$Y = f(X_1, X_2, \cdots X_n), \qquad (4-10)$$

其中，定义 Y 关于某个 $X_i(i=1, 2, \cdots, n)$ 的偏导数为因变量 Y 关于自变量 X_i 为敏感度大小。若该偏导数不为 0 时，说明 Y 对影响因素 X_i 是敏感的；否则，说明 Y 对影响因素 X_i 不敏感。

敏感度分析法是一种间接测算方法。当运用敏感度分析法来测算企业、行业或地区金融资源错配程度大小时，金融资源配置的优化要求有限而稀缺的金融资源需按照"效率均等"的原则在不同企业、行业或地区间进行配置。因此，如果金融资源配置对企业、行业或地区的生产效率和融资需求的敏感度为正，则说明金融资源配置是有效的。否则，当金融资源配置对企业、行业或地区的生产效率和融资需求的敏感系数为 0 或为负数时，则说明金融资源存在错配现象。当进一步考虑金融资源配置包括金融资源在数量上的配置与价格上的配置这两种具体形态时，敏感度分析法要求对金融资源数量与价格配置对企业、行业或地区的生产经营效率和融资需求的敏感程度进行具体分析，以此来反映金融资源在数量与价格配置上效率的高低。

（四）证券市场资源错配程度敏感度分析

因为银行信贷长期以来都是我国金融资源配置的主要渠道，由此引发诸多学者对我国银行信贷资源错配程度进行了广泛而深入的研究。鉴于在现有的相关研究成果中，对证券市场资源配置效率水平进行探讨的相关文献甚少，这里将以我国证券市场中的上市企业数据为例，来展示敏感度分析法在证券市场资源错配程度分析中的具体运用。

自 20 世纪 90 年代初我国证券市场成立以来，随着主板、中小板、创业板、科创板等的相继成立，股权融资越来越成为我国企业实现资金融通的重要渠道。中国统计局官网数据显示，1990 年我国 A 股市场股权融资总额仅为 5 亿元人民币。进入 21 世纪以来，我国股权融资从 2001 年的 1253 亿元人民币上升到 2019 年的 12539 亿元人民币。为了深入了解证券市场股权融资规模的变化及其相对于银行新增贷款的年度变化情况，现将 2001 年以来我国证券市场股权融资占每年银行新增贷款的比例动态变化趋势绘制成图 4-3，数据来自中国统计局官网。

从图 4-3 中的动态变化趋势图可以看出，证券市场股权融资相对于我国银行信贷的重要性日益凸显，但其波动性也较大，这主要是因为我国证券

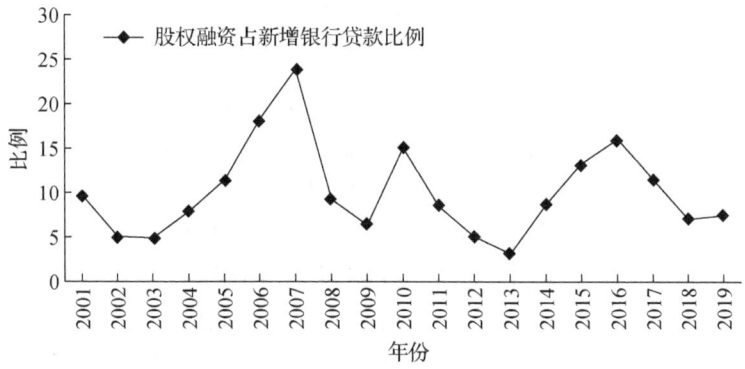

图 4-3 股权融资占银行新增贷款比例动态变化趋势

市场发展仍不完善,证券市场股权融资经常受到政府监管部门的影响。[①] 自 2001 年以来,证券市场股权融资占银行新增贷款的比重最低的年份仅为 3.14% 左右,而最高的年份却达到 23.88%。由此不难看出,一方面,我国证券市场股权融资对企业资金融资的重要性日益凸显;另一方面,政府的干预容易导致证券市场金融资源错配行为的发生。然而,除戴利君和刘斌斌 (2018) 外,迄今鲜有对证券市场金融资源错配程度进行直接或间接测算的研究成果,这可能是银行信贷是我国金融资源配置的主要渠道而证券市场融资规模仍然相对较小所致。

随着证券市场在优化我国金融资源配置中地位的不断攀升,基于对企业 IPO 之前内部数据的可得性考虑,本研究基于敏感度分析法对我国上市企业股权再融资过程中可能存在的错配程度进行了具体分析。因自 2006 年 5 月 8 日证监会颁布《上市公司证券发行管理办法》以来,定向增发因门槛低、审批快捷、成本低廉等优势基本取代配股和公开增发而发展成为我国上市企业股权再融资的主要方式。[②]

考虑到美国次贷危机及中美贸易战对我国金融市场所带来的影响,现以

---

① 根据中国证监会相关资料统计,截至 2015 年下半年一次 IPO 叫停,中国证券市场已累计叫停 IPO 发行 9 次,累计时长达 10 年之久。

② 根据国泰安 CSMAR 数据库资料统计,2006—2016 年,我国 A 股市场上市公司进行定向增发 3310 次,融资总额高达 68 510.46 亿元。在此期间所进行的公开增发和配股次数分别为 112 次和 113 次,融资次数仅为定向增发的三十分之一左右;公开增发和配股的融资金额分别为 2421.48 亿元和 3425.28 亿元,不足定向增发融资金额的二十分之一。

2010—2016年我国A股市场上市公司年度定向增发数据为样本对我国股票市场所存在的金融资源错配现象进行敏感度分析测算。此外，根据陆正飞、叶康涛（2004）和肖泽忠、邹宏（2008）等研究可知，企业控股权性质、规模大小及成长性等均是影响上市公司股权融资的重要因素。在有效控制企业规模、成长性及财务风险等因素影响基础上，现将基于如下模型（4-12）来检验我国上市企业定向增发数量与价格对其外部融资需求的敏感程度。①

$$Y_{it} = \alpha_0 + \alpha_1 ROA_{it-1} + \alpha_2 OWN_{it-1} + \alpha_3 ROA_{it-1} \cdot OWN_{it-1} + \alpha_4 NEED_{it-1} + \alpha_5 NEED_{it-1} \cdot OWN_{it-1} + \alpha_6 DEBT_{it-1} + \alpha_7 GROWTH_{it-1} + \varepsilon_{it},$$

(4-12)

其中，$i = 1, 2, \cdots$ 代表不同上市企业；$t = 1, 2, \cdots$ 代表不同年份；ε 为扰动项；其他变量的定义如表4-3所示。

表4-3 模型4-12中的变量设置与定义

符号		含义	定义
Y	PX	定向增发价格虚拟变量	当定向增发价格低于预期价格时取1，否则取0；用以衡量上市企业定向增发价格错配程度
	NUM	定向增发融资规模	定向增发融资金额除以企业总资产，用以衡量上市企业定向增发数量错配程度
ROA		资产收益率	企业总资产收益率水平，代表定向增发企业盈利能力水平
OWN		控股权性质	国有控股企业取1，民营企业取0；且当企业进行民营化改制时，以实际民营化时间为准
NEED		外部融资需求	等于企业过去一年的总资产增长率减去过去一年ROE/(1 - ROE)②，其中ROE为企业净资产收益率
DEBT		资产负债率	等于总负债/总资产，用以衡量定向增发企业风险程度高低
GROWTH		成长性	等于企业主营业务收入增长率水平

---

① 该部分研究结论已发表于《企业经济》2018年第8期。

② DURNEY A, KIM E H. To steal or not to steal: firm Attributes, legal environment, and valuation [J]. Journal of Finance, 2005, (60): 1461-1493.

第四章 金融资源错配成因、形态分析与程度测算

根据敏感性分析法可知：当定向增发价格这一因变量对企业外部融资需求与盈利能力敏感时，说明定向增发资源配置是有效率的；否则，则说明定向增发价格对企业外部融资需求与盈利能力不敏感，存在定向增发价格错配现象。同理，当因变量定向增发融资规模对企业外部融资需求与盈利能力敏感时，说明定向增发在融资数量上的配置是有效率的；否则，我国的定向增发将存在数量上的资源错配现象。

因我国金融资源错配主要源自于"二元"所有制经济结构及金融资源配置政府的主导作用，为了更直观地了解实施定向增发的不同控股权性质企业在外部融资需求、盈利能力等方面所存在的差异，现将实施定向增发样本企业在2010—2016年的定向增发融资价格、规模、企业盈利能力及其外部融资需求情况进行统计，并采用双样本异方差均值比较法对其进行对比分析。所得结果如表4-4所示。

表4-4　国有与民营控股上市企业2010—2016年各变量均值比较结果

年份	样本数量 国有	样本数量 民营	均值 国有	均值 民营	P-值
A组　定向增发价格虚拟变量（PX）					
2010	75	69	0.1014	0.1600	0.1496
2011	79	56	0.1250	0.1899	0.1523
2012	97	87	0.0460	0.1340	0.0176**
2013	130	194	0.0923	0.0928	0.4942
2014	173	354	0.0462	0.1271	0.0004***
2015	189	463	0.1005	0.1274	0.1586
2016	27	94	0.1111	0.1383	0.3523
B组　定向增发融资规模（NUM）					
2010	75	69	0.7024	0.5981	0.2309
2011	79	56	0.4289	0.3792	0.1942
2012	97	87	0.4768	0.3267	0.0085***
2013	130	194	0.4143	0.2995	0.0020***
2014	173	354	0.4619	0.3224	0.0002***
2015	189	463	0.5606	0.4847	0.0951*
2016	27	94	0.5746	0.2934	0.0006***

续表

年份	样本数量		均值		P-值
	国有	民营	国有	民营	
C组 定向增发企业 ROA 水平					
2010	75	69	0.0371	0.0479	0.0939*
2011	79	56	0.0464	0.0703	0.0072***
2012	97	87	0.0426	0.0386	0.3223
2013	130	194	0.0313	0.0464	0.0021***
2014	173	354	0.0252	0.0394	0.0023***
2015	189	463	0.0294	0.0455	0.0021***
2016	27	94	0.0102	0.0453	0.0043***
D组 定向增发企业外部融资需求（NEED）					
2010	75	69	0.0249	0.1446	0.0067***
2011	79	56	0.0993	0.2655	0.1322
2012	97	87	0.0622	0.1551	0.0097***
2013	130	194	0.0654	0.1633	0.0206**
2014	173	354	0.0529	0.1023	0.0159**
2015	189	463	0.0672	0.2329	0.0000***
2016	27	94	0.3715	0.5293	0.0013***

注：①数据来自国泰安 CSMAR 数据库；②***、**和*分别代表在1%、5%和10%临界水平下显著。

从表4-4中的均值比较结果可知，2010—2016年我国成功实施定向增发的国有与民营控股上市企业在定向增发价格、定向增发规模、外部融资需求及其盈利能力方面存在如下显著差异性特征。

（1）相对于国有控股企业而言，民营控股上市企业定向增发价格错配程度更严重。根据表4-4中A组的分析结果，民营控股企业定向增发价格错配程度虚拟变量（PX）的均值在2010—2016年普遍小于国有企业均值水平，且2012和2014年分别在5%与10%的临界水平下显著。根据定向增发价格错配虚拟变量的定义可知，民营上市企业定向增发融资的发行价格明显低于国有企业水平。

（2）国有控股上市企业定向增发融资规模普遍高于民营控股上市企业水平。根据表 4-4 中 B 组中的均值比较结果可以看出，国有控股上市企业定向增发融资金额占其总资产的比例在 2010—2016 年明显高于民营控股上市企业水平，且除 2010 年和 2011 年外，其他年份均均在 1%、5% 或 10% 的临界水平下显著。

（3）成功实施定向增发的民营控股上市企业盈利能力显著更高。表 4-4 中的 C 组统计结果显示：除 2012 年外，在 2010—2016 年，成功实施定向增发的民营控股上市企业盈利能力（ROA）均普遍高于国有控股上市企业水平，其中尤以 2016 年最为明显。在 2016 年，实施定向增发的国有控股上市企业平均盈利能力均值为 0.0102，而相应的民营控股上市企业的平均盈利能力为 0.0453，高达国有企业水平的四倍以上，充分说明实施定向增发的民营控股上市企业盈利能力显著更高。

（4）相对于国有控股上市企业而言，实施定向增发的民营控股上市企业外部融资需求更强烈。根据表 4-4 中 D 组的统计结果，除 2011 年外，实施定向增发的民营控股上市企业外部融资需求均在 1% 或 5% 的临界值水平下高于国有控股上市企业。这一结果充分说明：相对于国有控股上市企业而言，实施定向增发的民营控股上市企业外部融资需求显著更高，外部融资需求更强烈。

在完成对 2010—2016 年我国实施定向增发的国有与民营控股上市企业在定向增发价格、规模、外部融资需求及企业盈利能力的对比分析后，现采用 Probit 模型对模型（4-9）进行多变量回归检验，所得结果如表 4-5 所示。

表 4-5 定向增发融资价格与规模对盈利能力与融资需求敏感性分析结果

	PX			NUM		
	(1)	(2)	(3)	(4)	(5)	(6)
C	-1.1961 (0.0000)	-1.2413 (0.0000)	-0.8877 (0.0000)	0.5245 (0.0000)	0.5370 (0.0000)	0.7927 (0.0000)
ROA	0.0409 (0.9541)	0.0173 (0.9816)	-0.6935 (0.4188)	-0.3289 (0.1553)	-0.3687 (0.1130)	-0.7989*** (0.0006)
OWNER	-0.1778* (0.0676)	-0.1492 (0.1314)	-0.0344 (0.7398)	0.1301*** (0.0000)	0.1405*** (0.0000)	0.0641** (0.0368)

续表

	PX			NUM		
	(1)	(2)	(3)	(4)	(5)	(6)
ROA·OWNER	3.3787**	3.3949**	2.9189**	0.2148	0.3229	-0.0366
	(0.0209)	(0.0233)	(0.0455)	(0.6378)	(0.4804)	(0.9353)
NEED		0.2710***	0.2774***		-0.0999***	-0.1044***
		(0.0034)	(0.0034)		(0.0049)	(0.0027)
NEED·OWNER		-0.9911	-1.1313		-0.6820***	-0.6952***
		(0.1604)	(0.1410)		(0.0034)	(0.0023)
DEBT			-0.7918***			-0.5712***
			(0.0001)			(0.0000)
GROWTH			-0.0271			0.0044
			(0.4986)			(0.5266)
R^2	0.0537	0.1104	0.1230	0.0517	0.1151	0.1557

注：①数据来自国泰安CSMAR数据库；②***、**和*分别代表在1%、5%和10%临界水平下显著。

根据表4-5中的回归检验结果可以看出，企业盈利能力与外部融资需求差异对国有与民营控股上市企业定向增发价格和融资规模的影响具有如下显著性特征。

首先，我国上市企业定向增发融资价格与融资规模均对其盈利能力不敏感。从表4-5中的回归结果（1）~（3）可以看出，无论是对于国有还是民营控股上市企业而言，定向增发价格虚拟变量（PX）对企业盈利能力（ROA）的回归系数均不显著，意味着上市企业盈利能力并未对其定向增发价格未产生任何显著影响。不仅如此，在回归结果（4）~（6）中，盈利能力对国有与企业控股上市企业定向增发融资比例的估计系数为负，且回归结果（6）中的回归系数还在1%临界水平下显著为负，进一步说明上市企业定向增发融资规模比例不仅对企业盈利能力不敏感，而且甚至为负，说明我国上市企业定向增发融资规模对其盈利能力缺乏敏感性，定向增发资源错配现象明显。

其次，当上市企业外部融资需求越强烈时，其定向增发价格越低，这在国有与民营控股企业间不存在显著差异。表4-5中的回归结果（2）和（3）说明，上市企业外部融资需求（NEED）对其定向增发融资价格虚拟变量的回归系数在5%临界水平下显著为正。根据企业定向增发价格虚拟变量（PX）的定义可知，这一回归结果意味着当企业外部融资需求越强时，其定向增发融资价格越低，有悖于市场价格机制原理。此外，在表4-5中，外部融资需求与企业控股权性质虚拟变量交互项（NEED·OWNER）对企业定向增发融资价格虚拟变量的回归系数并不显著，这说明控股权性质并不是企业外部融资需求如何影响其定向增发融资价格的重要因素。

最后，企业定向增发融资规模对其外部融资需求不敏感，且当企业外部融资需求越强烈时，其定向增发融资规模越小。根据表4-5中的回归结果（5）和（6）可知，外部融资需求对企业定向增发融资规模比例（NUM）的估计系数始终在1%临界水平下显著为负。这说明企业定向增发不仅对其外部融资需求不敏感，而且当企业外部融资需求越强烈时，其融资规模比例反而越小。此外，外部融资需求与企业控股权性质虚拟变量交互项（NEED·OWNER）的回归系数在1%临界水平下显著为正，说明相对于民营控股企业而言，国有控股企业定向增发融资规模比例相对越大。

为了提高分析结果的可信度与可靠性水平，我们在有效控制企业风险水平（DEBT）与企业成长性（GROWTH）的基础上，以我国实施定向增发的上市企业净资产收益率（ROE）替代资产收益率（ROA），并继续采用Probit模型对模型（4-12）中的定向增发融资价格与融资规模比例对企业盈利能力与外部融资需求敏感性进行稳健性回归检验时发现，所得结论与上述结果基本一致。

由此可见，我国上市企业定向增发在融资规模与融资价格上对企业外部融资需求与盈利能力并不敏感，这意味着我国上市企业实施定向增发时，存在资源错配现象。为了逐步完善我国金融市场制度建设并保证市场在优化资源配置方面的基础性功能的发挥，基于本文所得研究结论，现提出如下若干政策建议以期尽快完善我国股票市场在优化金融资源配置中的积极作用、提高我国金融资源配置整体效率水平。

首先，完善定向增发效率敏感机制，充分发挥市场在金融资源配置中的主导型作用。根据上述研究结果，我国上市企业定向增发无论是在价格上还是融资规模上均存在较为严重的错配现象，定向增发不仅未能按照效率高低在企业间进行配置，而且完全与市场机制背道而驰。这种有悖于"效率均等原则"的定向增发将使得金融市场难以对有限而稀缺的金融资源进行合理而有效的配置,最终弱化金融市场实现和优化资源配置功能的发挥。为了充分发挥金融市场在资源配置中的主导性作用,应尽快完善定向增发效率敏感机制,提高金融市场资源配置效率水平。

其次,降低股权融资政府干预、弱化金融市场价格管制,强调市场价格机制在定向增发资源配置中的基础性作用。金融市场实现和优化资源配置功能的发挥在很大程度上依赖于有效价格信号的发挥,金融资源错配正是因为扭曲资本价格信号而导致企业和投资者做出错误的选择。正如以上研究结果所表明,我国上市企业定向增发融资价格不仅对企业盈利能力不敏感,而且当上市企业外部融资需求越强烈时,其定向增发价格反而越低,充分说明我国股票市场价格信号明显失真。为了充分保证市场价格信号机制在优化我国股票市场金融资源配置中基础性功能的发挥,我国应进一步深化金融市场改革、突出市场价格机制在优化金融资源配置中的基础性作用。以期充分发挥市场经济"优胜劣汰"机制上市企业定向增发资源配置优化的基础性作用。否则,在现有价格机制体制下,将极易导致我国股权再融资市场"劣币驱逐良币"现象的发生和金融市场资源配置优化功能的丧失。

最后,坚持推行注册制审批改革,完善股票市场退市制度建设。一方面,虽然李克强总理曾多次提出股票发行注册制改革目标,但我国目前的企业上市审批仍处于核准制阶段,在我国"二元"经济特征的影响下,这必然使得相对于私营企业而言,国有控股企业股权融资机会更多、融资规模更大;另一方面,我国股市尚未建立完善的退市制度,加上我国资本市场投资工具甚少,使得企业效率高低并不能成为真正左右其股权融资多寡的决定性因素,这就导致了一些效率低下的国有仍能通过股票市场获得大额的股权融资。积极推行企业上市审批注册制、完善股票市场退市制度将不仅有助于推动企业以"效率为上"为导向,更能充分发挥市场价格信号在股权资本配置中的基础性作用,进而有利于降低我国股权融资错配程度、提升股票市场资源配置效率水平。

本章小结

基于资源配置优化理论,本章首先对金融资源错配的本质内涵进行界定,并认为金融资源错配是指有限而稀缺的金融资源未能按照"效率均等

第四章 金融资源错配成因、形态分析与程度测算

化"原则在不同企业或部门间进行合理配置,以期实现效率最高者得到最多金融资源、效率次之者获得较少金融资源、效率最低者获得最少金融资源之目标,造成金融资源配置时的"低效"甚至"无效"。在对其深刻内涵进行界定后,本章进一步分析其外延,并认为金融资源错配既包括数量上的错配,同时也存在价格上的错配两个维度。

对金融资源错配的内涵与外延进行系统阐述后,本章进一步分析引起金融资源错配的根本性原因,并认为政府干预、金融结构不合理及我国"二元"所有制经济结构与金融资源配置主导型特征下的所有制歧视是引起金融资源错配的主要原因所在。在此基础上,进一步分析我国金融资源错配的具体形态,具体包括银行信贷错配与证券市场股权融资错配两大类。在银行信贷错配形态中,又包括银行信贷价格错配与数量错配两种,进一步根据信贷配置对象的不同将其各自划分为企业价格错配、行业价格错配、企业数量错配和行业数量错配四种具体类型。在证券市场股权融资错配中,根据融资主体的不同将其进一步划分为IPO错配与股权再融资错配。其中IPO错配包括企业IPO错配、行业IPO错配和地区IPO错配,股权再融资错配同样包括企业股权再融资错配、行业股权再融资错配和地区股权再融资错配4种子形态。

考虑到对金融资源错配程度进行合理度量是研究因金融资源错配所导致的具体经济后果的前提与基础,本章第四节在对效率损失法、偏离度法、敏感度分析法与间接法这四种金融资源错配程度历史测算方法进行回顾基础上,对其作出简单评述并指明可以进一步修改与完善的方向,提出的新的金融资源错配程度测算方法(熵值法与股权再融资错配敏感度分析法),并对其优越性进行了系统陈述。当以银行信贷与我国上市企业定向增发为例,并分别基于熵值法和股权再融资敏感度分析法对我国银行信贷与证券市场资源错配程度进行分析时,得到若干重要结论。

在银行信贷错配方面:我国银行信贷错配程度与地区经济发展水平呈现出明显的不对称性。具体如下:①江苏、福建、山东、浙江等沿海省份虽然经济发达水平较高,但其在过去诸多年份中的信贷错配程度仍相当严重;②北京和上海两地不仅经济发达水平处于全国前列,而且其信贷错配程度指数亦非常低,意味着这两个地区的经济得到充分发展的同时,银行信贷资源也得到了合理充分的优化配置;③虽然甘肃、新疆、宁夏、陕西和山西这几个省和自治区的信贷错配指数较低,但其经济发展水平仍有待进一步提升。

由此可见，如何在优化信贷资金配置、提升银行信贷资源配置效率的同时，更好更快地促进地区经济高速发展仍需进行进一步的深入探究。

在证券市场定向增发错配方面：首先，我国上市企业定向增发融资价格与融资规模均对其盈利能力不敏感；其次，当上市企业外部融资需求越强烈时，其定向增发价格越低，这在国有与民营控股企业间不存在显著差异；最后，企业定向增发融资规模对其外部融资需求不敏感，且当企业外部融资需求越强烈时，其定向增发融资规模越小。由此可见，我国上市企业定向增发在融资规模与融资价格上对企业外部融资需求与盈利能力并不敏感，这意味着我国上市企业实施定向增发时，存在资源错配现象。因此，为了进一步提升我国证券市场资源配置效率，需要做到如下几点：①完善定向增发效率敏感机制，充分发挥市场在金融资源配置中的主导型作用；②降低股权融资政府干预、弱化金融市场价格管制，强调市场价格机制在定向增发资源配置中的基础性作用；③坚持推行注册制审批改革，完善股票市场退市制度建设。

第五章　金融资源错配影响企业技术创新模式演化博弈分析

自 20 世纪初奥地利经济学家 Schumpeter 提出创新概念以来，技术创新已然成为一个企业能否获得市场优势的重要筹码。企业是否进行技术创新及其具体的模式选择取决于其对不同技术创新模式间的成本—收益分析，更离不开健全金融体系的支撑。虽然我国现有金融机构较完善、金融体制较为健全，但 Song 等（2011）、靳来群（2015）及刘斌斌等（2019）的大量研究结果表明：我国金融资源配置扭曲现象明显，严重影响到企业内部决策。那么，金融资源的错配将如何影响到企业的技术创新模式选择呢？

基于有限理性假定，演化博弈理论将经典博弈与生物进化论结合在一起，主要研究具有有限理性的参与者在重复博弈过程中如何调整自身的行为来增加收益。[①] 虽然王金涛（2019）、魏巍和安同良（2019）、杨国忠和陈佳（2020）及盛永祥等（2020）等基于进化博弈模型对企业技术创新行为进行了广泛探讨，[②③④⑤] 但迄今鲜有对金融资源错配视角如何影响企业技术创新模式选择进行深入研究的相关文献。本章将基于演化博弈模型，在构建受（未受）金融资源错配影响的两类企业成本 - 收益支付矩阵基础上，通过构造并求解演化复制动态方程来探讨金融错配约束下企业的最优技术创新模式选择均衡解；在对相关参数进行赋值后，进一步对所得结论进行模拟仿真，以探寻面临金融错配约束时的企业最优技术创新模式选择行为。

---

① WEIBULL G W. 演化博弈论 [M]. 上海：上海人民出版社，2014.
② 王金涛，曲世友，冯严超. 基于演化博弈的高新技术企业创新风险防控研究 [J]. 科技管理研究，2019（23）：19 - 24.
③ 魏巍，安同良. 中国高铁技术引进与自主创新的博弈分析 [J]. 南京社会科学，2019（7）：19 - 26.
④ 杨国忠，陈佳. 企业突破性技术创新行为研究：基于前景理论的演化博弈分析 [J]. 工业技术经济，2020（5）：57 - 64.
⑤ 盛永祥，胡俊，吴洁，等. 技术因素影响产学研合作创新意愿的演化博弈研究 [J]. 管理工程学报，2020（2）：172 - 179.

第一节 基本假设与模型构建

一、基本假设

因本章重点在于分析金融错配对企业技术创新模式选择的具体影响,故这里仅分析当企业面临金融资源错配时,其会选择进行原始发明创新还是进行二次创新,而不去关注企业不进行任何技术创新的情形。因此,这里假设市场上仅有两家有限理性的企业,分别为企业 A 和企业 B;企业 A 未受到金融错配的影响,而企业 B 则受到金融资源错配影响的不利影响。在进行创新模式选择时,企业 A 与企业 B 既可以选择原始发明创新,也可以选择包含实用新型与外观设计在内的二次创新,故二者的策略集为 {原始发明创新,二次创新}。假设企业 A 选择原始发明创新的概率为 x,选择二次创新的概率则为 1-x;企业 B 做出相应选择的概率分别为 y 和 1-y。

相对于二次创新而言,原始发明创新难度更大、风险更高。为简单起见,这里假设企业进行原始发明创新成功的概率仅为 g ($g<1$)。当企业进行原始发明创新成功时,将得到收益 R,失败则得不到任何创新收益。为了突出两类不同创新模式选择所存在的成本差异,这里假设企业进行二次创新时的研发投入为 0,而进行原始发明创新的研发成本为 C。政府对进行原始发明创新的企业(无论结果是否成功)进行补贴,对于二次创新政府则不会给予相应补贴。若设 s 为政府对企业原始发明创新研发投入的补贴程度系数,则进行原始发明创新企业所得到的政府补贴金额为 sC。选择二次创新的企业虽无研发成本及补贴,但仍可以获得二次创新所带来的收益 r ($r<R$)。因假设市场上只有两家企业,当企业原始发明创新成功时,其将占有更多的市场份额、获得更多的收益。因此,当企业选择原始发明创新并获得成功时,将从另一方得到潜在收益 R_0,另一方则因市场份额的下降或技术的落后而损失 R_0。假设企业 B 所面临的金融资源错配程度大小为 θ,当其进行原始发明创新时,将产生额外的研发投入资金扭曲成本 θC。因企业二次创新时的研发投入成本被简化为 0、收益为 r,故当企业 B 选择二次创新时,亦会因为金融错配的发生而给其二次创新带来预期收益的损失 rθ。

二、模型构建

结合上面对于受(未受)金融资源错配影响的两类不同企业的假设,

以及在此背景下两类不同企业进行不同技术创新模式选择时所产生的成本与收益差异核算，构建进化博弈收益—支付矩阵如表 5-1 所示：

表 5-1 企业 A 与 B 演化博弈收益矩阵

		企业 B（受错配影响）	
		原始发明创新	二次创新
企业 A（未受错配影响）	原始发明创新	$(s-1)C+gR$; $(s-1-\theta)C+gR$	$(s-1)C+g(R+R_0)$; $r-R_0-r\theta$
	二次创新	$r-R_0$; $(s-1-\theta)C+g(R+R_0)$	r; $r(1-\theta)$

在该收益矩阵中，当两家企业都选择原始发明创新时，其均获得收益 gR。因政府给予原始发明创新投入的补贴为 sC，故企业 A 进行原始发明创新的真实成本为 $(1-s)C$，使得最终的预期净收益为 $gR-(1-s)C=(s-1)C+gR$。企业 B 因面临程度为 θ 的金融资源错配而产生额外的研发成本 θC，故其选择原始发明创新的净收益为 $(s-1-\theta)C+gR$。企业 A 和 B 在其他情形时的净收益可依次类推。

第二节 演化博弈均衡分析

根据以上假设，可以得到企业 A 在原始发明创新及二次创新下的预期收益 U_{AY} 及 U_{AN} 为：

$$U_{AY}=[(s-1)C+g(R+R_0)]-gR_0 y, \quad (5\text{-}1)$$

$$U_{AN}=r-R_0 y。 \quad (5\text{-}2)$$

从而企业 A 的平均收益期望 $E(U_A)$ 为：

$$E(U_A)=xU_{AY}+(1-x)U_{AN}。 \quad (5\text{-}3)$$

同理，企业 B 在原始发明创新及二次创新下的预期收益 U_{BY} 及 U_{BN} 为：

$$U_{BY}=[(s-1-\theta)C+g(R+R_0)]-gR_0 x, \quad (5\text{-}4)$$

$$U_{BN}=r(1-\theta)-R_0 x。 \quad (5\text{-}5)$$

则企业 B 的平均收益期望 $E(U_B)$ 为：

$$E(U_B)=yU_{BY}+(1-y)U_{BN}。 \quad (5\text{-}6)$$

由演化复制动态方程的定义，企业 A 的演化复制动态方程：

$$f(x) = \frac{dx}{dt} = x(1-x)(U_{AY} - U_{AN})$$
$$= x(1-x)\{[(s-1)C + g(R+R_0) - r] - (g+1)R_0 y\}. \quad (5-7)$$

对上式关于 x 求导,则有:
$$f'(x) = (1-2x)\{[(s-1)C + g(R+R_0) - r] - (g+1)R_0 y\}. \quad (5-8)$$

由复制动态方程的稳定性定理,作为稳定策略的 x 应满足 $f(x) = 0$,$f'(x) < 0$。[1] 为简便计,设:
$$y^* = \frac{(s-1)C + g(R+R_0) - r}{(g+1)R_0}, \quad (5-9)$$

其中,$(g+1)R_0 > 0$;$0 \leq y \leq 1$。

(A_1) 若 $y^* = y$,$f(x) = 0$ 且 $f'(x) = 0$,此时任何 x 都符合条件且均是稳定的。此时,企业 A 选择的博弈策略都是稳定的。

(A_2) 若 $y^* < 0$,则 $y^* < y$ 恒成立,则有:
$$[(s-1)C + g(R+R_0) - r] - (g+1)R_0 y < 0. \quad (5-10)$$

从而,由 $f'(1) > 0$ 且 $f'(0) < 0$ 可知,$x = 0$ 为演化稳定策略。

(A_3) $y^* > 0$,而 $0 \leq y \leq 1$,则:

(A_{31}) 若 $0 < y^* < y < 1$,同 (A_2) 可知,$x = 0$ 为演化稳定策略。

(A_{32}) 若 $0 < y < y^* < 1$,则有下式成立:
$$[(s-1)C + g(R+R_0) - r] - (g+1)R_0 y > 0. \quad (5-11)$$

由 $f'(1) < 0$ 且 $f'(0) > 0$ 可知,$x = 1$ 为演化稳定策略。

(A_{33}) 若 $y^* > 1 > y > 0$,同 (A_{32}),$x = 1$ 为演化稳定策略。

同理,再次根据演化复制动态方程的定义,企业 B 的演化复制动态方程:
$$f(y) = \frac{dy}{dt} = y(1-y)(U_{BY} - U_{BN})$$
$$= y(1-y)[sC - (C+r)(1+\theta) + g(R+R_0) - (g+1)R_0 x]. \quad (5-12)$$

对上式关于 y 求导,则有:
$$f'(y) = (1-2y)[sC - (C+r)(1+\theta) + g(R+R_0) - (g+1)R_0 x]. \quad (5-13)$$

---

[1] TAYLOR P D, JONKER L B. Evolutionarily Stable Strategy and Game Theory [J]. Mathematical Bioscience, 1978 (40): 145-156.

第五章　金融资源错配影响企业技术创新模式演化博弈分析

为了简便起见，记：

$$x^* = \frac{sC - (C+r)(1+\theta) + g(R+R_0)}{(g+1)R_0}, \quad (5-14)$$

其中，$(g+1)R_0 > 0$；$0 \leq x \leq 1$。

(B_1) 若 $x^* = x$，$f(y) = 0$ 且 $f'(y) = 0$，此时任何 y 都符合条件，且都是稳定的。此时，企业 B 选择的博弈策略都是稳定的。

(B_2) $x^* < 0$，则 $x^* < x$ 恒成立，则有下式成立：

$$[sC - (C+r)(1+\theta) + g(R+R_0)] - (g+1)R_0 x < 0。 \quad (5-15)$$

从而，由 $f'(1) > 0$ 且 $f'(0) < 0$ 可知，$y = 0$ 为演化稳定策略。

(B_3) $x^* > 0$，而 $0 \leq x \leq 1$，则：

(B_{31}) 若 $0 < x^* < x < 1$，同 (B_2) 可知，$y = 0$ 为演化稳定策略。

(B_{32}) 若 $0 < x < x^* < 1$，则有下式成立：

$$[sC - (C+r)(1+\theta) + g(R+R_0)] - (g+1)R_0 x > 0。 \quad (5-16)$$

由 $f'(1) < 0$ 且 $f'(0) > 0$ 可知，$y = 1$ 为演化稳定策略。

(B_{33}) 若 $x^* > 1 > x > 0$，同 (B_{32})，$y = 1$ 为演化稳定策略。

复制动态方程反映了博弈方学习的速度和方向。当所得的复制动态方程为 0 时，表明学习速度等于 0，即此时的博弈已经进入相对稳定的均衡状态。[①] 因此，由 $f(x) = 0$ 及 $f(y) = 0$ 联立，可求出 5 个均衡点，分别为 (0，0)、(0，1)、(1，0)、(1，1)、(x^*，y^*)。下文将以 EP_i ($i = 1, 2, 3, 4, 5$) 表示，这些均衡点能否成为演化稳定策略的均衡点将通过该系统的 Jacobian 矩阵加以判断。只有当该矩阵的行列式为正值，而且其迹为负值时，策略点才是稳定点。对上文两个动态演化方程求偏导后，得到 Jacobian 矩阵：

$$\begin{pmatrix} \dfrac{\partial F(x)}{\partial x} & \dfrac{\partial F(x)}{\partial y} \\ \dfrac{\partial F(y)}{\partial x} & \dfrac{\partial F(y)}{\partial y} \end{pmatrix} = \begin{pmatrix} a_{11} & a_{12} \\ a_{21} & a_{22} \end{pmatrix}。 \quad (5-17)$$

根据稳定条件可知，只需 $a_{11} < 0$，$a_{22} < 0$ 即可。于是：

(1) 对于 $EP_1 = (0, 0)$，此时有：

$$a_{11} = (s-1)C + g(R+R_0) - r, \quad (5-18)$$

[①] 陈学彬. 博弈学习理论 [M]. 上海：上海财经大学出版社，1999.

$$a_{22} = (s-1)C - (C+r)(1+\theta) + g(R+R_0)_\circ \quad (5-19)$$

则到达稳定的条件为：

$$(A)(s-1)C + g(R+R_0) < r, \quad (5-20)$$

$$(B)\{(s-1)C + g(R+R_0) > r\} \cap \{|(s-1)C + g(R+R_0) - r| < |(r+C)\theta|\}_\circ \quad (5-21)$$

由条件（A），当企业进行原始发明创新所得的总收益减去总成本所得的利润小于进行二次创新所产生的收益时，其将进行原始发明创新；反之则选择二次创新。对于条件（B），企业进行原始发明创新所得的总收益与总成本之差大于进行二次创新所产生的收益，但此时受到金融资源错配因素的影响，企业 B 将额外付出巨额成本。

(2) 对于 $EP_2 = (0, 1)$，此时有：

$$a_{11} = (s-1)C + gR - R_0 - r, \quad (5-22)$$

$$a_{22} = -[sC - (C+r)(1+\theta) + g(R+R_0)]_\circ \quad (5-23)$$

则达到稳定的条件是：

$$(A)(g+1)R_0 - (C+r)\theta > 0, \quad (5-24)$$

$$(B)|(g+1)R_0 - (C+r)\theta| > |(s-1)C + gR - R_0 - r|_\circ \quad (5-25)$$

对于企业 B 而言，此时的总融资约束成本小于总收益，其将选择进行原始发明创新。但对于企业 A 而言，由于其自身并未受到错配影响，故选择原始创新与二次创新对于企业 A 来说并无差异。

(3) 对于 $EP_3 = (1, 0)$，经计算得：

$$a_{11} = -[(s-1)C + g(R+R_0) - r], \quad (5-26)$$

$$a_{22} = sC - (C+r)(1+\theta) + g(R+R_0) - (g+1)R_0_\circ \quad (5-27)$$

稳定条件是：

$$0 < (s-1)C + gR - r - R_0 < (C+r)\theta_\circ \quad (5-28)$$

此时企业 B 选择原始发明创新的总利润小于总的融资约束成本，该企业将放弃原始发明创新，转而选择二次创新。对于企业 A，选择原始发明创新的总收益大于总的成本，此时选择原始发明创新，可以为企业带来利益；若成功概率较高，选择原始发明创新将更为稳妥。

(4) 对于 $EP_4 = (1, 1)$，a_{11}、a_{22} 及稳定条件为：

$$a_{11} = -[(s-1)C + g(R+R_0) - r - (g+1)R_0], \quad (5-29)$$

$$a_{22} = -[sC - (C+r)(1+\theta) + g(R+R_0) - (g+1)R_0], \quad (5-30)$$

$$0 < (C+r)\theta < (s-1)C + gR - r - R_0_\circ \quad (5-31)$$

第五章 金融资源错配影响企业技术创新模式演化博弈分析

此时，如同 EP_3，企业 A 趋向于选择原始发明创新。对于企业 B，选择原始发明创新的总利润大于总的融资约束成本，故选择原始发明创新对于企业更有利。企业 B 此时若选择二次创新，将失去市场竞争力，故选择原始发明创新对于自身是最有利的。

（5）对于 $EP_5 = (x^*, y^*)$ 而言，因该点处矩阵的迹为 0，故舍去。

上述博弈均衡分析如图 5-1 所示：

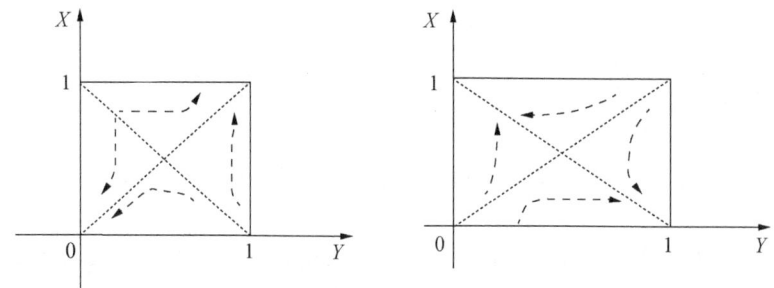

图 5-1 演化博弈均衡分析

第三节 数值模拟与参数校正

一、数值模拟

为更加清楚地阐释企业间的策略选择的稳定性，这里将通过对相关参数进行赋值来分析参数变化所带来的具体影响。设定参数如下：$s = 0.6$；$g = 0.5$；$C = 15$；$R = 25$；$R_0 = 10$；$r = 16$；$\theta = 0.5$。令企业 B 进行原始发明创新的概率分别 $y = 0.2$ 及 $y = 0.8$，以此来探究企业 A 不同初始概率下的变动情况。根据现有相关研究成果的假定，一般设时间起止点 t 为 0~3 年。具体结果如图 5-2 与图 5-3 所示。

由图 5-2 可知，在企业 B 对原始发明创新的选择概率为 0.2 时，企业 A 的概率曲线趋近到 $p = 1$ 的速度变慢；初始概率为 0.1 时，曲线在 $t = 0.5$ 后减速趋近到 $p = 1$，$t = 1$。其余概率曲线随着初始概率增大而速度放缓，且当其快速趋近到 $t = 0.5$ 或接近该点时，到达概率最大值 $p = 1$。

由图 5-3 可知，在企业 B 选择原始发明创新的概率为 0.8 时，企业 A 的选择概率曲线呈现出负线性。随着时间的推移，企业 A 选择原始发明创

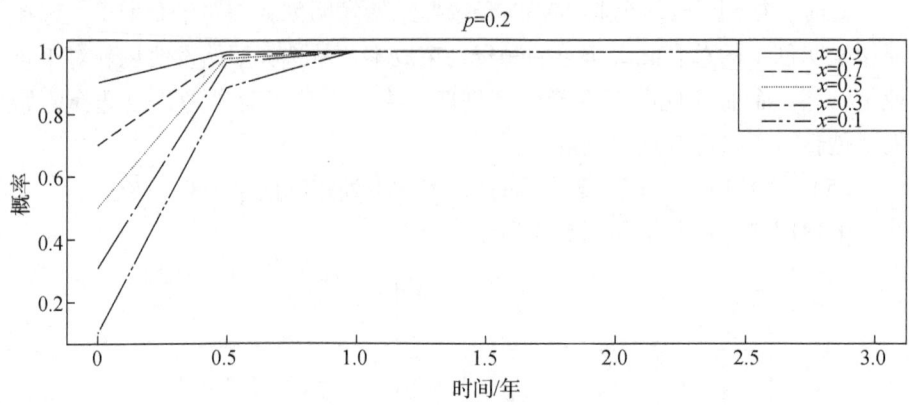

图 5-2　企业 A 概率选择曲线（$y=0.2$）

新的概率下降；且当其选择原始发明创新的初始概率越大时，曲线斜率下降的速度越快。

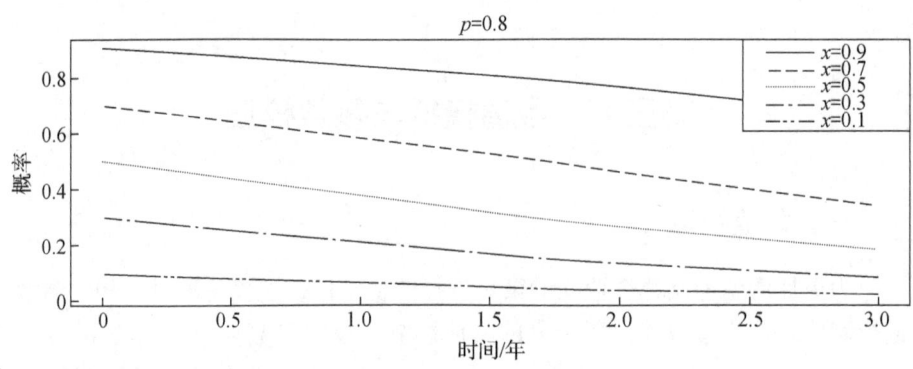

图 5-3　企业 A 概率选择曲线（$y=0.8$）

由分析可知，企业 B 对原始发明创新的选择意愿不强时，企业 A 对原始发明创新的选择意愿随着博弈初始选择概率的增大而减缓趋近到 $p=1$，即选择存在初始概率意义下的边际概率递减。当企业 B 初始选择原始发明创新的意愿较强时，企业 A 选择原始发明创新的意愿呈现随时间递减的特点。且当其初始选择原始发明创新的概率越大时，其意愿减弱的趋势越明显。

由图 5-4 和图 5-5 可知，对于企业 A 在不同的原始发明创新选择概率下，企业 B 的选择概率变化在两图中无明显差别。随着企业 B 选择原始发明创新的初始概率增大，概率曲线在 $t=0.5$ 前斜率增大，即趋近 $p=0$ 时的速度加快。上述结果表明，企业 A 的原始发明创新概率对于企业 B 的影响处于恒常性态。

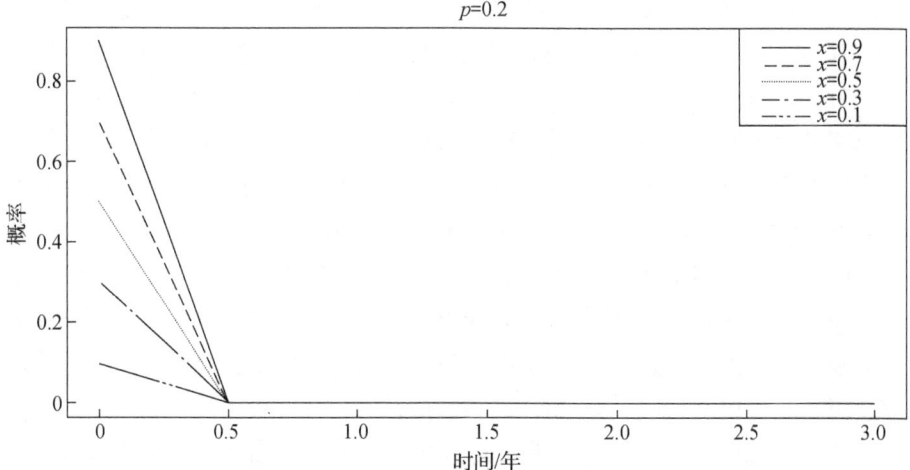

图 5-4　企业 B 概率选择曲线（$x=0.2$）

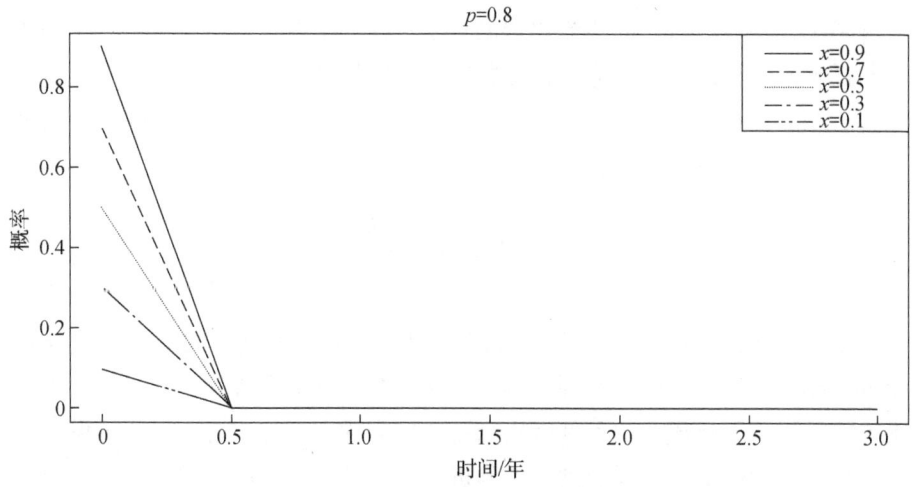

图 5-5　企业 B 概率选择曲线（$x=0.8$）

二、参数校正

再次设定参数：$s=0.6$；$C=15$；$R=25$；$R_0=10$；$r=16$；初始概率 $(x_0, y_0)=(0.5, 0.5)$。对于 g 和 θ 进行数值的变动，从而探究二者对于企业间的创新方式有何影响。时间起止点 t 为 $0\sim3$ 年。若进一步设定 g 与 θ 的取值皆为 $\{0.2, 0.5, 0.8\}$，这时共有 9 种情况发生，具体如图 5-6 所示。

首先，就金融资源错配水平 θ 而言，当 θ 处于较低水平时，随着研发成功概率的上升，企业 B 选择原始发明创新的概率演化曲线呈现随企业 A 的选择概率上升而上升的特点。且当 $g=0.2$ 与 $g=0.5$ 时为线性，在 $g=0.8$ 时为非线性，且随着企业 A 选择原始发明创新概率的上升，企业 B 选择原始发明创新的概率呈现边际递减趋势。当 θ 处于中等水平及较高水平时，曲线呈现出类似的特点，即 g 值处于较低或较高时，随着企业 A 选择原始发明创新概率的上升，企业 B 选择原始发明创新的概率或边际递增或边际递减；当 g 处于中间值时，呈现非线性递减。

其次，就原始发明创新的研发成功概率 g 而言，当 g 处于较低水平时，随着金融资源错配程度的上升，企业 A 选择原始发明创新的概率上升，企业 B 选择原始发明创新的概率也相应上升。但错配水平较低时，曲线为线性，其余情况为非线性，且呈现边际递增的特点。当 g 处于中等水平而金融资源错配水平较低时，曲线为递增的直线；而当金融资源错配水平处于中等及较高水平时，曲线呈现非线性递减趋势。特别地，在尾端处曲线趋近速度增大；当 g 处于较高水平，曲线都呈现非线性增长特征。另外，随着金融资源错配程度的上升，曲线光滑度下降。

本章小结

本章在构建受（未受）金融资源错配影响的两类企业成本－收益支付矩阵基础上，基于进化博弈理论得出演化博弈复制动态方程。基于演化复制动态方程组均衡点成立的条件得出个各个博弈均衡点后，进一步通过设置不同的差异化参数对演化复制动态方程进行模拟仿真。经研究发现以下 4 点。

第五章 金融资源错配影响企业技术创新模式演化博弈分析

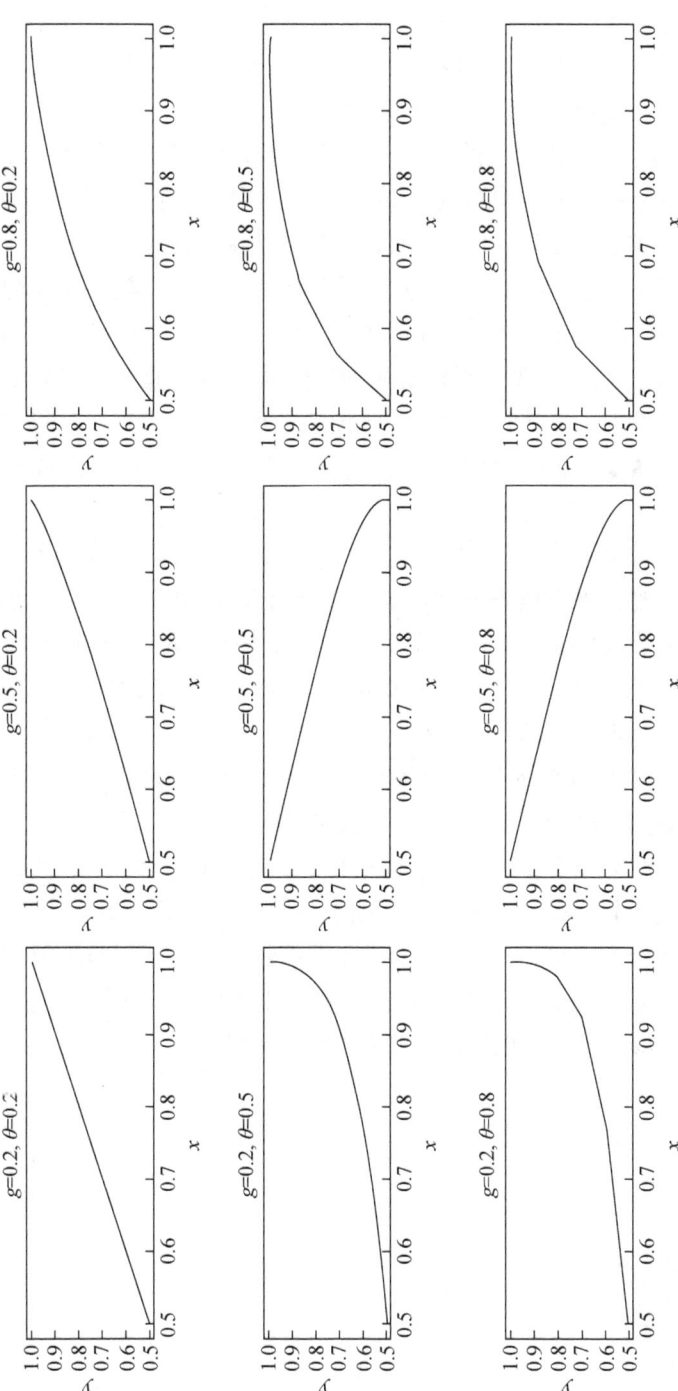

图 5-6 基于相关条件参数设置的博弈双方概率演化

(1) 基于演化复制动态方程求解出的均衡点中，(0,0)、(0,1)、(1,0)和(1,1)在达到特定均衡条件时，系统将达到均衡稳定态，即企业将在特定条件下选择原始发明创新或二次创新。

(2) 当受到金融资源错配的企业B选择原始发明创新的概率y处于较低水平时，未受金融资源错配影响的企业A对于原始发明创新的选择概率x呈现分段特征：即当$t \in (0, 0.5)$时，其将快速趋近到$x=1$处；当$t \in (0.5, 3)$时，曲线处于恒常态；企业A的初始概率越大，概率曲线趋近到$x=1$的速度越慢。当受到金融资源错配的企业B选择原始发明创新的概率y处于较高水平时，企业A选择原始发明创新的概率曲线随时间推移呈现线性递减特征，且概率x将随时间推移将逐渐趋近到0，此时企业A将选择二次创新。当企业A选择原始发明创新的初始概率越大时，概率曲线趋近到$x=0$的速度越快。

(3) 当未受到金融资源错配的企业A选择原始发明创新的概率x处于较低或较高水平时，受金融资源错配影响的企业B对于原始发明创新的选择概率y亦呈现分段特征：即在$t \in (0, 0.5)$时快速趋近到$x=0$处，在$t \in (0.5, 3)$时曲线处于恒常态。企业B选择原始发明创新的初始概率越大时，其概率曲线趋近$x=0$的速度越慢。

(4) 当研发成功概率g恒定于较小或较大值时，金融资源错配程度θ的加剧使得企业间的原始发明创新决策概率曲线呈现如下特征：①当g较小且θ较小时，曲线为线性；当g较小且θ处于较高或中等水平时，曲线为非线性。②当g处于较小值时，θ越大则曲线光滑度越低且呈现边际递增特征。③当g处于较大值时，θ越大则曲线光滑度越低，并同时呈现斜率边际递减特征。④当g处于中等水平且θ较小时，曲线仍处于非线性递增；然而，随着θ值的继续上升，曲线将呈现非线性递减特征。

第六章 金融资源错配影响企业技术创新模式选择模拟仿真

技术创新是以创造新技术为目的的创新或以科学技术知识及其创造的资源为基础的创新，创新驱动是国家发展的优先战略，是实现产业转型升级和提升国家、城市和企业竞争力的根本驱动力。改革开放40多年以来，中国经济呈现高速增长的态势，但随经济发展阶段的变换，期间所依赖的以要素和投资驱动的"耗散"型增长方式已无法维系我国经济增长，经济增长已现乏力，转换经济增长动力成为我国经济发展最紧迫的任务。技术创新是决定经济长期可持续增长的关键因素，随着我国经济发展进入"新常态"，以技术创新实现经济转型和转换创新驱动发展动力，是现阶段我国经济改革和发展的内在逻辑和客观要求。技术创新的发展离不来金融体系的支撑，然而在"二元"所有制经济结构与金融资源配置政府主导型特征影响下，我国信贷资金"二元"所有制配置扭曲现象明显，金融资源更多地流向效率低下的企业，造成"金融资源错配"，高效率企业研发资金不足，自主创新乏力、核心技术匮乏而缺乏国际竞争力。因而深入探究金融错配对我国技术创新的影响，有助于我国企业自主创新能力的增强，也关系到"十三五"目标能否实现，具有重要的现实意义。

金融配置对技术创新推动的研究起源于20世纪80年代内生增长理论的兴起。Morales（2001）和Acemoglu等（2002）在理论基础上提出金融中介的发展会优化金融资源配置，缓解企业外部融资约束，进而推动企业的技术创新。①② 林毅夫等（2009）指出，一定经济发展阶段的要素禀赋结构内生决定了实体经济中最有效的产业结构和技术结构，而不同产业结构中企业的信息和风险特征、融资需求和偏好，以及规模会有所不同，从而内生出不同

---

① MORALES M F A. Financial Intermediation in a model of Growth Through Creative Destruction [J]. Macroeconomic Dynamics, 2001 (7): 363 – 393.

② ACEMOGLU D, AGHION P, ZILIBOTTI F. Distance to Frontier, Selection, and Economic Growth [J]. Journal of the European Economic Association, 2006, 4 (1): 37 – 74.

的金融需求。由此可见，金融资源的配置手段和效率同技术创新之间是相适应的。① 另有许多学者从实证方面对金融配置与技术创新进行了研究，Alfaro 等（2004）建立的实证模型证明了如果一个国家能够为隐藏的企业家提供创业资金，那么将会使该国家企业家数量剧增，也能够推动该国家的技术创新水平的提升。② Ayyagari 等（2007）和 Brown 等（2009）通过实证检验均认为金融发展有利于企业的外部融资，外部融资会促进企业的技术创新。③④ 鲁晓东（2008）和张庆君等（2016）的微观实证研究表明优化金融配置会促进 TFP 的增长。以上文献从理论和实证的角度研究了金融资源合理配置对技术创新的推动作用，却很少有文献直接对金融错配与技术创新之间的关系进行实证研究。本书将基于金融错配的视角，针对金融错配对技术创新水平的影响进行仿真研究。

系统动力学是一门分析研究复杂反馈系统动态行为的系统科学方法，从系统内部微观结构入手，建立 SD 数学模型，并运用计算机技术进行模拟仿真。虽然陈安和王锴（2020）、刘业鑫等（2020）、李芳和张立涛（2020）及王昌林（2018）等基于系统动力学模型对企业技术创新的影响因素进行了广泛的讨论，但迄今鲜有对金融资源错配视角如何影响企业技术创新活动进行深入研究的相关文献。本书将基于金融错配的视角，用系统动力学的理论和方法，结合计量经济学方法构建系统动力学 SD 模型，针对金融错配对技术创新水平的影响进行仿真研究。

第一节 指标选取与系统边界确定

一、指标选取

根据冯玉梅和杨瑞桐（2018）、成力为等（2015）的研究可知，产业发

---

① 林毅夫，孙希芳，姜烨. 经济发展中的最优金融结构理论初探 [J]. 经济研究，2009（8）：4-17.
② ALFARO L, CHANDA A, KALEMLI-OZCAN S, et al. FDI and Economic Growth: The Role of Local Markets [J]. Journal of International Economics, 2004, 64 (1): 113-134.
③ AYYAGARI M, DEMIRGÜÇ-KUNT A, MAKSIMOVIC V. Firm Innovation in Emerging Markets: The ROLE of Finance Governance, and Competition [J]. The Journal of Financial and Quantitative Analysis, 2011, 46 (6): 1545-1580.
④ BROWN J R, FAZZARI S M, PETERSEN B C. Financing Innovation and Growth: Cash Flow, External Equity, and the 1990s R&D Boom [J]. Journal of Finance, 2009, 64 (1): 151-185.

第六章 金融资源错配影响企业技术创新模式选择模拟仿真

展水平和市场化程度都是影响金融配置效率的重要因素，产业升级引致的良好预期能够吸引大量的优质投资及金融资源使交易规模日趋扩大，为金融发展提供有力的经济外部环境；而市场化以建立市场型管理体制为重点，全面推进市场经济，通过市场化，资源和要素能够实现优化配置。另外，研发资本投入是企业进行技术创新的必要前提，而技术创新水平的提升能够促进经济发展和产业结构的升级，因此遵循全面性、科学性和可操作性原则，特选取 2000—2017 年我国技术创新水平（NP）、金融错配程度（FM）、研发资本投入（CIP）、产业水平（ULS）经济发展水平（GDP）和市场化程度（DOM）作为仿真系统指标。其中，金融错配程度指标引用刘斌斌等（2019）的信贷错配指数，市场化程度指标引自《市场化指数报告》，产业水平由第三产业增值和第二产业增长的比值衡量，技术创新水平数据取自国内三种专利申请授权量并对其取对数处理。数据来自国家统计局网和科技统计年鉴，经整理而成时间序列数据。

二、系统边界确定

本研究的时间边界选为 2000—2035 年，其中 2000—2017 年为历史数据年限，2017—2035 年为仿真预测年限。以金融资源错配、研发资本投入、产业水平、经济发展水平、市场化程度和技术创新水平等要素之间的相互关系为主线，来构建系统的关系集合，从而完成金融错配影响技术创新的 SD 模型构建。

第二节　SD 模型构建

一、单位根检验

首先，对以上时间序列按公式：$XQ_t = (X_t - X_{t-1})/X_{t-1}$ 做增长率，这样便能够得到增长率的序列，分别用 NPQ、FMQ、$CIPQ$、$ULSQ$、$GDPQ$ 和 $DOMQ$ 表示，运用 EViews 8.0 软件对所涉及的变量进行单位根检验，检验结果如表 6-1 所示。

通过 ADF 检验，在 5% 的显著性水平下，拒绝了 FM、CIP、FMQ、NPQ、$CIPQ$ 和 $DOMQ$ 序列具有单位根的假设，同时拒绝了 NP、GDP、$ULSQ$ 和 $GDPQ$ 序列的一阶差分具有单位根的假设，拒绝了 ULS 和 GDP 序列二阶差分具有单位根的假设。所以 FM、CIP、FMQ、NPQ、CIPQ 和 DOMQ 序列是零阶单整 I（0）序列，NP、GDP、ULSQ 和 GDPQ 序列是 1 阶单整序列，ULS 和 GDP 序列是二阶单整序列。

表 6-1 单位根 ADF 检验结果

变量名	差分阶数	ADF 值	5% 临界值水平	结果
FMQ	0	-3.4697	-3.181	平稳
NPQ	0	-3.5991	-3.0522	平稳
CIPQ	0	-4.4053	-3.0522	平稳
ULSQ	1	-4.6303	-3.0656	平稳
GDPQ	1	-5.2802	-3.081	平稳
DOMQ	0	-3.6609	-3.0522	平稳
FM	0	-3.8439	-3.0522	平稳
NP	1	-3.556	-3.0656	平稳
CIP	0	-3.3432	-3.0522	平稳
ULS	2	-3.9565	-3.081	平稳
GDP	2	-4.976	-3.0989	平稳
DOM	1	-3.7914	-3.0655	平稳

注：数据来自中国统计局官网及《中国统计年鉴》数据库。

二、因果关系检验

将金融错配程度序列 FM、研发资本投入序列 CIP，与序列 NP 和 DOM 的一阶差分 ΔNP、ΔDOM，序列 ULS 和 GDP 的二阶差分 $\Delta^2 ULS$、$\Delta^2 GDP$ 序列为内生变量构成内生系统；将金融错配程度变化率序列 FMQ、技术创新水平变化率序列 NPQ、研发资本投入变化率序列 CIPQ、市场化水平变化率序列 DOMQ，与序列 ULSQ 和 GDPQ 的一阶差分 $\Delta ULSQ$、$\Delta GDPQ$ 序列为系统内生变量构成变化率系统，并对这两个系统分别进行 Granger 因果关系检验，部分检验结果见表 6-2 的 Granger 检验结果表和图 6-1 的因果关系图。

表 6-2 列出了系统中部分时间序列的 Granger 因果检验结果，表中显示系统时间序列变量之间只存在单向的 Granger 因果关系，后续加入系统的时

表 6-2 部分时间序列的 Granger 因果检验结果

零假设 H0	滞后期数	F 统计量	P 值
FMQ 不是 CIPQ 的 Granger 原因	0	8.1274	0.002
CIPQ 不是 FMQ 的 Granger 原因	0	0.2898	1.5426
CIPQ 不是 NPQ 的 Granger 原因	0	6.5326	0.048
NPQ 不是 CIPQ 的 Granger 原因	0	2.1478	1.2548
NPQ 不是 ULSQ 的 Granger 原因	1	10.1545	0.0156
ULSQ 不是 NPQ 的 Granger 原因	1	0.8524	5.6234
ULSQ 不是 FMQ 的 Granger 原因	2	4.1415	0.0456
FMQ 不是 ULSQ 的 Granger 原因	2	2.1007	0.1688
NPQ 不是 GDPQ 的 Granger 原因	1	8.9878	0.0213
GDPQ 不是 NPQ 的 Granger 原因	1	1.2134	1.8978
GDPQ 不是 DOMQ 的 Granger 原因	2	4.2456	0.0356
DOMQ 不是 GDPQ 的 Granger 原因	2	1.6589	0.2365
DOMQ 不是 FMQ 的 Granger 原因	0	7.2589	0.0015
FMQ 不是 DOMQ 的 Granger 原因	0	0.1987	2.3245

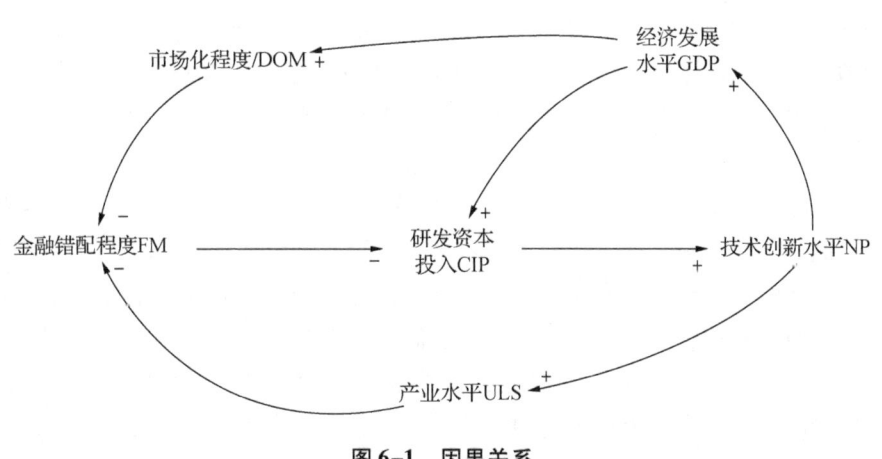

图 6-1 因果关系

间序列变量也进行同样的 Granger 因果检验,并未发现解释变量与被解释变量间的互为 Granger 因果关系,因此可判定系统中不存在内生变量。

图 6-1 中存在两条反馈环：

①金融错配程度 FM $\xrightarrow{-}$ 研发资本投入 CIP $\xrightarrow{+}$ 技术创新水平 NP $\xrightarrow{+}$ 经济发展水平 GDP $\xrightarrow{+}$ 市场化程度 DOM $\xrightarrow{-}$ 金融错配程度 FM。

②金融错配程度 FM $\xrightarrow{-}$ 研发资本投入 CIP $\xrightarrow{+}$ 技术创新水平 NP $\xrightarrow{+}$ 产业水平 ULS $\xrightarrow{-}$ 金融错配程度 FM。

反馈环①揭示了金融错配对技术创新所需研发资本的抑制作用，而且随技术创新水平的提升和市场化程度的加大，金融资源的配置就会越合理，金融错配程度得到缓解；反馈环②同样揭示了金融错配对技术创新的抑制作用，但随技术创新水平和产业水平的提升，金融资源错配程度也能得到缓解。这两个反馈环表明了金融错配和技术创新之间的相互影响，金融错配抑制技术创新，而随着反馈环的作用，金融错配程度不会无限增长下去。

三、系统流位、流率变量界定

根据上述因果关系分析，将金融错配程度 FM、研发资本投入 CIP、技术创新水平 NP、经济发展水平 GDP、市场化程度 DOM 和产业水平 ULS 作为 SD 系统的流位，其对应的流率为金融错配程度变化量 FMV、研发资本投入变化量 CIPV、技术创新水平变化量 NPV、经济发展水平变化量 GDPV、市场化程度变化量 DOMV 和产业水平变化量 ULSV，将金融错配程度变化率 FMQ、技术创新水平变化率 NPQ、研发资本投入变化率 CIPQ、市场化水平变化率 DOMQ、产业水平变化率 ULSQ 和经济发展水平变化率 GDPQ 为辅助变量。

金融业资本管制和政府行政指令及服务于国有企业的属性并未根本改变，民营企业和新兴产业的资本需求无法得到有效满足，不同性质经济个体和产业间的资本流动出现障碍，导致资本错配现象；提高贸易开放度会拓展市场规模，增加企业之间的竞争，迫使低生产率企业退出市场，资源不断流入高生产率企业，提升行业整体资源配置效率，因此金融可得性和贸易开放度都能在一定程度上影响到金融资源的配置。城镇化水平指城镇人口占总人口中的比重，城市特别是大城市为服务业，通过显著的要素集聚效应成为知识密集型服务业的聚集地，而外商直接投资也是将大多资金投放于高端知识密集型企业，促进产业水平的提升。能源消耗及就业人数的增加都能够在一定程度上提升经济发展水平，技术创新水平的提升不仅取自于研发资本的投

第六章 金融资源错配影响企业技术创新模式选择模拟仿真

入,还和研发人员的投入息息相关。我国的政府干预现象普遍,政府通过货币政策、财政补贴及市场准入机制等方式多种手段干预经济,对金融资源的配置造成影响。

因此引进贸易开放度(TOP)、金融可得性(FA)、城镇化水平(UBL)、能源消耗(NEC)外商直接投资(FDI)、研发人员投入(RPI)等外生变量,贸易开放度用进出口总额占 GDP 比重衡量,金融可得性等于金融机构存贷比,城镇化水平用城镇人口占年末总人口比重衡量。并引进政府干预水平(GI)作为调控变量,这里用政府税收和投资补助占 GDP 的比重来衡量。

四、SD 模型构建

(一)流图构建

应用流率基本入树建模的方法,[①] 分析我国技术创新水平系统内的各个流位、流率和辅助变量及系统外的外生变量在经济中的因果关系。在金融资源错配影响技术创新水平的系统当中,金融错配程度变化量受制于金融可得性和贸易开放度水平,同时也受到反馈环中市场化程度和产业水平的作用;金融资源的错配导致资金流入效率的部门,降低了企业的研发资本投入,另外,企业的整体规模和经济发展水平的提高也会增大企业研发资本的投入;从上述分析可知在经济发展水平的子系统中,能源消耗和就业人员影响到了经济发展水平的提升,而且技术创新的提升能够带来经济的巨大提升;在产业升级水平的子系统中,产业升级水平变化量受到城镇化水平和外商直接投资的影响及反馈环的作用。由此可确定金融错配程度变化量 $FMV(t)$ 入树、研发资本投入变化量 $CIPV(t)$ 入树、技术创新水平变化量 $NPV(t)$ 入树、经济发展水平变化量 $GDPV(t)$ 入树、市场化程度变化量 $DOMV(t)$ 入树和产业水平变化量 $ULSV(t)$ 入树,6 棵流率基本入树,形成技术创新水平系统的流位流率系 $\{(FM(t), FMV(t)), (CIP(t), CIPV(t)), (NP(t), NPV(t)), (GDP(t), GDPV(t)), (DOM(t), DOMV(t)), (ULS(t), ULSV(t))\}$。将这 6 棵流率基本入树用 VensimPLE 软件经相关嵌入运算后,

---

[①] 贾仁安,伍福明,徐南孙. SD 流率基本入树建模法[J]. 系统工程理论与实践,1998,25(6):19-24.

得到金融错配影响技术创新的 SD 模型流图（图 6-2）。

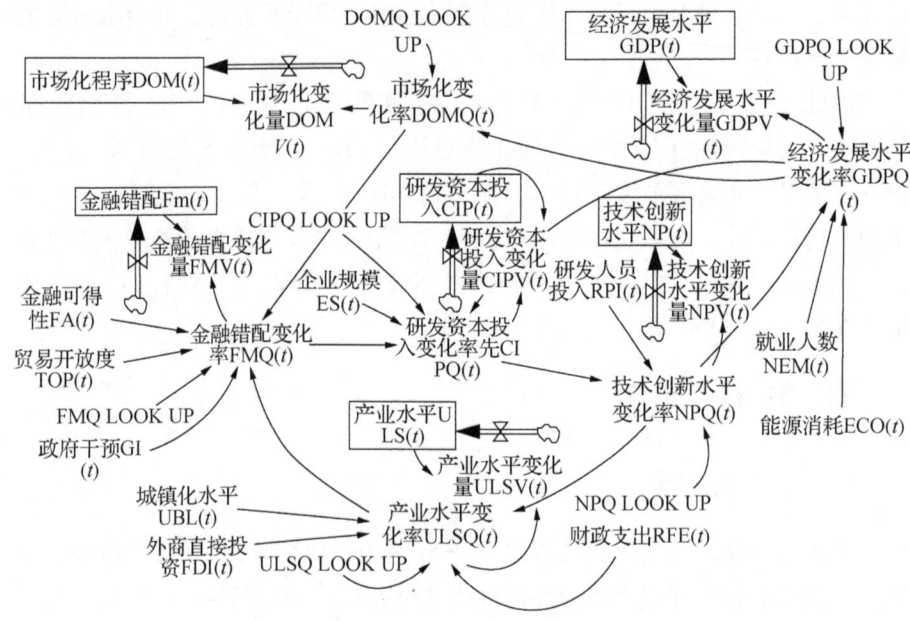

图 6-2　金融错配影响技术创新 SD 模型

（二）确定流率基本入树

技术创新水平 SD 模型中每棵入树都对应了流率基本入树方程，这里仅列出金融错配变化量 $FMV(t)$ 入树和技术创新水平变化量 $NPV(t)$ 入树的主方程，其他 4 棵入树形式和方法类似。

（1）金融错配变化量 $FMV(t)$ 入树：

$$FMV(t) = FMQ(t) \times FM(t)。 \quad (6-1)$$

$$FMQ(t) = f_1[DOMQ(t), ULSQ(t), FA(t), TOP(t)]。 \quad (6-2)$$

$$ULSQ(t) = f_2[RFE(t), FDI(t), UBL(t)]。 \quad (6-3)$$

$$DOMQ(t) = DOMQ\_LOOKUP。 \quad (6-4)$$

（2）技术创新水平变化量 $NPV(t)$：

$$NPV(t) = NPQ(t) \times NP(t)。 \quad (6-5)$$

$$NPQ(t) = f_3[CIPQ(t), RPI(t)]。 \quad (6-6)$$

$$CIPQ(t) = f_4[FMQ(t), ES(t), GDPQ(t)]。 \quad (6-7)$$

第六章　金融资源错配影响企业技术创新模式选择模拟仿真

$$GDPQ(t) = f_5[NPQ(t), NEM(t), ECO(t)]. \quad (6-8)$$

根据陈涛等（2010）的建模方法，[①] 通过软件计算解得上述入树方程为：

$$FMQ = \underset{(10.16)}{1.0136} - \underset{(-1.01)}{0.0093}DOMQ - \underset{(-1.05)}{0.091}ULSQ - \underset{(-5.46)}{0.4982}TOP - \underset{(-2.85)}{0.1525}FA + \varepsilon_1,$$

$$R^2 = 0.9246, \quad D.W = 1.68.$$

$$ULSQ = \underset{(2.48)}{2.4141} + \underset{(4.57)}{0.5709}NPQ + \underset{(1.92)}{0.4968}FDI + \underset{(4.09)}{9.3589}UBL + \underset{(2.02)}{5.2316}RFE + \varepsilon_2,$$

$$R^2 = 0.8917, \quad D.W = 1.52.$$

$$NPQ = \underset{(71.34)}{8.4167} + \underset{(4.18)}{1.4952}CIPQ + \underset{(3.67)}{0.6852}RPI + \varepsilon_3,$$

$$R^2 = 0.9919, \quad D.W = 2.94.$$

$$CIPQ = \underset{(-17.10)}{-1.8787} - \underset{(-1.93)}{1.2077}FMQ - \underset{(-1.41)}{0.3555}ES + \underset{(5.76)}{1.8608}GDPQ + \varepsilon_4,$$

$$R^2 = 0.9954, \quad D.W = 2.95.$$

$$GDPQ = \underset{(-2.45)}{-8.4143} + \underset{(3.52)}{0.3245}NPQ + \underset{(2.45)}{8.1763}NEM + \underset{(3.10)}{0.3786}NCO,$$

$$R^2 = 0.9960, \quad D.W = 2.95$$

其中残差序列的平稳性结果检验如表6-3所示：

表6-3　残差序列的ADF单位根检验

变量	ADF 统计量	临界值（5% 显著水平）	P 值	结论
t	-4.4453	-3.0522	0.0089	平稳

通过ADF检验，在5%的显著性水平下，残差序列ADF统计量值小于5%显著水平下的临界值拒绝原假设，所以该系统残差序列是平稳序列，残差ε_1、ε_2、ε_3和ε_4皆为白噪声，说明金融错配变化率和市场化程度变化率、产业水平变化率、贸易开放度、金融可得性之间存在协整回归关系；产业水平变化率和技术创新水平变化率、外商直接投资水平、城镇化水平、财政支出水平之间存在协整回归关系；技术创新水平变化率和研发资本投入变化率、研发人员投入之间存在协整回归关系；研发资本投入变化率和金融错配程度变化率、企业规模、经济发展水平变化率之间存在协整回归关系；经济发展水平变化率和技术创新水平变化率、就业人数、能源消耗量之间存在协整回归关系。因此，函数f_1、f_2、f_3、f_4和f_5可用上述方程来计算。

[①] 陈涛，何宜庆，谢江林. 基于SD的城镇就业人数影响因子模型及其仿真 [J]. 南昌大学学报（理科版），2010, 34 (1): 33-38.

第三节 模拟仿真与结果分析

一、模拟仿真

我国的政府干预现象普遍，政府通过多种手段干预经济，具有代表性的有货币政策、财政补贴及市场准入机制等方式。尤其是在实行财政分权之后，地方政府为追求政绩考核，容易加大对银行信贷的干预，国有企业由于与政府的密切关系，虽然其投资效率低，却可以更方便地从银行得到贷款。政府干预不仅会直接影响企业的创新行为，还会对金融资源的配置造成影响，进而进一步扩大对企业创新行为的影响。由此可见，政府的过度干预又是另一种形式上的"金融资源错配"，所以引进政府干预这一指标作为调控变量具有重要的现实意义，并用政府税收和投资补助占 GDP 的比重来衡量政府干预程度。

流位变量金融错配程度 $FM(t)$、研发资本投入 $CIP(t)$、技术创新水平 $NP(t)$、经济发展水平 $GDP(t)$、市场化程度 $DOM(t)$ 和产业水平 $ULS(t)$ 的初始值分别取自 2000 年的数据 0.5285、4.7098、11.5649、11.5157、2.9 和 0.8738，运用系统动力学仿真软件 VensimPLE，将上述技术创新水平 SD 模型流图在计算机中实现，在原来流图中加入政府干预 (GI) 调控变量，作为重要的调控政策参数值，进行技术创新水平的政策实验。以政府干预程度的减小、不变、增加和加强来进行技术创新水平的仿真，其对应的调控政策参数值分别为 0.8、1、1.5 和 2，分别表示政府干预力度减小百分之二十、保持不变、增大百分之五十和加倍，运行的结果数据如图 6-3 所示，图中的 4 条曲线 L1、L2、L3 和 L4 分别是政府干预力度减小、不变、增大和加倍情况下技术创新水平的变化曲线。

二、结果分析

由上述流率方程分析可知，在不添加调控变量 (GI) 时，金融错配程度每增加 10%，技术创新水平下降 7.1%，而添加调控变量之后的分析由图 6-3 可以得出。从图 6-3 中可以看到，我国技术创新水平整体处于上升的状态，但随着金融错配程度的不同，上升的高度也不同。当政府对金融市场的干预力度减小时，如图 6-3 中 L1 曲线显示的技术创新水平上升得最快；当

第六章 金融资源错配影响企业技术创新模式选择模拟仿真

政府的干预力度增大和加强时,我国技术创新水平上升速度会减缓,如图 6-3 中 L3、L4 曲线所示,而且 L4 曲线不仅处于 L2 曲线的下方,还处在 L3 曲线的下方,技术创新水平明显偏低,这说明政府干预力度越大,对于技术创新水平的抑制效果就越明显。通过流图仿真预测,我们可选取 2025 数据为例作分析,按照自然趋势发展 2025 年我国技术创新水平为 19.5418,但在政府干预力度减小 20% 的情况下,2025 年的技术创新水平为 22.0253,高出 12.7%;在政府干预力度增加 20% 的的情况下,2025 年我国技术创新水平 16.325,下降了 16.5%,因而从整体平均角度计算政府干预力度增大 10% 可抑制技术创新水平 8.25% 的上升幅度,由此可见政府干预力度的上升加大了金融资源错配的程度,对技术创新水平的抑制效果更加明显。其原因是政府干预导致了各地差别化信贷,政府掌握大部分的金融资源并给予创新效率低下的国有企业更大的经济补贴,而创新效率高的新兴企业得不到足够的金支持,进而我国整体创新水平低下;另外,地方政府制定的知识产权战略纲要中对本地专利申请提出了明确的要求,根据专利申请情况对企业进行补贴,地方政府的资助专利费用政策由于地方利益的导向性导致了该政策

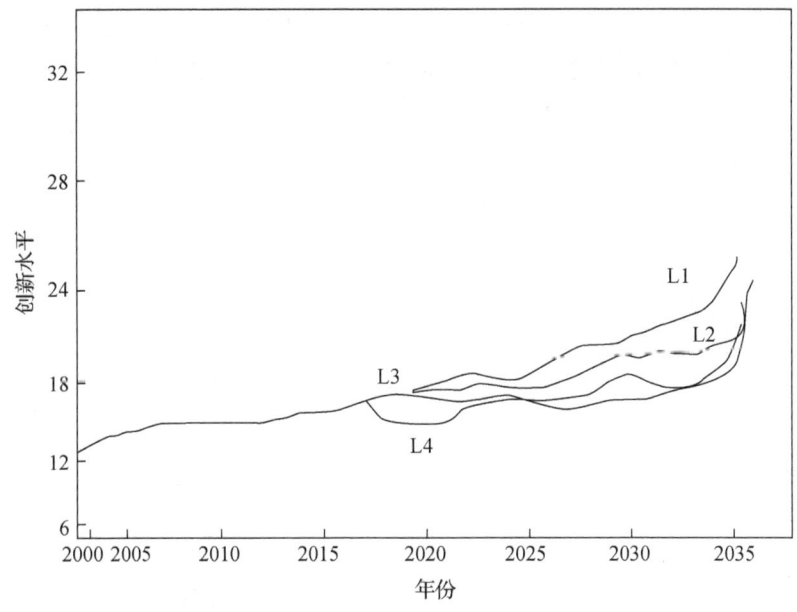

图 6-3 企业技术创新仿真图

过于专利申请量的增长而引发"专利泡沫"现象,[①] 并给专利转化带来人为障碍,进而对我国技术创新水平造成巨大的打击。

本章小结

在理论分析金融错配对技术创新的作用机制的基础上,利用系统动力学与计量经济学相结合,对金融错配与技术创新的系统进行了因果关系分析,从而建立了我国金融错配影响技术创新的 SD 模型;在此基础上借助 vensim 软件进行了仿真研究,从定量上分析了金融错配对我国技术创新水平的影响发现以下结果:

(1) 金融错配对技术创新具有抑制作用,金融错配程度每增加 10%,我国技术创新水平下降 7.1%。

(2) 政府干预加大金融错配对技术创新的抑制作用,政府干预力度增大 10% 可抑制技术创新水平 8.25% 的上升幅度。

以上结论对我国推进金融市场的改革,加强企业创新能力具有理论参考价值,如何解决我国提升技术创新水平过程中所出现的资源再配置与资金流转问题意义深远。在推进我国技术创新水平提升过程中应当完善我国科技创新的金融支持体系,积极拓宽资本市场融资渠道,弥补创新资金缺口;减少政府干预的外部性,避免权利实施过程中"寻租"行为的滋生与泛滥导致降低对企业技术创新活动的激励。

---

① 马忠法. 专利申请或授权资助政策对专利技术转化之影响[J]. 电子知识产权, 2008, 45(12): 36-39.

第七章　企业技术创新模式选择金融错配纠偏机制设计

企业技术创新活动的进行首先需要研发资金的投入，这就需要高效的资源配置系统将有限而稀缺的金融资源配置给那些创新意识更强、创新动力更足、创新能力更强的企业或部门，使得那些具有创新优质属性的企业能获得充足的资金以满足研发投入的需要。正如熊彼特早在 1912 年所指出：金融发展的本质在于金融系统能帮助企业家进行创新活动。King 和 Levine（1993）也指出，金融发展应该为技术创新提供筛选企业家、融资、帮助企业家分散风险和对创新活动预期收益进行估值等功能。[①] Brown et al.（2009）和 Ang et al.（2014）等则进一步指出，企业是否进行技术创新在很大程度上依赖于研发主体能否获得充足的外部股权融资和债务融资。[②][③] 由此可见，实现研发投入资金的融通是企业技术创新的首要前提。然而，我国金融系统在配置金融资源时存在明显的金融资源错配现象。相对于国有企业而言，民营企业虽然盈利能力更强、创新意识更强、创新效率更高，但却面临着严格的融资约束，研发投入不足严重制约着我国民营企业技术创新能力的提升。由此可见，降低金融资源配置扭曲程度将有助于民营企业研发资金的融通与技术创新效率的提升。

通过对我国金融资源配置出现扭曲的根本原因进行分析后可知：首先，在我国金融资源配置时的政府主导制度背景下，银行贷款审批时的"产权歧视"导致国有企业普遍出现资金冗余，而民营企业却面临严格融资约束，研发投入难以得到有效满足。其次，民营企业在发展过程中普遍存在更多的

---

① KING R G, LEVINE R. Finance, Entrepreneurship and Growth: Theory and Evidence [J]. Journal of Monetary Economics, 1993, 32 (3): 513 – 542.

② BROWN J R, FAZZARI S M, PETERSEN B C. Financing Innovation and Growth: Cash Flow, External Equity, and the 1990s R&D Boom [J]. Journal of Finance, 2009, 64 (1): 151 – 185.

③ ANG J S, CHENG Y M, WU C P. Does Enforcement of Intellectual Property Rights Matter in China? Evidence from Financing and Investment Choices in the High-Tech Industry [J]. Review of Economics and Statistics, 2014, 96 (2): 332 – 348.

治理缺陷和禀赋劣势。① 加上发展时间较短与现代企业管理制度的缺乏，民营企业对财务管理规范性的轻视及家族式领导下对会计信息的粉饰和操作使其会计信息质量更低，②③ 极大地增强了作为债权人的金融机构对其所产生的"风险感知"程度，从而在贷款审批时面临更高的审批门槛。④ 因此，有效规范民营企业会计信息管理的质量，并以此来降低民营企业与金融机构之间的信息不对称程度，这将有助于民营企业研发资金的融通与研发投入的增加，从而不断提升民营企业技术创新能力。最后，由于我国银行业目前仍以中、农、工、建四大行为主，银行业市场结构的不合理，这也是导致我国金融资源配置效率低下的另一重要原因。正如刘斌斌和黄吉焱（2017）所发现：提高中小银行市场份额将有助于银行信贷价格配置效率的提升，中小银行发展越好越有利于缓解中小企业信贷融资约束。⑤ 此外，作为市场资源配置失灵时的一种外生补救举措，政府科技补贴经常被用于激励企业技术创新的进行而有助于纠正金融资源配置扭曲对企业技术创新的不利影响。综上所述，本章将从银企之间的信息不对称缓解、金融市场结构的优化和政府补贴3个维度来设计我国金融资源配置扭曲的纠偏机制。

第一节　精炼贝叶斯均衡与信号发送机制理论回顾

虽然我国"二元"所有制经济结构与金融资源配置政府主导下的金融资源向国有企业倾斜备受诟病，但民营企业自身发展的良莠不齐及其低劣的会计信息质量等亦是造成其研发融资约束的重要原因之一。出于对信息搜索与甄别成本的考虑，以及金融机构风险规避理性经营的需要，银行更倾向于将信贷资金配置给会计信息质量更高、抵押物更充分且有政府背书的国有企

---

① 白俊，连立帅. 信贷资金配置差异：所有制企业抑或禀赋差异？ [J]. 管理世界，2012 (6)：30 - 42.

② 陈汉文，周中胜. 内部控制质量与企业债务融资成本 [J]. 南开管理评论，2014 (3)：103 - 111.

③ 李四海，蔡宏标，张俭. 产权性质、会计盈余质量与银行信贷决策：信贷企业抑或风险防控 [J]. 中南财经政法大学学报，2015 (5)：78 - 87.

④ 潘爱玲，刘昕，吴倩. 跨所有制并购、制度环境与民营企业债务融资成本 [J]. 会计研究，2019 (5)：3 - 10.

⑤ 刘斌斌，黄吉焱. 金融结构对地区信贷资金配置效率的影响：基于企业规模差异视角 [J]. 金融经济学研究，2017 (5)：66 - 74.

第七章　企业技术创新模式选择金融错配纠偏机制设计

业,自然会导致民营企业研发资金融通的困难。因此,在企业规模和抵押物难以在短期内得到显著提升的现实背景下,效率更高、研发能力更强的民营企业能否借助信号发送机制及时地将其与劣质民营企业进行区分,从而通过降低银企之间的信息不对称程度来获得更多的金融支持,这将成为有效缓解其自身研发投入融资约束的关键。信号发送机制属于信息经济学范畴,但信息经济学以博弈论相关理论的发展为基础。考虑到信号发送是一个动态的双方博弈的过程,这里首先对博弈论中的精炼贝叶斯纳什均衡进行简单回顾。

一、精炼贝叶斯均衡概念回顾

精炼贝叶斯均衡是贝叶斯均衡的延展,这里首先介绍贝叶斯均衡的概念。无论是贝叶斯纳什均衡还是精炼贝叶斯均衡均属于博弈论中的基本概念。一般认为,博弈论始于1944年冯·诺依曼(Von Neumann)和摩根斯坦恩(Morgenstern)合作出版的《博弈论和经济行为》(*The Theory of Games and Economic Behaviour*)一书。虽然博弈论(特别是合作博弈)在20世纪50年代达到鼎盛时期,但其成为主流经济学的一部分历史较短。到了20世纪70年代,当经济学家们开始关注个人理性问题后,信息问题便成为经济学家关注的重点,而且时序问题在经济学中变得越来越重要,贝叶斯纳什均衡正是这一时期博弈论学科发展的一个重要产物。进一步对博弈论中的相关概念进行整理后,按照参与人行动的先后顺序及参与人对有关其他参与人信息的了解程度差异,可将非合作博弈的类别及其对应的均衡概念概括为如表7-1所示。[①]

信息不对称是民营企业难以获得金融支持的重要原因之一。根据何韧等(2012)、许坤(2018)及郭娜等(2020)的研究结果可知,当企业与银行建立长期稳定的银企关系后,企业与银行之间的信息不对称程度得到有效缓解、企业融资约束可以得到明显改善。[②③④] 考虑到一旦和银行建立起稳固的银企关系后,企业与银行之间的信息不对称将逐渐降低,有利于民营企业获

[①] 张维迎. 博弈论与信息经济学 [M]. 上海: 上海人民出版社, 1996.
[②] 何韧, 刘兵勇, 王婧婧. 银企关系、制度环境与中小微企业信贷可得性 [J]. 金融研究, 2012 (11): 103-115.
[③] 许坤. 信贷价格歧视与银企共生关系 [J]. 财经科学, 2018 (12): 1-13.
[④] 郭娜, 范书亭, 李坤青. 银企关系视角下我国中小企业信贷约束研究: 中小企业融资调查问卷的分析 [J]. 投资研究, 2020 (6): 26-35.

表 7-1　博弈分类及其对应的均衡概念

信息	行动顺序	
	静态	动态
完全信息	完全信息静态博弈；纳什均衡；纳什（1950，1951）	完全信息动态博弈；子博弈精炼纳什均衡；泽尔腾（1965）
不完全信息	不完全信息静态博弈；贝叶斯纳什均衡；海萨尼（1967—1968）	不完全信息动态博弈；精炼贝叶斯纳什均衡；泽尔腾（1975），Kreps & Wilson（1982），Fudenberg & Tirole（1991）

得更多金融支持，因此企业能否通过首次向银行发送相关信号以便将自己与劣质企业区分开来，从而为进一步与银行建立较为牢固的银企关系奠定坚实的基础，以期有效缓解其所面临的信贷融资约束。

因为银行和企业之间存在信息不对称，企业希望通过自己的信号发送与其他企业相区别，这属于信息经济学中的信号发送问题。因信号发送理论以动态不完全信息为基础，而动态不完全信息精炼贝叶斯均衡是静态贝叶斯均衡的一种拓展，为了深入了解动态不完全信息精炼贝叶斯均衡，这里首先回顾静态不完全信息博弈中的贝叶斯纳什均衡概念。

贝叶斯纳什均衡有时又称为静态贝叶斯均衡，其是完全信息静态博弈纳什均衡在不完全信息静态博弈上的拓展。如同在完全信息静态博弈中一样，在不完全信息静态博弈过程中，所有参与人同时行动，参与人 i 的策略空间 S_i 与他的行动空间 A_i 等同。但与完全信息静态博弈所不同的是，在不完全信息静态博弈过程中，参与人 i 的行动空间 A_i 很可能会依赖于他自己具体的类型 θ_i，这意味着参与人的行动空间存在类型依存现象。因此，在不完全信息静态博弈中，参与人 i 的类型依存行动空间一般用 $A_i(\theta_i)$ 进行表示，而其具体的行动则可以用 $a_i(\theta_i) \in A_i(\theta_i)$ 加以表示。与此相类似，在不完全信息静态博弈中，参与人 i 的支付函数一般也将是类型依存的，并且可用 $u_i(a_i, a_{-i}; \theta_i)$ 来表示参与人 i 的效用函数。若记 $\theta_{-i} = (\theta_1, \cdots, \theta_{i-1}, \theta_{i+1}, \cdots, \theta_n)$ 表示除了 i 之外的所有其他参与人的类型组合，称 $p_i(\theta_{-i}|\theta_i)$ 为假定参与人 i 属于 θ_i 条件下，其他参与人属于的 θ_{-i} 概率，则根据条件概率的定义可知：

第七章 企业技术创新模式选择金融错配纠偏机制设计

$$p_i(\theta_{-i}|\theta_i) = \frac{p(\theta_{-i},\theta_i)}{p(\theta_i)} = \frac{p(\theta_{-i},\theta_i)}{\sum_{-i \in \theta_{-i}} p(\theta_{-i},\theta_i)}。 \quad (7-1)$$

式中,$p(\theta_i)$ 为参与人 i 属于类型 θ_i 的边缘概率,如果参与人类型之间是独立的,则 $p_i(\theta_{-i}|\theta_i) = p(\theta_{-i})$。

在定义条件概率后,参照张维迎(1996)则静态贝叶斯博弈可表述如下:[①]

静态贝叶斯博弈:n 人静态贝叶斯博弈的策略式表述包括:参与人的类型空间 Θ_1,…,Θ_n,条件概率 p_1,…,p_n,类型依存战略空间为 $A_1(\theta_1)$,…,$A_n(\theta_n)$,类型依存支付函数为 $u_1(a_1,…,a_n;\theta_1)$,…,$u_n(a_1,…,a_n;\theta_n)$。参与人 i 知道自己的类型 $\theta_i \in \Theta_i$,条件概率 $p_i(\theta_{-i}|\theta_i)$ 描述给定自己属于 θ_i 的情况下,参与人 i 有关其他参与人类型 $\theta_{-i} \in \Theta_{-i}$ 的不确定性,则静态贝叶斯博弈可记为 $G = \{A_1,…A_n;\theta_1,…\theta_n;p_1,…p_n;u_1,…u_n\}$。

上述静态贝叶斯博弈中的时间顺序为:

(1)自然首先选择类型向量 $\theta = (\theta_1,…\theta_n)$,其中 $\theta_i \in \Theta_i$。参与人 i 能观察到自己的类型 θ_i,但无法知道他人的类型 θ_j;

(2)n 个参与人同时选择行动 $a = (a_1,…,a_n)$,其中 $a_i \in A_i(\theta_i)$;

(3)参与人 i 得到 $u_i(a_1,…,a_n;\theta_i)$。

在给定参与人 i 只知道自己的类型 θ_i 而不知道其他参与人的类型 θ_{-i} 时,参与人 i 将选择具体的策略 $a_i(\theta_i)$ 以最大化自己的期望效用。其中参与人 i 的期望效用 v_i 定义如下:

$$v_i = \sum_{\theta_{-i}} p_i(\theta_{-i}|\theta_i) u_i(a_i(\theta_i),a_{-i}(\theta_{-i});\theta_i,\theta_{-i})。 \quad (7-2)$$

因此,不完全信息下的静态贝叶斯均衡可定义为如下:

贝叶斯纳什均衡:n 人不完全信息静态博弈 $G = \{A_1,…A_n;\theta_1,…\theta_n;p_1,…p_n;u_1,…u_n\}$ 的纯策略贝叶斯纳什均衡是一个类型依存策略组合 $(a_1^*(\theta_1),…,a_n^*(\theta_n))$,使得每个参与人 i 在给定自己的类型 θ_i 和其他参与人类型依存策略 $a_{-i}^*(\theta_{-i})$ 的情况下最大化自身期望效用 v_i。换句话说,策略组合 $a^* = (a_1^*(\theta_1),…,a_n^*(\theta_n))$ 是一个贝叶斯纳什均衡,如果对于所有的参与人 i 和所有的策略 $a_i \in A_i(\theta_i)$,有下式成立:

[①] 张维迎. 博弈论与信息经济学[M]. 上海:上海人民出版社,1996.

$$a_i^*(\theta_i) \in \underset{a_i}{\arg\max} \sum_{\theta_{-i}} p_i(\theta_{-i}|\theta_i) u_i(a_i(\theta_i), a_{-i}^*(\theta_{-i}); \theta_i, \theta_{-i})。 \quad (7-3)$$

精炼贝叶斯均衡：在一个 n 人参与的博弈中，参与人 i 的类型 $\theta_i \in \Theta i$ 是私人信息，$p_i(\theta_{-i}|\theta_i)$ 是属于类型 θ_i 的参与人 i 认为其他 $n-1$ 个参与人属于 $\theta_{-i} = (\theta_1, \cdots, \theta_{i-1}, \theta_{i+1}, \cdots, \theta_n)$ 类型的先验概率。记 S_i 为 i 的策略空间，$s_i \in S_i$ 是一个特定策略（依赖于类型 θ_i），$a_{-i}^h = (a_1^h, \cdots, a_{i-1}^h, a_{i+1}^h, \cdots, a_n)$ 是在第 h 个信息集上参与人 i 观测到的其他 $n-1$ 个参与人的行动组合，其是策略组合 $s_{-i} = (s_1, \cdots, s_{i-1}, s_{i+1}, \cdots, s_n)$ 的一部分，$\tilde{p}_i(\theta_{-i}|a_{-i}^h)$ 是在观测到 a_{-i}^h 的情况下参与人 i 认为其他 $n-1$ 个参与人属于类型 $\theta_{-i} = (\theta_1, \cdots, \theta_{i-1}, \theta_{i+1}, \cdots, \theta_n)$ 的后验概率，$\tilde{p}_i$ 是 $\tilde{p}_i(\theta_{-i}|a_{-i}^h)$ 所有后验概率的集合，$u_i(s_i, s_{-i}, \theta_i)$ 是 i 的效用函数。则精炼贝叶斯均衡是一个策略组合 $s^*(\theta) = (s_1^*(\theta_1), \cdots, s_n^*(\theta_n))$ 和一个后验概率 $\tilde{p} = (\tilde{p}_1, \cdots, \tilde{p}_n)$ 组合，满足：

（P）对于所有的参与人 i，在每一个信息集 h 上，

$$s_i^*(s_{-i}, \theta_i) \in \underset{s_i}{\arg\max} \sum_{\theta_{-i}} \tilde{p}_i(\theta_{-i}|a_{-i}^h) u_i(s_i, s_{-i}, \theta_i,)。 \quad (7-4)$$

（B）$\tilde{p}_i(\theta_{-i}|a_{-i}^h)$ 是使用贝叶斯法则并从先验概率 $p_i(\theta_{-i}|\theta_i)$ 与观测到的 a_{-i}^h 和最优策略 $s_{-i}^*(\cdot)$ 计算而得。

二、信号发送机制概念回顾

信号发送机制是一种相对简单但又有广泛使用的不完全信息动态博弈。在一个两人博弈中，假定参与人 1 是信号发送者，参与人 2 是信号接受者；参与人 1 的信息是私人信息，参与人 2 的信息是公共信息。令 $m(\theta)$ 是参与人 1 的类型依存信号策略，$a(m)$ 是参与人 2 的行动策略，则信号传递博弈的精炼贝叶斯均衡是策略组合 $(m^*(\theta), a^*(m))$ 和后验概率 $\tilde{p}(\theta|m)$ 的结合，满足：

$$(P_1) \ a^*(m) \in \underset{a}{\arg\max} \sum_{\theta} \tilde{p}(\theta|m) u_2(m, a, \theta), \quad (7-5)$$

$$(P_2) \ m^*(\theta) \in \underset{m}{\arg\max} \sum_{\theta} u_1(m, a^*(m), \theta)。 \quad (7-6)$$

（B）$\tilde{p}(\theta|m)$ 是参与人 2 使用贝叶斯法则从先验概率 $p(\theta)$、观测到的信号 m 和参与人 1 的最优策略 $m^*(\theta)$ 计算而得的。

根据信号传递博弈的相关理论可知，信号博弈的精炼贝叶斯均衡可能存在分离均衡、混同均衡和准分离均衡 3 种不同的形态，具体可参见张维迎

（1996），这里不加以详细表述。①

第二节　跨所有制并购缓解金融资源错配纠偏机制设计

在我国"二元"所有制经济结构与金融资源配置政府主导型特征影响下，"产权歧视"的普遍存在使得我国民营企业难以获得信贷资金支持，金融资源错配现象明显。除此之外，民营企业自身发展的良莠不齐、会计信息质量的低下及抵押物的不充分也是导致民营企业难以获得银行贷款的另一重要因素。在高昂的信息搜集与甄别成本费用影响下，风险规避的银行自然不愿意将有限而稀缺的信贷资金配置给那些良莠不齐的民营企业。

虽然普遍而言，民营企业因缺乏严格的现代企业管理制度和对会计报表的随意粉饰使得银行不愿意为其提供贷款，但其中也不乏诸多经营效率较高、会计信息质量较为完备的高质量民营企业。由于国有企业管理更严格、会计制度更规范，民营企业是否愿意并成功实现并购国有企业以不断提升自身的管理水平、规范自身的会计信息将成为区分其质量高低的一种选择。当民营企业选择跨所有制并购国有企业并成功实现其并购目标后，一方面，在"拔靴效应"作用下，具有较高会计质量国有企业的并入将倒逼主并民营企业遵循更严格的会计信息披露准则；另一方面，在国有企业政府股权属性的"震慑效应"作用下，民营企业随意粉饰会计信息报表与大股东侵蚀中小股东利益的行为将得到有效遏制，企业会计信息质量将得到进一步提升。因此，选择并成功实施跨所有制并购国有企业可以作为高质量民营企业区别于低质量民营企业的一种有效信号。在这种信号发送机制作用下，优质的民营企业可以通过向银行发送成功实现跨所有制并购国有企业这一信号有效地将自己与劣质的民营企业区分开来，从而有助于其获得更多的银行信贷资金支持与金融资源配置扭曲程度的降低。于是，得到基本命题如下：

命题 7.1：在一定的假设条件下，银行根据民营企业是否进行跨所有制并购情况来决定信贷发放金额将是一种有效的信贷错配纠偏机制，其能够有效区分民营企业质量的高低并降低高质量民营企业所面临的信贷错配程度。

下面将通过如下信号发送博弈模型分离均衡解的存在性来说明上述命题的合理性，并由此得出能有效缓解高质量民营企业所面临的银行信贷错配纠

---

① 张维迎. 博弈论与信息经济学 [M]. 上海：上海人民出版社，1996.

偏机制。

一、模型假设

假定社会上的民营企业质量 θ 有两种，分别为 $\theta=1$（质量较低）和 $\theta=2$（质量较高）；企业知道自己所属类型，但银行认为 $\theta=1$ 和 $\theta=2$ 的概率均为 1/2。民营企业首先选择是否进行跨所有制并购国有企业的策略 s，$s=0$ 代表民营企业未进行跨所有制并购国有企业，$s=1$ 则代表民营企业选择并成功实现跨所有制并购国有企业。在民营企业并购国有企业过程中，不仅并购活动本身需要付出大量的人力、物力等直接成本，而且国有资本的并入将给民营企业带来"震慑效应"、倒逼其提升管理质量并减少大股东对中小股东利益的侵蚀，产生诸多的间接成本。这里假设民营企业并购国有企业所产生的直接与间接成本之和为 $C(s,\theta)=s/\theta$；当质量低的民营企业参与跨所有制并购时，成本更高；相比之下，质量高的民营企业进行跨所有制并购国有资本时的成本将更低。进一步银行根据所观察到的民营企业是否进行跨所有制并购的情况决定是否为其提供贷款，且贷款金额为 $w(s)$。这时，企业获得贷款后给其增加的利润为 $\pi(s,\theta)=w-s/\theta$。

二、分离均衡求解

在不完全信息条件下，银行只能观察到企业 s 而观察不到企业类型 θ，因而银行所提供的利息优惠 $w(s)$ 只能以 s 来定。若记 $\mu(\theta=1|s)$ 为银行观察到民营企业是否进行跨所有制并购国有企业后对其类型进行判断的后验概率，精炼贝叶斯纳什均衡要求：①民营企业选择是否进行跨所有制并购 $s(\theta)$，②银行根据所观察到的 s 得到后验概率 $\mu(\theta=1|s)$ 决定给予利息优惠 $w(s)$。最终使得：①给定预期优惠 $w(s)$，$s(\theta)$ 是类型为 θ 的企业所作出的最优选择，②给定企业最优选择 $s(\theta)$，$\mu(\theta=1|s)$ 是与贝叶斯一致的后验概率，$w(s)$ 是银行的最优选择。

在这个不完全信息动态博弈中，如果假设银行会及时根据自己所掌握的信息修正其对民营企业类型判断的话，则这个不完全信息动态博弈只存在一个分离均衡为：

$$(\text{SE})\text{分离均衡}:\begin{cases} s(\theta=1)=0, s(\theta=2)=1 \\ w(0)=0, w(1)=1 \\ \mu(\theta=1|s=0)=1, \mu(\theta=1|s=1)=0 \end{cases} \quad (7-7)$$

第七章 企业技术创新模式选择金融错配纠偏机制设计

该分离均衡意味着：低质量的民营企业不会进行跨所有制并购国有企业，高质量的民营企业才会选择跨所有制并购国有企业；银行认为未能成功并购国有企业的民营企业一定是质量更低的企业，因而给出的利息让利更少，认为成功进行跨所有制并购的民营企业一定质量更高，故而给出更大的让利。

容易证明（SE）是一个精炼贝叶斯均衡。一方面，给定银行的后验概率和优惠决策，质量高的民营企业会选择并购国有企业。这是因为高质量的民营企业并购国有企业是，$U(s=1,\theta=2)=1-0.5=0.5>U(s=0,\theta=2)=0-0=0$。相比之下，低质量的民营企业不会进行跨所有制并购，因为$U(s=0,\theta=1)=0-0=0\geqslant U(s=1,\theta=1)=1-1=0$，没有动机去模仿高质量企业进行跨所有制并购国有企业；另一方面，给定企业的策略选择，银行的后验概率是根据贝叶斯法则计算而得的，其依据企业是否进行跨所有制并购情况进行贷款审批是最优的。可以证明，该不完全信息动态博弈将不会存在任何其他分离均衡。因此，银行只要根据民营企业是否成功进行跨所有制并购国有企业来决定贷款审批金额，便可以有效地将质量高低不同的民营企业加以区分并未质量高的民营企业提供更多贷款，从而降低高质量民营企业信贷资金错配程度。

第三节 政府科技补贴的金融资源错配纠偏机制设计

作为纠正市场失灵的一种补充机制，科技补贴常常被各国政府用以激励企业技术创新活动的进行，主要用于补贴那些进行技术创新的企业或部门，补贴金额大小随着企业技术创新难度的上升而上升。不同于政府对企业价格或收入的补贴，当企业获得的政府科技补贴越多时，意味着企业技术创新的难度越大。虽然政府科技补贴可以为企业技术创新提供直接的资金支持，但更为重要的是，企业所获得政府科技补贴的多少还能间接反映技术创新能力的强化与企业质量的高低，具有重要的信号发送功能，进而有效降低被补贴企业与外界之间的信息不对称程度，为高质量企业获得更多的金融机构资金支持创造有利条件，从而有助于民营企业金融资源错配程度的降低。当进一步考虑到不同企业技术创新模式难度的差异性时，银行可以根据企业技术创新所获得的政府科技补贴多寡来决定其信贷申请审批时的合理机制，以便更好地将质量高低不同的企业加以区分，使得效率更高的企业获得更多信贷资金支持，效率较低的企业获得较少信贷支持，从而有效缓解民营企业所面临的金融资源错配程度。鉴于上述分析，可得命题如下：

命题 7.2：政府科技补贴具有信号发送功能，银行根据民营企业所获政府科技补贴的多寡来决定信贷申请的审批是一种有效的信贷错配纠偏机制，既可以企业杜绝逆向选择行为的发生，又可以降低高质量民营企业所面临的信贷错配程度。

通过对如下信号发送博弈模型分离均衡存在性的讨论，不仅可以证明上述命题的合理性，而且在此过程中还能得出有效降低高质量民营企业所面临的银行信贷错配程度的银行信贷决策机制。[①]

一、基本假设

事实上，由于银行与企业之间存在信息不对称，且因为民营企业自身发展良莠不齐，加上民营企业会计信息质量普遍而言相对较低，这使得风险规避的金融机构更愿意将资金配置给那些有政府做背书的国有企业，造成更多的金融资源向国有企业倾斜。当政府采用科技补贴的形势来弥补市场失灵给企业技术创新所带来的不利影响是，其同时还具有强烈的信号发送功能，从而有助于企业银行之间信息不对称程度的降低与企业融资约束的缓解。假设社会上有质量高、低两种不同的企业，金融机构给不同类型企业贷款将面临高低不同的风险程度。为了研究的方便，不妨设贷款给低质量企业时，银行所得到收益为 1；贷款给高质量企业时，银行所得到的收益为 2。在资金供给相对短缺的现实背景下，银行并不情愿花太多信息成本去对不同的企业进行甄别，其会先验地认为社会上低质量（L）企业所占比例为 p，高质量（H）的企业比例为 $1-p$。企业为了获得政府科技补贴，必须得进行技术创新活动。但因为企业自身能力的差异，在公平的政府补贴标准下，不同质量水平的企业进行技术创新的直接和间接成本是不同的，且相对而言低质量企业进行同样的技术创新活动所需付出的成本将更高。不妨假设企业获得的政府科技补贴金额因其技术创新水平 s 的高低不同而在金额上等于 s，为了分析的简便起见，进一步假设质量高、低企业为获得政府补贴 s 所需支付的技术创新成本分别为：

$$C_L = s, \tag{7-8}$$

[①] 陈钊. 信息与激励经济学 [M]. 上海：上海人民出版社，2014.

$$C_H = 0.5s。 \quad (7-9)$$

需要说明的是,这里的成本 s 和 $0.5s$ 只是为了说明不同质量水平的企业在进行同一难度的技术创新时所付出的成本相对差异,并不代表高质量企业的成本就是低质量企业的一半。假设企业获得金融支持后所获得的银行贷款为 w。在面临融资约束前提下,企业收益受银行信贷多寡的影响。当企业获得的贷款越多时,收益越高;反之则越低。为了简单起见,这里将同时用 w 的大小来间接衡量企业因获得贷款所新增的收益。若不考虑其他因素所带来的影响,这时质量高、低不同的企业利润分别为:

$$\pi_L = w - C_L = w - s, \quad (7-10)$$

$$\pi_H = w - C_H = w - 0.5s。 \quad (7-11)$$

二、分离均衡讨论

这时,两类企业的无差异曲线如图 7-1 所示。因为质量高低不同的企业无差异曲线的斜率不同,所以这两条无差异曲线只相交一次 (s', w'),且在该点处的高质量企业利润大于 0,而低质量企业的利润为 0。不仅如此,由于高质量企业无差异曲线的斜率更小,在任何一个 s 水平下,高质量企业所获得的利润均会大于低质量企业的水平。

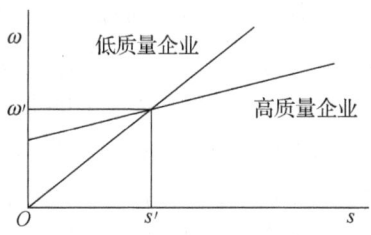

图 7-1 两类企业无差异曲线

在不完全信息假定下,银行对企业的具体类型并不了解,其只能依据企业技术创新难易程度的不同而所获得的政府科技补贴程度多寡来决定其信贷申请审批金额,具体如下:

$$w(s) = \begin{cases} 1, & s < s^N \\ 2, & s \geqslant s^N \end{cases} \quad (7-12)$$

这在这样的情形下,银行贷款方案的一种情况如图 7-2 中的曲线 ABCD 所示。那么,这时企业均衡的技术创新水平该是多少呢?图中的 s^N 能否区分两类不同的企业呢?

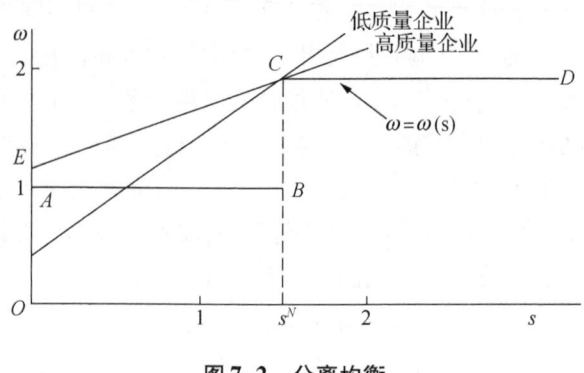

图 7-2 分离均衡

首先,不难看出给定银行的这种贷款方案,企业均衡的技术创新水平要么是 0,要么是 s^N。究其原因,由于企业因技术创新水平高低不同所获得的政府科技补贴多寡具有"信号"发送功能,使得 s^N 的创新水平能够让银行相信这类企业是高质量的。任何大于 0 小于 s^N 的技术创新水平是不理想的,因为这样的技术创新水平并不能使银行认为企业是高质量的。这意味着两类不同的企业都只会在图 7-2 中的 A、C 两点中做出选择。

其次,对于企业而言,其会做出怎样的选择呢?结合图 7-2 中的质量高、低企业的无差异曲线可知,由于 s^N 大于 1 小于 2,因此线段 CB 和 AB 的长度之比介于 0.5 和 1 之间,使得经过 C 点的高质量企业无差异曲线在纵轴上的截距必定大于 1,而经过 C 点的低质量企业无差异曲线与纵轴的截距必然小于 1。这意味着高质量企业选择 C 点所代表的技术创新水平并获得更多的贷款($w=2$)要好于不进行技术创新而仅获得($w=1$)的贷款。与此同时,对于低质量企业而言,选择图中 A 点的技术创新水平并获得低工资($w=1$)是最优的。因此,这两类不同企业的最优选择正好符合银行对他们质量水平高低的判断,既 s^N 水平的技术创新代表的是高质量的企业,0 水平的技术创新代表的低质量企业。于是,上述结果符合分离均衡的要求,银行便可以根据企业因技术创新水平差异所获得的政府科技补贴多寡为其提供不同金额的贷款。

那么,是否还存在其他的分离均衡呢?分离均衡要求低质量的企业不会伪装成高质量企业来进行技术创新,同时高质量企业也会通过相应的创新水平选择来将自己与低质量企业进行区分。这样的 s^N 均衡水平会受到怎样的

第七章 企业技术创新模式选择金融错配纠偏机制设计

限定呢？下文将通过图7-3（a）和图7-3（b）来进行探讨。

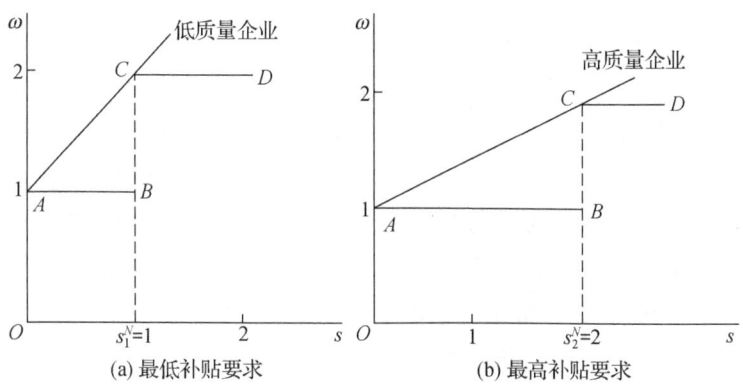

图7-3 不同企业的补贴要求

在图7-3（a）中，当银行认为高质量企业至上应获得 $s_1^N=1$ 的政府补贴时，低质量企业刚好处于不伪装成高质量企业的临界状态，既 A 点与 C 点位于低质量企业的同一无差异曲线上。如果银行所认同的企业技术创新水平低于 s_1^N，那么低质量企业将会伪装成高质量企业而获得更多的利润。这样的场景被发现后，银行将进行进一步的贷款核准审批，故而难以构成稳定的分离均衡。在图7-3（b）中，当银行会认为高质量企业至少应具备 $s_2^N=2$ 的补贴水平时，高质量企业刚好处于一种临界状态，图中的 A 点和 C 点位于高质量企业的同一无差异曲线上。如果银行对企业所需获得的政府补贴金额更多，高质量企业会发现它还不如像低质量企业一样不进行技术创新，这时银行发现原本这种对企业所获政府补贴金额标准需要调整，故而亦不能构成稳定的分离均衡。

综上所述，当银行认为所获政府补贴在 $s_1^N=1$ 和 $s_2^N=2$ 之间的企业属于高质量企业时，均能形成分离均衡，这样便得到无穷多个分离均衡解。在这些分离均衡中，低质量企业不进行技术创新因而不能获得政府补贴，高质量企业将进行技术创新来获得政府科技补贴以期将自己与低质量企业相分离。

那么，高质量企业将会选择何种水平的技术创新呢？理论上而言，只要高质量企业能足以将其与低质量企业分离开来，它希望所付出的成本越低越好。在图7-3（a）中，这个最低的要求为 $s_1^N=1$。在分离均衡中，银行认可的所获政府科技补贴金额越是超过 s_1^N，高质量企业的境况将会变得越差，从而造成社会效率的损失。下文将从完全信息和不完全信息但没有信号发送机制这两种情形来加以说明。在完全信息背景下，银行可以不花任何成本便可区分两类不同的企业；而在分离均衡中，银行虽然最终能借助政府科技补贴金额的差异对两类不同企业加以识别，但其中产生了额外的信息成本。因此，完全信息均衡显然更优于不完全信息下的分离均衡解。更值得注意的是，倘若在所有企业中，低质量企业所占比重较低，这时的高质量企业将需要花费更高的成本以将自己与其他企业向分离，造成不必要的巨大成本浪费。相比之下，在没有信号发送机制的背景下，银行只能按照平均贷款金额 $w = 1p + 2(1-p) = 2-p$ 给企业发放贷款，企业之间无须加以区别。在这样的情景下，低质量企业获得更多贷款，比存在信号发送机制时的情景更好，因此信号发送机制的存在使其境况更糟。那么，存在信号发送机制是否会改善质量更高的企业境况呢？当社会上质量较低企业所占比例较低时，质量更高的企业为了将自己与其他企业相区分必须付出更高的信息成本，但所得到的贷款增加额却相对较小。相比之下，当社会上的低质量企业占比较高时，质量较高的企业将更乐于将自己与低质量企业向区分，从而得到更多的信贷支持。具体如图7-4（a）和图7-4（b）所示。

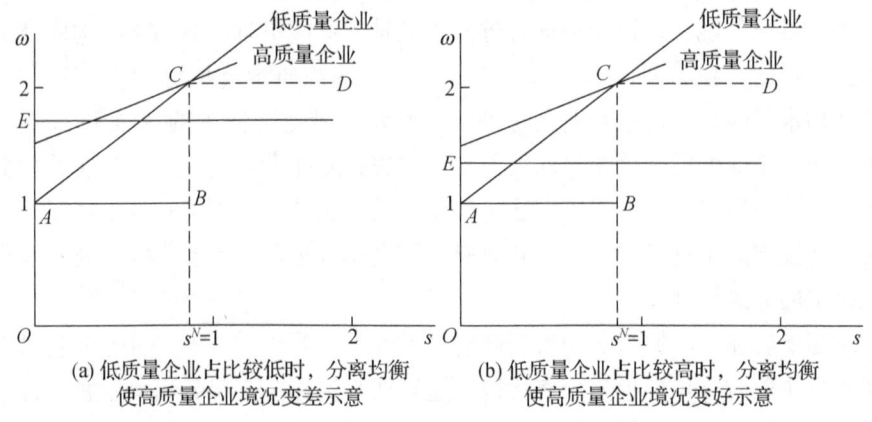

(a) 低质量企业占比较低时，分离均衡使高质量企业境况变差示意

(b) 低质量企业占比较高时，分离均衡使高质量企业境况变好示意

图7-4 不同质量企业比例下的分离均衡与高质量企业境况

在图7-4中，C点表示存在信号发送机制时的高质量企业境况，E点表示没有信号发送机制时的境况。在图7-4（a）中，由于低质量企业比例较低，此时的E点位置较高，说明分离均衡时高质量企业的无差异曲线在纵

轴的交点位于 E 点之下，即与 C 点相比，E 点能给高质量企业带来更多的银行信贷；图 7-4（b）中的情形则恰好相反。

第四节 金融结构优化缓解金融资源错配机制设计

由于特殊的历史原因，在我国现代三大金融支柱性产业中，银行业独占鳌头；且在此其中，中、农、工、建四大国有银行几乎占据了我国银行信贷业务的半壁江山。一方面，中、农、工、建均属于国有银行，与具有政府背景的国有企业之间关系密切，使得其更倾向于将信贷资金投放给国有企业，造成国有企业的资金冗余，而民营企业却面临信贷融资约束；[①] 另一方面，民营企业（特别是中小民营企业）规模一般较小，抵押物不充分、单笔业务量较小、违约成本低等是其主要特征。这时，资金充沛且需求旺盛的大型银行更不愿意花费大量信息搜集与甄别成本去从事民营企业的信贷业务，民营企业的融资困境进一步加剧，"融资难、融资贵"问题日益凸显。

随着股份制银行、城商行等中小银行的不断发展，其不仅在特殊行业积累了丰富的客户信息搜集与处理经验，而且在服务于中小企业（特别是地方性中小企业）时的优势更加明显，能有效缓解民营企业所面临的金融资源错配程度。于是，得到基本命题如下。

命题 7.3：增加中小银行有利于民营企业金融资源错配程度的缓解。

考虑到在我国银行业市场结构中，中、农、工、建四大国有银行在我国银行系统中处于绝对的领导地位，下面将基于领导者—追随者数量博弈模型对上述结论加以证明。

假设市场上存在 N 家银行，分别是 J 家大型国有银行和 $N-J$ 家中小银行，其中大型银行处于领导者地位，中小银行处于追随者地位。若设银行信贷的反需求函数为：

$$p = a - \sum_{j=1}^{J} q_l^j - \sum_{i=1}^{N-J} q_f^i \text{。} \tag{7-13}$$

根据领导者—追随者博弈模型分析结果可知，均衡时大型领导者银行和中小追随者银行的信贷总金额分别为：

[①] 据调查，很多大型银行不惜以各种利息优惠、返息等形式来巩固和稳定与大型国有企业已经确立的银企关系。

$$q_l^* = \sum_{j=1}^{J} q^j = \frac{a}{2}, \quad (7-14)$$

$$q_f^* = \frac{a(N-J)}{2N}。 \quad (7-15)$$

市场均衡时的信贷总金额为：

$$q^* = \frac{a(2N-J)}{2N}。 \quad (7-16)$$

均衡时的市场价格为：

$$\bar{p} = \frac{a}{2N}。 \quad (7-17)$$

根据式（7-15）和（7-16）可知：市场均衡时的信贷总金额对银行数量 N 的导数为正，而均衡市场价格对银行数量 N 越大的导数为负。因此，当市场上银行数量越多时，均衡信贷总规模将越大，而均衡价格却越低。结合我国银行业市场结构的实际情况可知：当中小银行数量越多时，N 越大，从而使得市场均衡信贷规模增加、信贷价格降低，更有利降低企业银行信贷在数量与价格上的错配程度。

本章小结

机制设计属于信息经济学范畴。本章在回顾有关静态贝叶斯均衡和动态不完全信息精炼贝叶斯均衡基本概念的基础上，进一步阐述了信号发送机制原理。

根据信号发送机制设计时所应能实现的分离均衡标准要求，通过建立跨所有制并购国有企业博弈模型并对其进行分离均衡求解后发现：跨所有制并购能够有效地将高质量的民营企业与低质量的民营企业分离开来，从而有效缓解金融资源配置扭曲对所有民营企业所带来的不利影响。在建立政府科技补贴的信号发送博弈模型的基础上，通过分离均衡求解后发现，一定水平的政府科技补贴亦能实现高质量民营企业与低质量民营企业之间的分离均衡，从而有效降低金融资源配置扭曲给民营企业融资约束所带来的不利影响。

另外，在建立领导者—追随者数量博弈模型基础上，通过求解博弈均衡并对企业进行均衡信贷规模与信贷价格进行分析后发现：在我国现有以四大国有银行为主导的银行信贷体系中，中小银行数量的增加将有助于降低我国金融资源在数量与价格上的错配对民营企业所产生的不利影响。

第八章 金融资源错配纠偏机制效果检验

第一节 跨所有制并购缓解金融资源错配效果检验

一、研究背景

改革开放 40 多年来,民营企业不仅创造了我国 60% 以上的 GDP,而且提供了 1.5 亿个左右的城镇居民就业岗位,为我国经济的高速发展做出了巨大贡献。然而,受政府构建金融体系时所遵从的"政治性主从次序""产权歧视"及民营企业自身较差的会计信息质量等因素影响,在国有企业普遍出现资金冗余的同时,中国民营企业却长期面临严格融资约束,从而使得我国金融资源配置时的"二元"所有制扭曲现象明显(Huang, 2003; Song 等, 2011; 靳来群, 2015; 李四海等, 2015)。[1][2][3][4] 很多效率更高的民营企业甚至只能从享有特权的国有部门"漏损效应"中获得有限的金融支持(卢峰和姚洋, 2004),[5] "融资难、融资贵"问题长期以来成为困扰我国民营经济发展的一大顽疾(窦超等, 2020)。[6] 为了破解这一难题,党中央和国务院等有关部门先后出台了《关于加强金融服务民营企业的若干意见》《中共中央国务院关于营造更好发展环境支持民营企业改革发展的意见》等

---

[1] HUANG Y S. Selling China: Foreign direct investment during the reform era [M]. Cambridge: Cambridge University Press, 2003.

[2] SONG Z, STORESLETTEN K, Zilibotti F. Growing like China [J]. The American Economic Review, 2011, 101 (1): 196 – 233.

[3] 靳来群. 所有制歧视所致金融资源错配程度分析 [J]. 经济学动态, 2015 (6): 36 – 44.

[4] 李四海, 蔡宏标, 张俭. 产权性质、会计盈余质量与银行信贷决策:信贷企业抑或风险防控 [J]. 中南财经政法大学学报, 2015 (5): 78 – 87.

[5] 卢峰, 姚洋. 金融压抑下的法治、金融发展和经济增长 [J]. 中国社会科学, 2004 (1): 42 – 55.

[6] 窦超, 王乔菀, 陈晓. 政府背景客户关系能否缓解民营企业融资约束? [J]. 财经研究, 2020 (11): 49 – 63.

企业创新模式选择及其金融错配纠偏机制设计

一系列文件,并积极采取民营企业信贷支持、债券融资支持、股权融资支持等定向金融工具来促进民营企业的发展,但政策效果仍收效甚微。正如恒大经济研究院首席经济师任泽平在《2019年民营企业经济报告》中所指出:截至2018年9月底的银行贷款中,民营企业所获得的贷款余额仅占金融机构各项贷款余额的22.8%左右,大量信贷资金被投放给了国有企业。因此,如何进一步破解金融资源配置扭曲给民营企业外部融资带来的不利影响及其所面临的"融资难、融资贵"问题,不仅关乎着民营企业能否顺利走出生存与发展困境,而且是确保我国经济高质量发展这一宏观战略目标顺利实现过程中亟须解决的重要议题。

混合所有制企业拥有的多元产权属性既可以享受国有企业带来的体制与资源优势,异质性产权间的博弈与相互监督又有助于解决与防范单一产权的委托—代理问题,因而备受政府与学术界所高度关注。自党的十五届四中全会以来,我国便明确提出了发展混合所有制的战略方针,并在十八届三中全会上将混合所有制上升为我国基本经济制度的重要实现形式。国有企业引入非国有资本、民营企业引入国有股份及在国有或民营企业中实行员工持股是实现混合所有制改革的几种主要形式(厉以宁,2014),① 但在现有关于混合所有制改革问题的研究文献中,大多聚焦于混合所有制内生优势、影响路径及国有企业引入民营资本所产生的经济后果等问题,鲜有对民营企业并购国有资本的实现路径及其经济后果进行深入研究的相关成果。契合我国普遍存在"二元"所有制金融资源错配的基本现实,当民营企业成功并购国有企业后,其能否因国有资本的并入享受到体制与资源优势,进而有效降低其所面临的金融资源配置受扭曲程度呢?如果能,其具体作用机制与传导路径又是什么?进一步说,不同地域与行业的跨所有制并购又会对缓解主并民营企业金融资源配置受扭曲程度产生何种差异性影响?

本部分内容旨在理论分析跨所有制并购国有企业对主并民营企业金融资源配置扭曲程度的具体影响,然后再以2009—2017年成功实施跨所有制并购国有企业的A股上市民营企业为样本进行实证检验;在此基础上,进一步提出具体优化路径。

---

① 厉以宁. 中国道路与混合所有制经济 [J]. 中国市场, 2014 (23): 3-11.

二、理论分析

产权歧视下的金融资源分配不公与低劣的会计信息质量是加剧我国民营企业"融资难、融资贵"问题的主要诱因（潘爱玲等，2019；窦超等，2020）。①② 虽然政府通过优惠风险权重、民营企业信贷支持、债券融资支持及股权融资支持等定向金融支持工具努力降低制度歧视对民营企业获取金融资源时的不利影响，但目前的政策不仅收效甚微（刘斌斌和黄耀谷，2018；徐光等，2019），③④ 而且还导致大量企业寻租行为的发生与僵尸企业的频现（许罡等 2012；金祥荣等，2019）。⑤⑥ 自 2018 年年初以来一些大型民营企业所发生的债券违约事件，不仅增强了投资者对民营企业非理性违约的预期，而且也充分暴露出民营企业会计信息中所存在的质量问题，使得"融资难、融资贵"问题再次成为影响民营企业进一步生存与发展的关键问题（徐光等，2019）。

作为一种防范单一产权代理问题与改进异质性产权相互博弈与监督的制度安排，混合所有制企业因其兼容多元产权属性，既可以享受国有企业在资源配置时的制度优势，又可以充分发挥民营企业生产经营灵活、高效的特点，因而备受关注。混合所有制的实现形式主要包括国有企业引入非国有资本、民营企业引入国有股份及在国有或民营企业中实行员工持股等 3 种（厉以宁，2014）。虽然中共十五届四中全会就已经将发展混合所有制确定为我国的战略方针，且在中共十八届三中全会上将混合所有制上升为我国基本经济制度的重要实现形式，但在对相关文献进行梳理时发现，现有相关研究主要聚焦于混合所有制的内生优势、影响机制及国有企业并购民营资本所

---

① 潘爱玲，刘昕，吴倩. 跨所有制并购、制度环境与民营企业债务融资成本 [J]. 会计研究，2019（5）：3 – 10.

② 窦超，王乔茏，陈晓. 政府背景客户关系能否缓解民营企业融资约束？ [J]. 财经研究，2020（11）：49 – 63.

③ 刘斌斌，黄耀谷. "优惠风险权重"政策对小微企业信贷融资约束影响的实证检验 [J]. 统计与决策，2018（12）：178 – 181.

④ 徐光，赵茜，王宇光. 定向支持政策能缓解民营企业的融资约束吗?：基于民营企业债务融资支持工具政策的研究 [J]. 金融研究，2019（12）：187 – 206.

⑤ 许罡，朱卫东，张子余. 财政分权、企业寻租与地方政府补助：来自中国资本市场的经验证据 [J]. 财经研究，2012（12）：120 – 127.

⑥ 金祥荣，李旭超，鲁建坤. 僵尸企业的负外部性：税负竞争与正常企业逃税 [J]. 经济研究，2019（12）：70 – 85.

产生的经济后果（李建标等，2016；綦好东等，2017），①② 对民营企业并购国有股份相关问题的研究甚少（赵子坤等，2017；潘爱玲等，2019）。③

混合所有制改革的实质在于打破产权壁垒并促进不同所有制企业间的转换与融合（陈仕华和卢昌崇，2017）。④ 大量研究表明：因缺乏完备的现代企业制度体系，民营企业在发展过程中存在比国有企业更多的治理缺陷，对财务管理制度的轻蔑与家族式企业对会计信息的粉饰使其会计信息质量更低（白俊和连立帅，2012；陈汉文和周中胜，2014）。⑤⑥ 出于对风险防范的理性考虑，作为债权人的商业银行在对民营企业贷款申请进行审批时，往往会设置更加严苛的债务契约标准，导致民营企业面临更严格的融资约束与更高水平的金融资源配置受扭曲程度。当民营企业通过跨所有制并购引入国有资本后，改善财务管理水平的内在动力与外在压力有利于其会计信息质量的提升。首先，从公司内部治理来看，由于国有企业的会计信息质量较高，在"拔靴效应"的作用下，主并民营企业会主动和自愿地学习、吸收具有更高治理水平的标的国有企业的先进管理经验与治理模式，以期最大限度地发挥并购协同与组织融合效应，从而有助于促进其设计更科学的内部控制体系、遵循标的企业更为严格的会计信息披露准则（唐建新和陈冬，2010）。⑦ 因此，在成功并购国有资本后，民营企业会计信息质量将会得到显著性提升。其次，从公司治理外部压力来看，当民营企业并购国有资本后，国有股权的政府属性通过"震慑效应"有效遏制民营企业对会计报表的随意粉饰，进一步间接促进其会计信息质量的提升。由于民营企业自身会计信息质量的低劣是造成其金融资源配置受扭曲的重要因素之一，因此当民营企业成功并购

---

① 李建标，王高阳，李帅琦，等．混合所有制改革中国有和非国有资本的行为博弈：实验室实验的证据 [J]．中国工业经济，2016（6）：109 – 126．

② 綦好东，郭骏超，朱炜．国有企业混合所有制改革：动力、阻力与实现路径 [J]．管理世界，2017（10）：8 – 19．

③ 赵子坤，李彬，秦淑倩．混合所有制陷阱真的存在吗？：来自我国民营类上市公司跨所有制并购的微观证据 [J]．财经科学，2017（6）：82 – 93．

④ 陈仕华，卢昌崇．国有企业高管跨所有制联结与混合所有制改革：基于"国有企业向私营企业转让股权"的经验证据 [J]．管理世界，2017（5）：107 – 118．

⑤ 白俊，连立帅．信贷资金配置差异：所有制企业抑或禀赋差异？ [J]．管理世界，2012（6）：30 – 42．

⑥ 陈汉文，周中胜．内部控制质量与企业债务融资成本 [J]．南开管理评论，2014（3）：103 – 111．

⑦ 唐建新，陈冬．地区投资者保护、企业性质与异地并购的协同效应 [J]．管理世界，2010（8）：102 – 116．

国有资本后,会计信息质量的提升不仅有效地降低了其与外部投资者之间的信息不对称程度,而且也极大地降低了金融机构对其进行贷款审批时的信息搜集成本,从而有利于民营企业获取更多金融资源并降低其金融资源配置受扭曲程度。据此提出基本研究假设如下。

H_{8-1-1}:通过提升主并民营企业会计信息质量,跨所有制并购有助于降低主并民营企业金融资源配置受扭曲程度。

然而,在"二元"所有制经济结构与金融资源配置政府主导型特征的影响下,除会计信息质量较低外,我国政府在构建金融体系时所遵从的"政治性主从次序"与信贷审批时的产权歧视也是造成民营企业融资约束的重要制度原因。在这样的金融制度安排下,民营企业即使具有同等的资信条件,债权人也会对其产生更高的"风险感知",从而被要求在贷款审批时执行更为严苛的债务契约条件(江伟和李斌,2006),[①] 外部融资需求难以得到满足,金融资源配置受扭曲程度加深。当民营企业并购国有资本后,国有资本的进入不仅可以发挥其产权属性优势,而且可以有效降低作为债权人的金融机构对民营企业贷款申请时的"风险感知"水平,融资需求更容易得到满足,金融资源配置受扭曲程度得到缓解。债权人对债务人贷款申请审批时的"风险感知"包括破产风险感知、声誉风险感知和违规风险感知等主要类型,其中企业履约能力的强弱是影响债权人对债务人"风险感知"的首要因素(Fisher,1959)。[②] 当成功并购国有股份后,国有资本的并入为民营企业在获得银行贷款时的履约能力提供了一种隐性的政府担保。政府背书不仅能有效提升金融机构对主并民营企业的履约能力预期,而且也有助于降低作为债权人的金融机构对其破产"风险感知"水平,企业贷款审批更容易得到满足,金融资源配置受扭曲程度得到缓解。不仅如此,成功实现跨所有制并购还能增强债权人对主并民营企业合法合规经营的认同感,进一步弱化其对民营企业贷款申请审批时的声誉"风险感知"和违规"风险感知"。民营企业的发展往往因其"第一桶金"而使其"原罪"行为受到诟病,从而使得作为债权人的金融机构对其经营的合法性存在较大质疑(唐松等,

---

① 江伟,李斌. 制度环境、国有产权与银行差别贷款[J]. 金融研究,2006(11):116-126.
② FISHER L. Determinants of Risk Premiums on Corporate Bonds [J]. Journal of Political Economy, 1959, 67 (3): 217-237.

2017）。① 当民营企业成功并购国有资本后，在政府背书的信号发送作用下，国有资本的并入为民营企业经验的合法性与合规性提供了隐性担保，进一步削弱金融机构对民营企业贷款履约时的声誉"风险感知"与违规"风险感知"，有效改善民营企业在债务契约中的弱势地位从而有利于其获取更多的金融支持，金融资源配置时的受扭曲程度得到进一步降低。据此提出第二个基本研究假设如下。

H_{8-1-2}：通过降低债权人对主并民营企业"风险感知"，跨所有制并购有助于降低主并民营企业金融资源配置受扭曲程度。

此外，在我国资本市场投资者保护体制不完善、社会信任缺失程度较为严重的现实背景下，除会计信息质量与金融体制下的产权歧视会造成民营企业融资约束外，外部投资者对民营企业信心的缺失也是造成其金融资源配置受扭曲的重要因素之一。对于外部投资者而言，在确保资金安全、投资者合法权益得到有效保护的基础上，进一步获得高额投资回报是提升其对企业信心的关键。但因民营企业在发展过程中面临更多的治理缺陷，对财务管理制度的轻视与对会计信息的随意粉饰及大股东侵蚀中小股东等现象的频现为投资者所诟病，投资者信心难以提升。当民营企业成功并购国有股份后，不仅国有股份所具有的政府隐性担保与兜底功能有助于增强投资者的资金安全感，而且在国有股权政府属性的"震慑效应"作用下，民营企业对财务报表的粉饰与盈余的操纵得到有效遏制，投资者的合法权益将能得到更有效的保护，投资者信心将所有增强。不仅如此，对国有资本的并购不仅可以为主并民营企业带来更多的体制与资源优势，而且其所具有的信息发送功能有助于降低民营企业与外部投资者之间的信息不对称，资金瓶颈约束容易得到缓解、企业盈利能力得到提升，预期投资回报率将不断上升，投资者对企业的信心进一步增强。投资者信心的增强有助于主并民营企业获得更多外部资金支持，有效缓解其金融资源配置受扭曲程度。于是，提出基本研究假设如下。

H_{8-1-3}：通过提升投资者对主并民营企业信心，跨所有制并购有助于主并民营企业金融资源配置受扭曲程度的降低。

虽然国有资本的并入通过提升民营企业会计信息质量、降低债权人对其

---

① 唐松，温德尔，孙铮．"原罪"嫌疑与民营企业会计信息质量［J］.管理世界，2017（8）：106－122.

"风险感知"等渠道有助于降低民营企业金融资源配置受扭曲程度,但标的国有资本地域与行业选择的不同也会对主并民营企业金融资源配置受扭曲程度的缓解带来差异性影响。在持续推进国企改革及混合所有制逐渐成为我国基本经济制度的重要实现形式这一宏观战略的背景下,能否有效推进国有企业尤其是僵尸国有企业的改革重组成为衡量当地政府执政能力的一项重要指标(赵子坤等,2017)。[①] 然而,在我国财政分权的体制背景下,地区 GDP 增长率等经济指标仍是地方政府官员晋升的主要考核硬指标(Li 和 Zhou,2005)。[②] 出于自身政治晋升目标考虑,政府官员更倾向于在本地区内部实现资源的优化配置,且常常会给异地并购设置更多的障碍。使得相对于本地并购而言,异地并购面临着更高的并购溢价,进而影响并购后企业协同效应与资源整合效应的发挥(乔薇,2012)。[③] 在政府官员倡导属地并购的体制背景下,相较于异地并购而言,属地跨所有制并购将能帮助主并民营企业获得更多的政策优惠与制度便利,进而更利于主并民营企业金融资源配置受扭曲程度的降低。除标的国有资本的地域属性外,对标的国有资本的行业选择也会影响到跨所有制并购对降低主并民营企业金融资源配置扭曲程度功能的发挥。在我国现有银行业的结构背景下,除中、农、工、建四大国有银行外,其他地方性商业银行与股份制银行等金融机构在信贷资产结构上均存在一定程度的行业倾向性。当民营企业在同行业内实行跨所有制并购国有资本时,容易导致有限而稀缺的金融资源配置在行业内的同业竞争,一定程度上降低国有资本属性对缓解主并民营企业金融资源配置受扭曲程度时的积极影响。相比之下,当民营企业实现跨行业的跨所有制并购国有资本时,主并民营企业不仅能够获取更多的异质性金融资源,而且国有资本特有的行业垄断或保护性政治关系更利于其获取银行所提供的行业倾向性金融资源,从而促进主并民营企业融资约束的缓解与金融资源配置受扭曲程度的降低。基于上述分析,提出基本研究假设如下。

H_{8-1-4}:相较于异地与同业跨所有制并购而言,属地内的多元化跨所有

---

① 赵子坤,李彬,秦淑倩. 混合所有制陷阱真的存在吗?:来我国民营类上市公司跨所有制并购的微观证据 [J]. 财经科学,2017 (6):82 - 93.

② LI H B, ZHOU L A. Political Turnover and Economic Performance: the Incentive Role of Personal Control in China [J]. Journal of Public Economics, 2005, 89 (9): 1743 - 1762.

③ 乔薇. 地方保护主义、股权转让方式与控制权私有收益:基于大宗股权协议转让的经验证据 [J]. 南开管理评论,2012 (3):72 - 81.

制并购更有利于主并民营企业金融资源配置受扭曲程度的降低。

三、实证检验

(一) 样本选择与数据来源

虽然企业间的并购重组早已有之,但 2008 年全球金融危机对企业并购重组仍然产生了巨大影响,且在 2009 年国务院所颁布的《关于抑制部分行业产能过剩和重复建设引导产业健康发展若干意见的通知》中,我国将企业兼并重组作为产业结构调整的一个重要举措加以贯彻实施。当进一步考虑到企业并购重组经济后果可能存在的时滞性时,本书将以 2009—2017 年成功并购国有资本的我国 A 股上市民营企业为样本进行实证检验。

在进行实证分析前,首先按如下程序对企业样本进行筛选:①剔除金融行业及 ST、PT 上市企业;②剔除部分数据缺失与资产负债率大于 1 的企业样本;③剔除资产剥离、债务重组、资产置换及股份回购等业务类型及通过土地、资产购置等方式进行并购的企业样本,只保留股权并购的企业样本;④为了消除样本期间内发生多次并购所产生的混合影响,本书剔除了在 3 年内重复发生并购的企业样本,仅保留 3 年内只发生一次并购国有企业的民营企业样本,以聚焦并购国有资本行为本身对降低主并民营企业金融资源配置受扭曲程度的独立影响;⑤对主要变量进行 Winsorize 处理以消除异常值所带来的影响。经上述程序处理后,共获得 2009—2017 年我国 A 股上市民营企业成功并购国有企业事件 97 起。企业并购数据来自国泰安 CSMAR 数据库,财务与治理结构数据来自万德(Wind)数据库。其中主并企业所有权性质依据国泰安 CSMAR 数据库中的民营上市企业代码进行判定,标的企业所有权性质则结合民营企业并购公告逐一进行手工整理而得。

(二) 模型构建与变量说明

在有效控制企业规模、成长能力及董事会成员数、独立董事占比等治理结构差异基础上,本书将构建如下面板数据模型来实证检验跨所有制并购对降低主并民营企业金融资源配置受扭曲程度的具体影响:

$$FM = \alpha + \beta BG + \gamma Controls + \sum Years + \varepsilon。 \qquad (8-1)$$

模型 (8-1) 中的被解释变量为主并民营企业所面临的金融资源配置受扭曲程度 (FM)。考虑到除银行信贷外,证券市场股权融资正逐渐成为我

第八章 金融资源错配纠偏机制效果检验

国企业融资的另一重要渠道,根据资源配置优化理论可知:当有限而稀缺的金融资源能按照企业外部融资需求程度高低进行配置,从而使得那些外部融资需求更高的企业获得更多资金、外部融资需求低的企业获得较少资金时,金融资源得到有效配置。否则,金融资源配置将出现扭曲。基于Demirguc-kunt 和 Maksimovic(1998)、Durnev 和 Kim(2005)所提出的度量方法对企业外部融资需求进行测算后,①② 这里将通过如下模型来测度主并民营企业金融资源配置受扭曲程度的高低:

$$\frac{RZ_t}{A_t} = \left(\frac{A_t - A_{t-1}}{A_{t-1}} - \frac{ROE_{t-1}}{1 - ROE_{t-1}} \right)(1 + \theta), \qquad (8-2)$$

式中,RZ 为企业外部融资总额,等于其外部债务与股权融资额之和;A 为企业总资产;RZ/A 为企业外部融资率水平。$(A_t - A_{t-1})/A_{t-1}$ 为企业资产增长率,ROE 为企业净资产收益率,则 $ROE_t/(1 - ROE_t)$ 定义为企业可持续增长率水平;资产增长率与其可持续增长率之差 $(A_t - A_{t-1})/A_{t-1} - ROE_t/(1 - ROE_t)$ 即为企业外部融资需求大小(Demirguc-kunt 和 Maksimovic,1998;Durnev 和 Kim,2005)。若定义企业金融资源配置受扭曲程度 FM 为 θ 的绝对值,则 FM 反映了企业的实际外部融资率相对于其外部融资需求的偏离程度,用以衡量企业所面临的金融资源配置扭曲程度的大小。当 $FM = 0$ 时,说明企业外部融资率等于其外部融资需求大小,金融资源得到有效配置;当 $FM \neq 0$ 时,说明企业的外部融资偏离了其实际外部融资需求,金融资源配置出现扭曲。FM 数值越大时,说明企业所面临的金融资源配置扭曲程度越高;反之则越低。

解释变量为民营企业并购国有资本虚拟变量(BG)。为了分析跨所有制并购国有资本对降低主并民营企业金融资源配置受扭曲程度的影响及其可能存在的时滞性,虚拟变量(BG)在并购发生当年及其后续两年内均被赋值为1,并购前一年为0。结合模型(8-2)中的企业金融资源配置受扭曲程度测算公式,当并购虚拟变量(BG)的回归系数 β 显著为负时,说明跨所有制并购有助于降低主并民营企业金融资源配置受扭曲程度;否则,则说明跨所有制并购对降低主并民营企业金融资源配置受扭曲程度的影响效果不

---

① DEMIRGÜÇ-KUNT A, MAKSIMOVIC V. Law, Finance and Firm Growth [J]. Journal of Finance, 1998, 153 (6): 2107 - 2137.

② DURNEV A, KIM E H. To Steal or Not to Steal: Firm Characteristics, Legal Environment, and Valuation [J]. Journal of Finance, 2005, 60 (3): 1461 - 1493.

明显。

控制变量（Controls）包括主并民营企业的资产规模、成长性水平、盈利能力、资产有形性及董事会规模和独立董事人数占比。其中资产规模（Size）用企业总资产的对数加以衡量；成长性水平（Growth）定义为企业主营业务收入增长率；盈利能力（ROA）等于企业总资产收益率；资产有形性（FIX）定义为存货与固定资产之和占总资产的比例；在企业治理结构方面，董事会规模（DSH）用企业董事会人数进行衡量，独立董事人数占比（DLDS）等于独立董事人数除以董事会总人数。时间变量（Years）为年度控制变量，用以控制不同年份所带来的差异性影响。为了尽量消除各变量间可能存在的内生性所带来的不利影响，在回归检验时对控制变量进行滞后一期处理。

对上述各变量进行描述性统计后，所得结果如表8-1所示。

表8-1 模型（8-1）中各变量描述性统计结果

	变量	样本容量	均值	标准差	最小值	最大值
并购前	FM	97	1.0859	0.7812	0.0061	5.6148
	Size	97	9.4258	0.5415	7.8484	10.9251
	Growth	97	43.7986	33.3641	-70.3963	125.7648
	ROA	97	5.8207	10.3530	-54.5897	45.4781
	Fix	97	0.2482	0.1833	0.0005	0.9209
	DSH	97	8.7526	1.5813	5.0000	15.0000
	DLDS	97	0.3641	0.0467	0.2500	0.5000
并购后	FM	291	1.3602	3.7051	0.0207	61.3037
	Size	291	9.6613	0.5032	7.9435	11.0312
	Growth	291	29.3057	74.4186	-67.5024	770.4953
	ROA	291	7.7684	12.1633	-51.3712	119.8838
	Fix	291	0.6319	0.6600	0.0006	0.9342
	DSH	291	8.8034	1.5738	5.0000	14.0000
	DLDS	291	0.3632	0.0480	0.1818	0.6000

(三) 基本回归检验与结果分析

考虑到并购对缓解企业金融资源配置受扭曲程度的影响可能存在一定的时滞性,参考陈爱贞和张鹏飞(2019)的做法,① 这里在有效控制相关变量影响的基础上,我们将基于模型(8-1-1)对跨所有制并购如何影响主并民营企业在当年、第二年及第三年的金融资源配置受扭曲程度进行基本回归检验。所得结果如表8-2所示。

表8-2 跨所有制并购影响主并民营企业金融资源配置
受扭曲程度基本回归检验结果

	(1)	(2)	(3)	(4)	(5)	(6)
C	1.3173 (0.0000)	1.1075 (0.0058)	1.2486 (0.0000)	1.2921 (0.0518)	1.2922 (0.0000)	1.2792 (0.0011)
BG_0	-0.1025*** (0.0002)	-0.1139*** (0.0000)				
BG_1			-0.1722*** (0.0002)	-0.1926*** (0.0001)		
BG_2					-0.0022*** (0.0089)	-0.0007** (0.0335)
CONTROLS	否	是	否	是	否	是
YEARS	否	是	否	是	否	是
R^2	0.3311	0.3577	0.2568	0.2664	0.2936	0.3055

注:①括号内为估计系数的 P-值,***、**和*分别表示在1%、5%和10%的显著性水平;②BG_0、BG_1和BG_2分别表示在并购当年、第二年和第三年。

根据表8-2中的基本检验结果可以看出:跨所有制并购在当年、第二年和第三年(BG_0、BG_1和BG_2)对主并民营企业所受金融资源配置扭曲程度(FM)的回归系数均在1%或5%的统计水平下显著为负,说明跨所有制并购确实能有效降低主并民营企业所面临的金融资源配置扭曲程度。不仅如此,从估计系数绝对值的大小来看,跨所有制并购对主并民营企业金融资源

---

① 陈爱贞,张鹏飞. 并购模式与企业创新[J]. 中国工业经济, 2019 (12): 115-133.

配置受扭曲程度指数（FM）的回归系数绝对值大小呈倒 U 型特征，进一步说明跨所有制并购在降低主并民营企业金融资源配置受扭曲程度时，存在明显的先递增后递减趋势。

（四）影响机制检验

根据上文理论分析可知，跨所有制并购可以通过提升主并民营企业会计信息质量、降低金融机构"风险感知"与提升投资者信心来降低其金融资源配置受扭曲程度。在检验跨所有制并购通过提升主并民营企业会计信息质量来降低其所面临的金融资源配置受扭曲程度时，首先需要对企业会计信息质量进行合理的测算。企业会计信息质量水平一般采用企业操纵盈余管理程度（YYGL）进行间接衡量（Jones，1991）。为了有效消除管理当局通过操纵赊销账目来提高销货收入对盈余管理的影响，这里将基于 Jones（1991）修改后的模型（Dechow 等，1995）[①] 对主并民营企业的盈余操纵水平进行测算，并据此检验跨所有制并购对主并民营企业会计信息质量变化的影响，以及会计信息质量的变化将如何影响主并民营企业的金融资源配置受扭曲程度。其中对 Jones 模型的修正步骤为：

（1）利用最小二乘法估计如下原始 Jones 模型中的回归系数 β_1、β_2 和 β_3。

$$TA_{cc_{it}}/TA_{it-1} = \beta_1(1/TA_{it-1}) + \beta_2((\Delta REV_{it} - \Delta REC_{it})/TA_{it-1}) + \beta_3(PPE_{it}/TA_{it-1}) + \mu_{it} \circ \quad (8-3)$$

（2）将 β_1、β_2 和 β_3 的估计值 $\hat{\beta}_1$、$\hat{\beta}_2$ 和 $\hat{\beta}_3$ 代入以下方程式算出样本期间的非操纵性应计利润 NDA_{cc}。

$$NDA_{cc_{it}}/TA_{it-1} = \hat{\beta}_1(1/TA_{it-1}) + \hat{\beta}_2((\Delta REV_{it} - \Delta REC_{it})/TA_{it-1}) + \hat{\beta}_3(PPE_{it}/TA_{it-1}) \circ \quad (8-4)$$

（3）计算 DA_{cc}。

$$DA_{cc_{it}}/TA_{it-1} = TA_{cc_{it}}/TA_{it-1} - [\hat{\beta}_1(1/TA_{it-1}) + \hat{\beta}_2((\Delta REV_{it} - \Delta REC_{it})/TA_{it-1}) + \hat{\beta}_3(PPE_{it}/TA_{it-1})] \circ \quad (8-5)$$

在上面的式子中，TA_{cc} 为样本期应急利润；TA 为总资产，ΔREV 为销货收入变动，ΔREC 为应收账款变动；PPE 为固定资产；μ 为误差项。

[①] DECHOW P R, SLOAN R G, SWEENEY A D. Detecting Earnings management [J]. The Accounting Reviews, 1995, (4): 193-225.

在跨所有制并购如何影响金融机构对主并民营企业"风险感知"方面，因债权人对债务人"风险感知"程度的高低取决于债务人债务履约能力的大小，在我国普遍实行的抵押贷款模式下，债务人抵押物是否充足将成为影响债权人对其"风险感知"程度水平的最核心要素（Fisher，1959；朱红军等，2005）。①② 当以有形资产（FIX）作为企业抵押物的代理变量时，主并民营企业有形资产的增加将会削弱债权人对其"风险感知"并为其提供更多的金融支持（倪娟等，2019），③ 从而有效降低主并民营企业金融资源配置受扭曲程度。在检验跨所有制并购是否有助于通过提升投资者信心来降低主并民营企业金融资源配置受扭曲程度时，投资者信心（INCO）基于对企业股票年均换手率、市盈率与主营业务收入增长率进行主成分分析后的综合得分计算而得（杜勇等，2014）。④

对跨所有制并购能否有效降低金融机构对其"风险感知"、提升会计信息质量与投资者信心，进而对主并民营企业金融资源配置受扭曲程度所造成的影响进行实证检验后，所得结果如表8-3所示。

表8-3　跨所有制并购降低民营企业金融资源配置扭曲程度的机制检验结果

	YYGL	FM	FIX	FM	INCO	FM
C	0.0048 (0.0364)	1.2915 (0.0000)	0.3615 (0.0000)	1.3101 (0.0000)	0.9834 (0.0078)	1.0025 (0.0013)
BG	-0.0067** (0.0114)		0.0209** (0.0341)		0.9831*** (0.0084)	
YYGL		0.3815** (0.0434)				

---

① FISHER L. Determinants of Risk Premiums on Corporate Bonds [J]. Journal of Political Economy, 1959, 67 (3)：217-237.
② 朱红军，汪辉. 并购的长期财富效应：经验分析结果与协同效应解释 [J]. 财经研究, 2005 (9)：102-113.
③ 倪娟，彭凯，胡熠. 连锁董事的"社会人"角色与企业债务成本 [J]. 中国软科学, 2019 (2)：93-109.
④ 杜勇，刘建徽，杜均. 董事会规模、投资者信息与农业上市公司价值 [J]. 宏观经济研究, 2014 (2)：53-62.

续表

	YYGL	FM	FIX	FM	INCO	FM
FIX				-0.0504**		
				(0.0281)		
INCO						-0.1308***
						(0.0010)
CONTROLS	是	是	是	是	是	是
YEARS	是	是	是	是	是	是
R^2	0.1744	0.3285	0.7544	0.2961	0.2826	0.3031

注：①括号内为估计系数的 P-值；② ***、**和*分别表示在1%、5%和10%的显著性水平。

根据表8-3中的作用机制检验结果可知：首先，跨所有制并购有助于主并民营企业会计信息质量的提升，从而有助于其金融资源配置受扭曲程度的降低。在表8-3的第一、二列回归结果中，跨所有制并购（BG）对主并民营企业会计盈余操纵（YYGL）的估计系数在1%显著性水平下为负；其次，会计盈余操纵（YYGL）对民营企业金融资源配置受扭曲程度（FM）的估计系数却在5%的显著性水平下为正。这一结果说明，跨所有制并购能显著降低主并民营企业的会计盈余操纵程度、提高其会计信息质量水平；当主并民营企业会计信息质量得到提升后，将有助于其所面临的金融资源配置受扭曲程度的降低，与基本研究假设 H_{8-1-1} 一致。

再次，跨所有制并购有助于降低金融机构对主并民营企业的"风险感知"，且"风险感知"水平的降低能有效缓解主并民营企业金融资源配置受扭曲程度。根据表8-3第三列的检验结果可以看出，跨所有制并购（BG）对主并民营企业有形资产代理变量（FIX）的回归系数在5%显著性水平下为正，这意味着跨所有制并购有助于提升主并民营企业有形资产占比，从而有助于降低债权人对主并民营企业的"风险感知"程度。此外，表8-3中第四列的回归检验结果还显示，主并民营企业有形资产（FIX）对其所面临的金融资源配置扭曲程度（FM）的估计系数在5%的显著性水平下为负，这说明当并购国有资本后的主并民营企业有形资产占比上升时，将有助于主并民营企业金融资源配置受扭曲程度的降低。基本研究假设 H_{8-1-2} 得到验证。

最后，跨所有制并购能显著提升投资者对主并民营企业的信心，进而有效缓解其金融资源配置受扭曲程度。从表 8-2 中回归结果的最后两列可以看出，跨所有制并购（BG）对投资者信心（INCO）的估计系数在 1% 显著性水平下为正，而投资者信心（INCO）对主并民营企业金融资源配置受扭曲程度（FM）的估计系数则在 1% 显著性水平下为负。这一结果说明，当民营企业并购国有资本后，投资者对主并民营企业的信心明显增强，且投资者信心的增强又将进一步有效降低主并民营企业金融资源配置受扭曲程度，与 H_{8-1-3} 相符。

（五）稳健性检验

为了提高研究结论的可信度，本书将基于模型（8-2）并从如下 4 个方面进行稳健性检验：

（1）基于金融资源配置扭曲程度不同衡量方法的检验。本书主要基于所获得的外部融资比例相对于其外部融资需要的失衡程度来度量主并民营企业金融资源配置受扭曲水平，并据此进行回归检验。考虑到用式（8-1）所测算出来的企业金融资源错配程度可能存在的不足，且民营企业融资约束水平的高低也是反映其金融资源配置受扭曲程度的另一重要指标，参照多数研究文献的做法，这里进一步基于 Kaplan 和 Zinglas（1997）所提出的融资约束测算模型对民营企业实行跨所有制并购前后的融资约束 KZ 指数进行测算后，[①] 以该新算得的企业融资约束 KZ 指数来替代前文所构建的金融资源配置受扭曲程度指数（FM），并再次进行回归检验后，关键变量的回归系数并未发生改变，说明用式（8-1）所计算出来的企业金融资源错配程度指数是合理的，且主要研究结论通过稳健性检验。

（2）基于 PSM 的内生性检验。在进行实证检验时，本书采用控制变量滞后一期的方法来消除变量间可能存在的内生性对回归结果的不利影响。当考虑到用变量滞后一阶的方法来消除内生性所可能存在的不足时，这里进一步采用倾向得分匹配法（PSM）再次进行回归检验，上述所得主要研究结论仍然成立。

（3）基于并购不同支付方式的检验。企业并购方式既可以股权方式，

---

① KAPLAN S N, ZINGALES L G. Do Investment-Cash Flow Sensitivities Provide Useful Measures of Financing Constraints?［J］. Quarterly Journal of Economics，1997，112（1）：169-215.

也可以现金、资产置换等多种其他方式进行。在样本选择时，本书以股权并购方式作为条件对民营企业并购国有企业时的样本进行了筛选，并据此进行实证检验。考虑到不同并购支付方式所代表的不同联结方式对主并民营企业可能产生的差异性影响，这里添加以现金为支付方式的民营企业并购国有企业样本后，主要结论基本不变。

（4）考虑标的国有企业规模的影响。民营企业并购国有企业后，债权人对主并民营企业"风险感知"的弱化可能是因标的国有企业自身较大的规模所致。为了消除标的国有企业规模差异给检验结果所带来的影响，将标的国有企业资产规模的对数加入控制变量并重新进行回归分析后，所得研究结论仍较为稳健。

四、拓展性分析

（一）并购地域选择与主并民营企业金融资源配置受扭曲程度

根据上文的理论分析结果可知，跨所有制并购国有企业对降低主并民营企业金融资源错配的影响效果如何，可能还在很大程度上与被并购国有企业的地域属性及其所处的行业有关。为了进一步检验标的国有企业地域选择差异对降低主并民营企业金融资源配置受扭曲程度的异质性影响，首先按照标的国有企业是否与主并民营企业属于同一省区将其分成"属地并购"与"异地并购"两组，然后再进行分组检验。基于模型（8-1）再次进行分组回归检验后，所得结果如表8-4所示。

表8-4 不同地域跨所有制并购影响主并民营企业金融
资源配置受扭曲程度检验结果

	属地并购			异地并购		
	(1)	(2)	(3)	(4)	(5)	(6)
C	2.1089 (0.0000)	1.9870 (0.0005)	1.8769 (0.0000)	1.7786 (0.0108)	1.9335 (0.0000)	1.2927 (0.0011)
BG_0	-0.8347*** (0.0001)			-0.1437 (0.2398)		
BG_1		-0.5430*** (0.0023)			-0.1007 (0.1087)	

续表

	属地并购			异地并购		
	(1)	(2)	(3)	(4)	(5)	(6)
BG_2			-0.1865** (0.0172)			-0.0013 (0.6430)
CONTROLS	是	是	是	是	是	是
YEARS	是	是	是	是	是	是
R^2	0.4221	0.4509	0.3876	0.3097	0.4513	0.2986

注：①括号内为估计系数的 P-值，***、**和*分别表示在1%、5%和10%的显著性水平；②BG_0、BG_1 和 BG_2 分别表示并购当年、第二年和第三年。

从表8-4中的回归检验结果可以看出，当民营企业在属地范围内进行跨所有制并购国有企业时，并购虚拟变量在当年、第二年和第三年（BG_0、BG_1 和 BG_2）对主并民营企业金融资源配置受扭曲程度（FM）的估计系数均在1%或5%的显著性水平下为负，而在异地并购时其对民营企业金融资源配置受扭曲程度（FM）的估计系数虽然为负，但却不显著。这说明异地跨所有制目前仍不能显著降低主并民营企业金融资源配置受扭曲程度，但属地内的跨所有制并购对降低主并民营企业金融资源配置受扭曲程度的正向影响非常明显。

（二）行业选择与主并民营企业金融资源配置受扭曲程度

为了检验跨所有制并购国有企业时的不同行业选择对降低主并民营企业金融资源配置受扭曲程度可能存在的差异性影响，先按照标的国有企业是否与主并民营企业属于同一行业将样本分成"同业并购"与"跨业并购"两组，然后再进行分组检验。基于模型（8-1）进行回归检验后，所得结果如表8-5所示。

根据表8-5中的检验结果可知：当民营企业进行同业间跨所有制并购国有企业时，在并购发生当年、第二年和第三年，并购虚拟变量（BG_0、BG_1 和 BG_2）对主并民营企业金融资源配置受扭曲程度（FM）的回归系数均不显著，说明同业间跨所有制并购国有企业并不能对主并民营企业金融资源配置受扭曲程度的降低产生显著性影响。相比之下，当民营企业跨行业并购国有资本时，并购虚拟变量（BG_0、BG_1 和 BG_2）对主并民营企业金融资源配置受扭曲程度（FM）的回归系数却始终在1%或5%的显著性水平下为负，这意味着跨行业并购国有资本将更有利于主并民营企业金融资源配置受扭曲程度的降低，与基本研究假设 H_4 一致。

表8-5 不同行业选择跨所有制并购影响主并民营企业
金融资源配置受扭曲程度检验结果

	同业并购			跨业并购		
	(1)	(2)	(3)	(4)	(5)	(6)
C	3.0112 (0.0000)	2.0870 (0.0098)	1.0970 (0.0001)	1.6901 (0.0008)	4.3324 (0.0024)	3.0916 (0.0561)
BG_0	-0.4163 (0.1189)			-0.6076*** (0.0019)		
BG_1		-0.1308 (0.2042)			-0.9805** (0.0213)	
BG_2			0.4308 (0.6709)			-0.8307** (0.0423)
CONTROLS	是	是	是	是	是	是
YEARS	是	是	是	是	是	是
R^2	0.4561	0.4015	0.3008	0.4175	0.3980	0.3887

注：①括号内为估计系数的 P-值，***、** 和 * 分别表示在1%、5%和10%的显著性水平；②BG_0、BG_1 和 BG_2 分别表示并购当年、第二年和第三年。

五、检验结果

随着混合所有制逐渐上升为我国基本经济制度的重要实现形式及混合所有制改革的不断深入，本部分在理论分析跨所有制并购影响主并民营企业金融资源配置受扭曲程度作用机制的基础上，进一步对比分析不同地域与行业选择时的跨所有制并购对降低主并民营企业金融资源配置受扭曲程度的差异性影响，然后再以我国2009—2017年成功进行跨所有制并购的 A 股上市民营企业为样本进行实证检验。经研究发现：通过提升投资者信心与主并民营企业会计信息质量、降低金融机构对其"风险感知"，跨所有制并购国有企业在当年、第二年与第三年均能显著降低主并民营企业金融资源配置受扭曲程度，但在影响程度上呈倒 U 形特征；相对于异地并购与同业并购而言，属地并购与跨业并购国有资本更有利于主并民营企业金融资源配置受扭曲程度的降低。

第二节　政府科技补贴缓解金融错配对企业技术创新影响效果检验

一、现实背景

技术创新是一国或一经济体实现经济持续稳定增长、产业转型升级和企业永葆持续竞争力的关键影响因素。虽然自改革开放以来，我国经济长期维持高位增长，但随着国外技术封锁的日趋盛行及我国人口红利、结构红利与改革红利的逐渐消失，以往那种靠投资拉动与要素驱动的粗放型传统经济增长模式已难以为继，原始发明创新不足、核心竞争力匮乏正日益成为制约我国经济高质量发展的重要因素。历史经验表明：没有技术进步的投资增加只会导致产能过剩的出现，无法实现技术赶超将难以摆脱"中等收入陷阱"困境。2012 年党的十八大报告指出：技术创新是提高我国社会生产力和综合国力的战略支撑，必须摆在国家发展全局的核心位置；2016 年 3 月国务院在《国家创新驱动发展战略纲要》中进一步明确制定"创新驱动发展"战略实施过程中的"三步走"方针以确保该战略目标的顺利实现。

技术创新离不开社会资源的优化配置，而作为社会核心生产要素的金融资源配置效率高低将对一国技术创新水平产生重要影响。在金融资源配置过程中，金融机构资金融通、风险分散和收益评估等功能的发挥是一国技术创新能力提升的重要保证，[1] 能否获得充足的外部股权融资和债务融资将直接影响到企业技术创新活动的进行及其对创新策略的选择。[2][3] 然而，在"二元"所有制经济结构与金融资源配置政府主导型特征影响下，我国金融资

---

[1] KING R G, LEVINE R. Finance, Entrepreneurship and Growth: Theory and Evidence [J]. Journal of Monetary Economics, 1993, 32 (3): 513 - 542.

[2] BROWN J R, FAZZARI S M, PETERSEN B C. Financing Innovation and Growth: Cash Flow, External Equity, and the 1990s R&D Boom [J]. Journal of Finance, 2009, 64 (1): 151 - 185.

[3] ANG J S, CHENG Y M, WU C P. Does Enforcement of Intellectual Property Rights Matter in China? Evidence from Financing and Investment Choices in the High-Tech Industry [J]. Review of Economics and Statistics, 2014, 96 (2): 332 - 348.

源配置时的"二元"所有制错配现象明显。①②③ 当有限而稀缺的金融资源在不同所有制企业间出现错配时，不仅使得那些创新意愿更强、创新效率更高的民营企业频现融资困难，而且还会造成资本市场价格信号扭曲与金融系统风险分散和收益评估功能的紊乱，阻碍企业技术创新活动的进行与技术创新能力的提升。不仅如此，技术创新时的投入门槛效应与创新产出的正外部性将进一步扩大金融错配对企业技术创新的不利影响。

作为激励企业技术创新的一项重要举措，政府科技补贴为各国政府所普遍使用。虽然在金融资源得到合理配置的假定下，国内外学者对政府补贴影响企业技术创新投入与产出时的作用机制、传导路径及其政策效果等进行了广泛探讨，并考虑了控股权性质差异给政府补贴在激励企业技术创新时所造成的异质性影响，④⑤⑥⑦ 但据笔者所知，迄今鲜有在金融错配约束下对政府科技补贴影响企业技术创新的政策效果及其作用机制进行深入研究的相关文献。理论上而言，政府科技补贴不仅可以直接为企业技术创新提供资金支持、降低技术创新风险，而且其所具有的信号发送功能亦有助于降低企业与外部投资者之间的信息不对称，进而有效缓解因金融错配给企业所带来的研发融资困难、降低原始发明创新投入门槛，从而有助于纠正金融错配对企业技术创新及其模式策略选择所带来的不利影响。然而，在我国"二元"所有制经济结构与金融资源配置政府主导型特征的影响下，由于不同控股权性质企业在自身资源禀赋、创新动力及创新效率等方面存在明显差异，使得政府科技补贴在纠正金融错配给企业技术创新所造成的不利影响时，其政策效果可能会呈现出企业控股权异质性特征。

---

① SONG Z, STORESLETTEN K, Zilibotti F. Growing like China [J]. The American Economic Review, 2011, 101 (2)：196 - 233.

② 靳来群. 所有制歧视所致金融资源错配程度分析 [J]. 经济学动态, 2015 (6)：36 - 44.

③ 戴利君, 刘斌斌. 控股权性质、外部融资需求与上市企业定向增发资源错配 [J]. 企业经济, 2018 (8)：105 - 110.

④ XU K, HUANG K F, XU E M. Giving fish or teaching to fish? An empirical study of the effects of government research and development policies [J]. R&D management, 2014, 44 (5)：484 - 497.

⑤ 杨亭亭, 罗连化, 许伯桐. 政府补贴的技术创新效应："量变"还是"质变"？ [J]. 中国软科学, 2018 (10)：52 - 61.

⑥ 范寒冰, 徐承宇. 我国政府补贴促进了企业实质性创新吗？ [J]. 暨南学报, 2018 (7)：1 - 13.

⑦ 邓若冰. 产权性质、政府补贴与企业研发投入：基于政治寻租视角 [J]. 软科学, 2018 (3)：5 - 9.

二、理论分析

早在1912年熊彼特就提出，金融发展的本质在于金融体系能够帮助企业家进行创新活动，并通过筛选企业家、为企业家技术创新融通资金、分担企业家技术创新风险和帮助企业家进行技术创新预期收益核算等渠道促进企业技术创新活动的进行。[1] 技术创新不仅需要金融市场的充分发展，而且更离不开金融资源的优化配置。当有限而稀缺的金融资源得到合理配置时，可以引导人力、技术等其他生产要素在不同企业与部门间的合理流动，为企业技术创新创造有利条件。与之相反，当金融资源出现错配时，不仅会引起资本市场价格信号的扭曲，造成金融系统资金融通、风险分散与收益评估功能的紊乱，而且容易导致企业研发投入融资困难、研发风险难以分散、研发收益出现误判，严重阻碍企业技术创新活动的进行并做出正确的最优创新模式策略选择。

虽然在金融资源合理配置假定下，学者们对金融市场发展与金融资源配置效率提升如何影响我国企业技术创新已经得到广泛研究，但对金融资源出现错配时的企业技术创新问题的探讨仍处于起步阶段，且目前仍主要集中于金融资源错配的表象、成因及其程度测算3个方面，迄今鲜有对金融错配如何阻碍我国企业技术创新及其模式策略选择进行深入研究的相关文献。在我国的信贷资源配置中，虽然国有企业资本收益率仅为民营企业的一半，但其所获得的银行信贷和政府资助占投资总额的比重却是民营企业的3倍以上，信贷错配现象严重；[2] 不仅如此，我国股票市场上的股权融资在价格和数量上同样存在"二元"所有制错配现象。[3] 在此过程中，各级政府在构建金融体系时所遵从的"政治性主从次序"与产权歧视是造成我国金融资源"二元"所有制价格与数量错配的重要原因。[4][5] 虽然已有研究采用效率损失法、

---

[1] KING R G, LEVINE R. Finance, Entrepreneurship and Growth: Theory and Evidence [J]. Journal of Monetary and Economics, 1993, 32 (3): 513 – 542.

[2] SONG Z, STORESLETTEN K, ZILIBOTTI F. Growing like China [J]. The American Economic Review, 2011, 101 (2): 196 – 233.

[3] 戴利君,刘斌斌. 控股权性质、外部融资需求与上市企业定向增发资源错配 [J]. 企业经济, 2018 (8): 105 – 110.

[4] 靳来群. 所有制歧视所致金融资源错配程度分析 [J]. 经济学动态, 2015 (6): 36 – 44.

[5] HUANG Y S. Selling China: Foreign direct investment during the reform era [M]. Cambridge: Cambridge University Press, 2003.

企业创新模式选择及其金融错配纠偏机制设计

偏离度法及信息熵法等对行业与地区层面的金融错配程度进行了具体测算,[①②③④] 但对如何构建微观企业层面的金融错配程度测算模型并对其进行适时合理的测算仍有待进一步深入探讨。

当金融资源出现错配时,资本市场价格信号容易被扭曲,金融系统资金融通、风险分散与收益评估功能出现紊乱,造成企业技术创新时研发投入资金融通困难、研发风险无法得到有效分散、研发收益难以准确评判,不利于企业技术创新活动的进行。受"二元"所有制经济结构特征的影响,我国不同所有制企业在自身资源禀赋、技术创新动力、创新效率及企业内部治理等方面存在明显差异。加上不同技术创新模式所需的研发投入多寡、研发风险高低及研发周期长短等方面均有所不同,使得金融错配在影响不同控股权性质企业技术创新及其模式策略选择时,呈现明显企业控股权异质性特征。一方面,金融错配会增加国有控股企业技术创新总产出,但不利于民营控股企业技术创新产出水平的提升。大量研究表明,在我国"二元"所有制经济结构及金融资源配置政府主导型特征影响下,国有企业所获得的信贷与股权融资机会远高出民营企业水平。当金融资源出现错配时,国有企业的所有权属性决定了其是金融错配的赢家,资金冗余现象明显,充足的研发资金为国有企业技术创新创造了有利的前提条件。在我国现行的国有企业官员政府任命制体制下,出于个人政治利益最大化目标的考虑,很多国有企业竞相出现专利申请"部门摊派"现象以迎合中央政府所制定的创新驱动发展战略,导致国有控股企业技术创新总产出水平短期内急剧上升。相比之下,金融错配下的民营控股企业技术创新长期受到资源匮乏与"融资难、融资贵"问题的困扰,[⑤] 研发投入不足成为制约民营企业技术创新的重要因素,严重阻碍其技术创新活动的进行与产出水平的提升。另外,金融错配将阻碍企业原

---

① HSIEH C T, KLENOW P J. Misallocation and manufacturing TFP in China and India [J]. Quarterly Journal of Economics, 2009, 124 (4): 1403 - 1448.

② MOLL B. Productivity losses from financial friction: Can self-financing undo capital misallo-cation? [J]. American Economic Review, 2014, 104 (10): 3186 - 3221.

③ MIDRIGAN V, XU D Y. Financial and misallocation: Evidence from panel-level data [J]. American Economic Review, 2014, 102 (2): 422 - 458.

④ 刘斌斌,严武,黄小勇. 信贷错配对我国绿色技术创新影响分析:基于地区环境规制差异视角 [J]. 当代财经, 2019 (9): 60 - 71.

⑤ CHEN V Z M, LI J, SHAPIRO D M, et al. Ownership Structure and Innovation: An Emerging Market Perspective [J]. Asia Pacific Journal of Management, 2014, 31 (1): 1 - 24.

始发明创新能力的提升,但其对不同控股权性质企业的作用机理各异。相对于研发投入少、技术含量低的二次创新而言,原始发明创新所需研发投入更多、周期更长、风险更高。对于民营控股企业而言,金融错配所造成的研发资金融通困难不仅使其难以融得原始发明创新所需的高昂研发投入经费,而且金融错配下的金融系统风险分散丧失难以有效分散原始发明创新更高的研发风险,与之相随的收益评估功能的紊乱则容易导致企业对原始发明创新的预期收益做出误判,进一步抑制风险自担的民营企业原始发明创新积极性,不利于其原始发明创新活动的进行。对于国有控股企业而言,受益于控股权属性优势的影响,其"天生"成为金融资源错配的赢家。在我国经济"脱实向虚"较为严重的现实背景下,行业垄断利润的轻易获取与充足的资金资源降低其进行原始发明创新的积极性。加上原始发明创新具有研发周期更长、投入更多、短期收益不明显等特点,出于个人政治利益最大化考虑,政府任命制与任期制下的企业官员将不愿意进行那种"前人栽树、后人乘凉"的高风险原始发明创新活动,进一步削弱国有企业原始发明创新动力。不仅如此,原始发明创新对专业知识的掌握要求更高,而政府任命且更替频繁的国有企业官员通常缺乏相关的专业管理经验,使得国有企业在进行原始发明创新时面临更高决策风险,进一步削弱其将创新资源转换为原始发明创新产出的能力。[①] 另外,金融错配常常导致金融系统风险分散功能的紊乱,不利于原始发明创新更高风险的分散。受政府任命的国有企业官员将更倾向于选择投入少、风险低的技术创新项目,抑制其原始发明创新活动的进行与原始发明创新能力的提升。据此提出基本研究假设如下。

H_{8-2-1}:金融错配在提升国有控股企业创新产出的同时,会降低民营控股企业创新产出水平及国有与民营控股企业的原始发明创新能力。

作为激励企业技术创新的一项重要举措,政府科技补贴为各国政府所普遍使用。虽然在金融资源得到合理配置的假定下,国内外学者对政府补贴影响企业技术创新投入与产出时的作用机制、传导路径及其政策效果等进行了广泛探讨,并考虑了控股权性质差异给政府补贴在激励企业技术创新时所造成的异质性影响,[②] 但据笔者所知,迄今鲜有在金融错配约束下对政府科技

[①] CARMAN J M, DOMINGUEZ L V. Organizational Transformations in Transition Economics: Hypotheses [J]. Journal of Macro-marketing, 2001, 21 (2): 164 – 180.

[②] XU K, HUANG K F, XU E M. Giving fish or teaching to fish? An empirical study of the effects of government research and development policies [J]. R&D management, 2014, 44 (5): 484 – 497.

企业创新模式选择及其金融错配纠偏机制设计

补贴影响企业技术创新的政策效果及其作用机制进行深入研究的相关文献。理论上而言，政府科技补贴不仅可以直接为企业技术创新提供资金支持、降低技术创新风险，而且其所具有的信号发送功能亦有助于降低企业与外部投资者之间的信息不对称，进而有效缓解因金融错配给企业所带来的研发融资困难、降低原始发明创新投入门槛，从而有助于纠正金融错配对企业技术创新及其模式策略选择所带来的不利影响。然而，在我国"二元"所有制经济结构与金融资源配置政府主导型特征的影响下，由于不同控股权性质企业在自身资源禀赋、创新动力及创新效率等方面存在明显差异，使得政府科技补贴在纠正金融错配给企业技术创新所造成的不利影响时，其政策效果可能会呈现出企业控股权异质性特征。

在技术创新投入方面，政府科技补贴将对金融错配约束下的民营企业研发投入产生明显的"挤入效应"。企业与外部投资者之间的信息不对称及研发创新活动本身所具有的高不确定性使得研发企业外部融资困难，政府科技补贴所释放出来的对企业及其所处行业的认可信号有助于引导外部投资者为企业提供更多的外部融资和创新资源。[①][②] 作为我国"二元"所有制金融错配的受益者，国有控股企业资金冗余现象明显，政府科技补贴对缓解国有企业融资约束的边际贡献甚微。相比之下，由于民营企业是我国"二元"所有制金融错配的受害者，政府科技补贴不仅为民营企业技术创新提供了直接的资金支持，而且其所具有的信号发送功能将更有利于民营企业与外部投资者之间的信息不对称，极大缓解其研发投入融资的约束。此外，根据创新经济理论，企业技术创新与其所处微观市场结构之间呈倒"U"形关系。因国有企业在诸多行业所享有垄断特权，垄断利润的轻易攫取导致其创新动力不足，从而使得政府科技补贴难以对金融错配下的国有企业研发投入产生显著的"挤入效应"。对于民营控股企业而言，由于其必须适应市场经济优胜劣汰竞争机制，创新动力更强，政府科技补贴对金融错配下民营控股企业研发投入的"挤入效应"将更明显。

在技术创新产出方面，政府科技补贴更有利于金融错配约束下民营控股企业创新产出与原始发明创新能力的提升。对于国有企业而言，在我国的

---

① KLEER R. Government R&D Subsidies as a Signal for Private Investors [J]. Research Policy, 2010, 39 (10): 1361-1374.

② BESHAROV M L, SMITH W S. Multiple Logics in Organizations: Explaining Their Varied Nature and Implications [J]. Academy of Management Review, 2014, 39 (3): 364-381.

"二元"所有制经济结构影响下,政府经常会通过对民营企业设置各种行业标准障碍、产权交易壁垒或直接通过行政干预等手段来减轻国有企业竞争压力,使得国有企业在很多行业可以长期获得超额垄断利润,导致国有企业的创新动力不足。[1] 加上国有企业本身就是我国金融错配的受益者,而政府补贴对象的确定又缺乏相应的法律和制度标准,使得国有企业常常因其特殊的身份而更容易成为政府补贴的对象,[2][3] 资金冗余现象加剧,技术创新动力进一步削弱。不仅如此,多重代理及监管不严下的有限问责等弊端容易导致国有企业出现更多的资源浪费、特权主义等现象的发生,企业技术创新效率难以提升,从而使得政府科技补贴对金融错配下国有控股企业技术创新产出水平的正向影响不明显。相比之下,政府科技补贴将更有利于金融错配约束下民营控股企业技术创新产出的增加。由于民营控股企业的效率相对更高,当政府对效率高的企业进行补贴时,不仅可以通过直接的资金支持来弥补企业创新资源的不足,降低企业创新成本、创新产出的不确定性风险,[4][5] 而且政府补贴所具有的信号传递功能更有利于降低民营控股企业与外部投资者之间的信息不对称,缓解金融错配约束下的民营控股企业研发投入融资约束,从而有利于金融错配约束下民营控股企业技术创新活动的进行与创新产出水平的提升。当进一步考虑政府科技补贴对金融错配下的企业技术创新模式选择影响时,其政策效果也会因企业控股权性质的不同而呈现差异性特征。在国有控股企业官员政府任命制与任期制影响下,个人政治利益最大化的目标追求使其在任官员不愿意进行研发投入更多、周期更长、风险更大的原始发明创新活动。加上国有控股权普遍存在所有者缺位与委托代理链条过长等问题,不利于其原始发明创新项目的监管问责与效率提升。因此,即使金融错配下的国有控股企业有机会获得更多政府补贴,但固有的种种弊端使得政府科技补贴难以对金融错配下的原始发明创新产生显著影响。相比之

---

[1] 杨继生,阳建辉. 行政垄断、政治庇佑与国有企业的超额成本 [J]. 经济研究, 2015 (4): 50-62.

[2] 林毅夫,李志赟. 政策性负担、道德风险与预算软约束 [J]. 经济研究, 2004 (2): 17-27.

[3] 赵璨,王竹泉,杨德明,等. 企业迎合行为与政府补贴绩效研究—基于企业不同盈利状况的分析 [J]. 中国工业经济, 2015 (7): 130-145.

[4] TETHER B S. Who Co-operates for Innovation and Why: An Empirical Analysis [J]. Research Policy, 2002, 31 (6): 947-967.

[5] KANG K N, PARK H. Influence of Government R&D Support and Inter-firm Collaborations on Innovation in Korean Biotechnology SMEs [J]. Technovation, 2012, 32 (1): 68-78.

下，政府科技补贴对提升金融错配约束下民营控股企业原始发明创新能力的政策效果将更明显。由于民营控股企业在行业竞争中长期处于劣势地位，原始发明创新意愿强烈；加上原始发明专利更长的知识产权保护期限可以为其依法获得更长时间的垄断收益，进一步增强民营控股企业原始发明创新动力。虽然金融错配造成了民营控股企业原始发明创新的融资困难，更高的研发投入门槛进一步阻碍其原始发明创新活动的进行，但当获得政府科技补贴时，不仅直接的资金支持降低了企业原始发明创新的投入门槛与金融错配下的融资约束所带来的不利影响，在政府科技补贴的信号发送功能的作用下，信息不对称得到有效缓解、外部投资者的投资意愿进一步增强，从而有助于民营控股企业原始发明创新研发投入的增加与研发风险的分散。不仅如此，更具专业知识的企业领导、更短的决策链条与更高效的企业管理模式更有助于民营控股企业原始发明创新效率的提升，使得政府科技补贴对缓解因金融错配给民营控股企业原始发明创新所带来不利影响时的政策效果更明显。据此提出如下基本研究假设。

H_{8-2-2}：政府科技补贴对金融错配下民营控股企业研发投入的"挤入效应"明显，但其不会对国有控股企业的研发投入产生显著影响。

H_{8-2-3}：政府科技补贴有利于金融错配下民营控股企业创新产出与原始发明创新能力的提升，但对国有控股企业的政策效果不明显。

三、回归检验

（一）样本筛选与模型设定

由于我国的"创新驱动发展"战略在 2012 年党的十八大正式确立，同时考虑到政府科技补贴对企业技术创新的影响具有一定的时滞性，本书将以我国沪深两市 2011 年前上市的 A 股市场上市企业 2012—2017 年的数据为样本，对金融错配影响我国不同控股权性质企业技术创新时的政府科技补贴效应进行实证检验。企业政府科技补贴数据来自 Wind 金融数据库，企业专利、财务等其他数据则来自国泰安 CSMAR 数据库。因现有关于上市企业技术创新的研究大都忽略了上市企业财务报表合并时企业子公司专利数据的影响，导致所运用的专利数据与合并后的财务报表不匹配。为了解决这一问题，这里的上市企业专利数据包含子公司的数据，但不包含上市公司联营与合营企业专利数据。在进行实证分析前，首先按如下程序对上市企业样本进

第八章 金融资源错配纠偏机制效果检验

行筛选：①剔除金融行业及 ST、PT 上市企业；②剔除资产负债率大于1 的上市企业；③剔除部分数据缺失的上市企业；④对主要变量进行 Winsorize 处理以消除极端值对检验结果的不利影响。经过以上程序处理后，共得到 1666 家沪深两市 A 股市场上市企业的 9996 个样本观测值，其中国有上市企业 758 家，民营上市企业 908 家。

因不同控股权性质企业在自身资源禀赋、企业内部治理、技术创新动力与创新效率等方面均存在明显差异，这里将对国有与民营控股上市企业样本进行分组检验。考虑到政府科技补贴效应可能存在的时滞性，对企业政府科技补贴效应进行检验时，对该变量进行滞后一期处理。此外，由于资产规模、资本密集程度与盈利能力等均是影响企业技术创新和政府科技补贴效应的重要因素，[①][②] 在有效控制企业规模、资产结构及盈利能力等因素影响后，本书将基于如下面板数据模型对金融错配影响企业技术创新的政府科技补贴效应进行实证检验：

$$Y_{it} = \alpha_0 + \alpha_1 FM_{it} + \alpha_2 Sub_{it-1} + \alpha_3 FM_{it} \cdot Sub_{it-1} + \alpha X_{it} + \beta Years + \gamma Inds + U_{it}, \tag{8-6}$$

其中，$i = 1, 2, \cdots N$ 代表不同地区，$t = 1, 2, \cdots T$ 为不同的年份，U 为扰动项；$Years$ 和 $Inds$ 分别为年度和行业虚拟变量，用以控制不同年份和行业对回归分析结果的影响。其他变量符号与含义定义如下。

（1）Y 为被解释变量。在分析金融错配对企业技术创新影响及政府科技补贴的政策效应时，被解释变量为企业技术创新总产出水平（$Lino$）与原始发明创新能力水平（Inv）。技术创新总产出水平（$Lino$）以企业专利授权总数加1后的自然对数来衡量，这样可以消除专利授权数为0时的影响；[③] 企业原始发明创新能力水平（Inv）则定义为原始发明专利授权量占企业专利授权总量的比重。变量（Inv）的值越大，说明企业的原始发明创新能力越强。当检验政府科技补贴是否对金融错配下的不同控股权性质企业研发投入存在"挤入效应"时，被解释变量取企业研发投入水平（RD）。参考大多

---

① 陈明明，张国胜，孙秀. 国有企业、政府补贴与企业创新供给：基于上市工业企业的实证研究 [J]. 当代财经，2016 (10)：34 – 44.

② 蔡栋梁，李欣玲，李天舒. 政府补贴与寻租对企业研发投入的影响 [J]. 财经科学，2018 (5)：105 – 118.

③ TAN Y, TIAN X, ZHANG C X, et al. Privatization and Innovation：Evidence from a Quasi-Natural Experiment in China [M]. Social Science Electronic Publishing, 2014.

数文献的做法，研发投入水平（RD）用企业研发投入金额除以营业收入进行衡量。

(2) FM 为企业金融错配程度指数解释变量。随着我国证券市场的不断发展与完善，除银行信贷外，证券市场股权融资也逐渐发展成为企业融资的重要渠道。根据资源配置效率理论，有限而稀缺的金融资源应按照企业融资需求大小的不同在企业间进行合理配置，使得外部融资需求高的企业获得更多资金、外部融资需求低的企业获得较少资金。否则，金融资源将出现错配。对企业外部融资需求进行合理测算后，现基于如下模型来度量微观企业金融错配程度的大小：

$$\frac{RZ_t}{A_t} = \left(\frac{A_t - A_{t-1}}{A_{t-1}} - \frac{ROE_{t-1}}{1 - ROE_{t-1}}\right)(1 + \theta)。 \qquad (8-7)$$

式中，RZ 为外部融资总额，等于企业外部债务与股权融资额之和；A 为企业总资产；RZ/A 为企业融资率水平；ROE 为净资产收益率；$(A_t - A_{t-1})/A_{t-1}$ 为企业资产增长率；$ROE_t/(1 - ROE_t)$ 为企业可持续增长率；资产增长率与其可持续增长率之差 $(A_t - A_{t-1})/A_{t-1} - ROE_t/(1 - ROE_t)$ 则为企业外部融资需求大小。[1][2] 若定义 FM 等于 θ 的绝对值，则 FM 反映了企业的实际外部融资相对于其外部融资需求的偏离程度，用以衡量企业所面临的金融错配程度大小。当 $FM = 0$ 时，企业外部融资率等于其外部融资需求大小，意味着企业可以按其外部融资需求获得相应水平的融资比例，金融资源得到有效配置；但当 $FM \neq 0$ 时，说明企业的外部融资比例偏离了其实际外部融资需求，金融资源出现错配。FM 数值的大小反映企业金融错配程度的高低。数值越大说明错配程度越严重，反之则越轻。

(3) Sub 为企业所获得的政府科技补贴水平解释变量。为了消除企业规模大小差异所带来的影响，这里的 Sub 以企业所获政府科技补贴金额除以营业收入来进行衡量。

(4) X 为控制变量，包括企业年龄（Age）、规模（Scale）、盈利能力（Roa）、资产负债率（De）、资本密集程度（Fix）和企业竞争压力（Com）。

---

[1] DEMIRGÜÇ-KUNT A, MAKSIMOVIC V. Law, Finance and Firm Growth [J]. Journal of Finance, 1998, 153 (6): 2107-2137.

[2] DURNEV A, KIM E H. To Steal or Not to Steal: Firm Characteristics, Legal Environment, and Valuation [J]. Journal of Finance, 2005, 60 (3): 1461-1493.

其中企业年龄等于企业上市年数;①② 企业规模以员工数的对数为代理变量;盈利能力以企业资产收益率进行衡量;资产负债率等于企业负债除以总资产;资本密集程度定义为企业固定资产占总资产的比重;企业竞争压力以其销售费用占营业收入的百分比为代理变量来进行衡量。

对模型（8-6）中所涉及的变量进行描述性统计分析后，所得结果如表8-6所示。

表8-6 变量描述性统计分析

	样本观测值	均值	标准差	最小值	最大值
A组　国有控股上市企业					
$Lino$	4548	1.4017	1.7103	0.0000	8.2860
Inv	4548	0.2131	0.3375	0.0000	1.0000
FM	4548	3.2362	28.1357	0.0020	16.3826
Sub	4548	0.0281	0.3525	0.0000	21.1040
Age	4548	18.6201	5.1361	2.0000	51.0000
$Scale$	4548	8.2476	1.3481	2.8904	13.2147
Roa	4548	0.0499	0.0586	-0.6185	0.4576
De	4548	0.5113	0.1982	0.0103	0.9952
Fix	4548	0.2495	0.1858	0.0002	0.8758
Com	4548	0.0545	0.0634	0.0000	0.9819
B组　民营控股上市企业					
$Lino$	5448	1.4585	1.4782	0.0000	8.0475
Inv	5448	0.2516	0.3655	0.0000	1.0000
FM	5448	3.6294	86.3993	0.0009	521.0125
Sub	5448	0.0337	1.2005	0.0000	88.0834
Age	5448	17.8084	5.1329	1.0000	59.0000

---

① 陈明明,张国胜,孙秀. 国有企业、政府补贴与企业创新供给:基于上市工业企业的实证研究[J].当代财经,2016(10):34-44.

② 杨洋,魏江,罗来军. 谁在利用政府补贴进行创新?:所有制和要素市场扭曲的联合调节效应[J].管理世界,2015(1):75-86.

续表

	样本观测值	均值	标准差	最小值	最大值
Scale	5448	7.5580	1.1274	3.1355	11.8236
Roa	5448	0.0604	0.0708	-0.5411	1.0617
De	5448	0.4182	0.2057	0.0080	1.1625
Fix	5448	0.2030	0.1471	0.0001	0.8359
Com	5448	0.0829	0.0946	0.0000	1.0629

(二) 单因素分析

为了深入了解不同控股权性质企业之间所存在的差异性特征，在进行多变量回归检验前，首先采用双样本异方差均值比较法对2012—2017年我国A股市场上的国有与民营控股企业在技术创新产出、原始发明创新能力、金融错配程度高低及其所获得的政府科技补贴等变量进行均值比较分析。所得结果如表8-7所示。

根据表8-7中的均值比较结果可以看出：我国A股上市的国有与民营控股企业2012—2017年除所获得的政府科技补贴无显著差异外，其在技术创新产出、原始发明创新能力、金融错配程度高低及盈利能力大小等方面均存在显著性差异特征。

首先，不同控股权性质企业的技术创新产出与原始发明创新能力差异明显。表8-7中的均值比较结果显示：2012—2017年我国A股市场国有控股上市企业专利授权量的对数与原始发明专利授权占比均值分别为1.4017和0.2131，在5%和1%的显著性水平下低于民营控股上市企业1.4585和0.2516的均值。这意味着相对于国有控股企业而言，民营控股企业的技术创新总产出更多、原始发明创新能力更强。

其次，相对于国有企业而言，民营企业金融错配程度更严重。表8-7中的均值比较结果显示：2012—2017年我国A股市场国有控股上市企业的金融错配程度大小均值为3.2362，在5%的显著性水平下低于民营控股上市企业3.6294的均值。根据式（8-7）中对金融错配程度大小的测算方法与定义可知：FM的数值越大时，意味着企业所面临的金融错配程度越严重。由此可知，相对于国有控股上市企业而言，显著更大的错配程度指数

（FM）意味着我国民营控股上市企业的金融错配程度更严重，与我国金融资源配置基本事实相符。

最后，民营控股上市企业的盈利能力更强、竞争压力更大。表8-7中的均值比较结果显示：2012—2017年，我国A股市场国有控股上市企业的资产收益率和企业竞争压力均值分别为0.0499和0.0545，均在1%的显著性水平下，低于民营控股上市企业0.0604和0.0829的均值。这一结果说明相对于国有控股上市企业而言，民营控股上市企业的盈利能力更强、企业竞争压力更大。为了适应优胜劣汰的市场竞争机制，民营企业的技术创新动力将更强劲、技术创新需求更旺盛。

此外，从表8-7中的均值比较结果还可看出，相对于民营控股上市企业而言，国有控股上市企业的上市年龄更长、规模更大，企业资产负债率和资本密集度均相对更高，与我国的基本经济现实情况相符。

（三）金融错配影响企业技术创新及其模式选择的政府科技补贴效应检验

对国有与民营控股上市企业的技术创新产出、原始发明创新能力、政府补贴规模及金融错配程度高低等差异进行对比分析后，这里将基于面板数据模型（8-6）对我国金融错配影响企业技术创新及其模式选择的政府补贴效应进行分组回归检验。为了尽量消除金融错配与政府科技补贴交互项（$FM \cdot Sub$）与其单独变量之间可能存在的多重共线性，在进行多变量回归检验前首先对该交互项样本数据进行去中心化处理。当进一步考虑到截面数据之间可能存在的异方差对回归结果所产生的不利影响时，这里将采用面板数据EGLS法进行多变量回归分析。所得结果如表8-8所示。

根据表8-8中的回归结果，金融错配对企业技术创新的影响及政府科技补贴在缓解金融错配对企业技术创新及其模式选择不利影响时的政策效果具有如下显著性特征。

首先，金融错配在降低民营控股企业创新产出的同时，会提高国有控股企业的创新产出水平。从表8-8中A组至C组中的回归结果（1）~（4）可以看出，在全样本中金融错配对企业技术创新产出的估计系数不显著，但其对国有控股上市企业技术创新产出的估计系数均在1%或5%的显著性水平下为正，且对民营控股上市企业技术创新产出的回归系数却始终在1%或5%的显著性水平下为负。这一结果充分说明，虽然金融错配并不会对我国

表 8-7 2012—2017年我国A股市场国有与民营控股企业各变量均值比较

	Lino	Inv	FM	Sub	Age	Scale	Roa	De	Fix	Com
国有	1.4017	0.2131	3.2362	0.0281	18.6201	8.2476	0.0499	0.5113	0.2495	0.0545
民营	1.4585	0.2516	3.6294	0.0337	17.8084	7.5580	0.0604	0.4182	0.2030	0.0829
P-值	0.0394**	0.0000***	0.0376**	0.3724	0.0000***	0.0000***	0.0000***	0.0000***	0.0000***	0.0000***

注：***、**和*分别代表1%、5%和10%的显著性水平。

表 8-8 金融错配影响企业技术创新的政府补贴效应实证检验结果

	Lino				Inv			
	(1)	(2)	(3)	(4)	(5)	(6)	(7)	(8)
A组 全样本								
C	143.23 (0.5034)	143.2839 (0.0000)	-6.9201 (0.7210)	-59.3461 (0.02870)	23.4109 (0.6808)	10.1867 (0.0122)	10.1867 (0.0122)	9.8481 (0.0409)
FM	0.0076* (0.0720)	0.0083 (0.4474)	0.0061 (0.5637)	0.0069 (0.5447)	-0.0743*** (0.0031)	-0.0052** (0.0239)	-0.0057*** (0.0070)	-0.0055*** (0.0000)
Sub		-2.2327 (0.1833)	-0.8634 (0.6415)	-0.3023 (0.8826)		0.3834 (0.2814)	0.8083 (0.0422)	0.3541 (0.4409)
FM·Sub		0.0004 (0.2247)	0.0002 (0.5848)	0.0001 (0.8224)		-0.0001** (0.0240)	-0.0002*** (0.0021)	-0.0001* (0.0966)

续表

	Lino				Inv			
	(1)	(2)	(3)	(4)	(5)	(6)	(7)	(8)
Age			-1.1053** (0.0109)	-2.9284*** (0.0000)			0.1142 (0.2582)	-0.5375*** (0.0000)
Scale			22.0387*** (0.0000)	19.4946*** (0.0000)			1.8738*** (0.0000)	0.5456 (0.2296)
Roa			-45.4003*** (0.0035)	-38.2126** (0.0131)			6.0864 (0.3042)	10.2540* (0.0785)
De			-17.4260** (0.0418)	-3.6757 (0.6684)			-9.7929*** (0.0001)	-0.6479 (0.7919)
Fix			20.4715* (0.0743)	7.6895 (0.5154)			-3.3254 (0.2804)	-3.3003 (0.3015)
Com			39.3371 (0.1076)	10.9419 (0.6512)			19.2067*** (0.0089)	7.0395 (0.3283)
Years	不控制	不控制	不控制	控制	不控制	不控制	不控制	控制
Inds	不控制	不控制	不控制	控制	不控制	不控制	不控制	控制
R^2	0.0030	0.1440	0.1440	0.3077	0.0036	0.0038	0.0401	0.1876

续表

B组 国有控股企业样本

	Lino				Inw			
	(1)	(2)	(3)	(4)	(5)	(6)	(7)	(8)
C	139.9927	140.0308	-131.3170	-106.1489	21.3639	21.3597	-3.7429	6.0992
	(0.0000)	(0.0000)	(0.0009)	(0.0288)	(0.0000)	(0.0000)	(0.5635)	(0.4118)
FM	0.0543**	0.0705***	0.0808***	0.0827***	-0.0156***	-0.0161**	-0.0134**	-0.0086**
	(0.0191)	(0.0009)	(0.0002)	(0.0003)	(0.0070)	(0.0153)	(0.0308)	(0.0133)
Sub		0.4044	5.2331	1.4184		0.2765	1.4662	-0.0093
		(0.9030)	(0.2143)	(0.7552)		(0.8677)	(0.4116)	(0.9947)
FM·Sub		-3.3677	-7.3486*	-6.1070		0.1034	-0.9934	-0.3721
		(0.1226)	(0.0961)	(0.3543)		(0.7022)	(0.1288)	(0.5479)
Age			0.7666	-2.0405*			0.2405*	-0.3451**
			(0.2348)	(0.0774)			(0.0896)	(0.0342)
Scale			29.7023***	24.1364***			2.4524***	0.6791
			(0.0000)	(0.0000)			(0.0002)	(0.3241)
Roa			-29.3983	-17.3193			-1.5220	1.7927
			(0.2863)	(0.5296)			(0.8849)	(0.8623)
De			-0.1085	6.8546			-2.2275	3.0415
			(0.9936)	(0.6047)			(0.5780)	(0.4278)

第八章 金融资源错配纠偏机制效果检验

续表

	Lino				Inv			
	(1)	(2)	(3)	(4)	(5)	(6)	(7)	(8)
Fix			13.6874 (0.4755)	2.9998 (0.8796)			-1.0068 (0.8188)	-1.5685 (0.7370)
Com			187.9214*** (0.0003)	140.1051*** (0.0066)			34.3902** (0.0194)	16.7847 (0.2266)
Years	不控制	不控制	不控制	控制	不控制	不控制	不控制	控制
Inds	不控制	不控制	不控制	控制	不控制	不控制	不控制	控制
R^2	0.0064	0.0071	0.1439	0.3278	0.0011	0.0010	0.0213	0.2138

C组 民营控股企业样本

C	145.8356 (0.0000)	145.8696 (0.0000)	43.8781 (0.0355)	50.6190 (0.0000)	25.1553 (0.0000)	25.1633 (0.0000)	14.1494 (0.0101)	12.0023 (0.0410)
FM	-0.0034*** (0.0001)	-0.0058** (0.0308)	-0.0044** (0.0379)	-0.0050** (0.0107)	-0.0054*** (0.0030)	-0.0025*** (0.0003)	-0.0030*** (0.0003)	-0.0046*** (0.0000)
Sub		-2.5112* (0.0793)	2.6264 (0.2833)	1.8263 (0.4803)		0.5325 (0.5866)	1.8015 (0.20950)	2.2108* (0.0802)
FM·Sub		-0.8134*** (0.0000)	-0.8983*** (0.0000)	-0.9290*** (0.0000)		-0.2723*** (0.0000)	-0.3093*** (0.0000)	-0.3595*** (0.0000)

续表

	Lino				Inv			
	(1)	(2)	(3)	(4)	(5)	(6)	(7)	(8)
Age			-2.6147***	-3.8265***			0.0356	-0.6815***
			(0.0000)	(0.0000)			(0.8053)	(0.0000)
Scale			20.6351***	18.2764***			2.0908***	0.3442
			(0.0000)	(0.0000)			(0.0026)	(0.6021)
Roa			-47.7426***	-42.8703**			9.1594	14.7401**
			(0.00920)	(0.0193)			(0.2227)	(0.0440)
De			-21.3226**	-5.6183			-13.9250***	-3.4363
			(0.0476)	(0.6113)			(0.0000)	(0.2989)
Fix			24.2797*	4.6139			-4.7110	-4.8103
			(0.0901)	(0.7550)			(0.2803)	(0.2801)
Com			-7.1975	-23.4464			9.8716	3.1301
			(0.7817)	(0.3713)			(0.2567)	(0.7173)
Years	不控制	不控制	不控制	控制	不控制	不控制	不控制	控制
Inds	不控制	不控制	不控制	控制	不控制	不控制	不控制	控制
R^2	0.0020	0.0341	0.1734	0.3127	0.0011	0.0054	0.0813	0.1740

注：①括号里为估计系数的 P–值；②***、**和*分别表示1%、5%和10%的显著性水平。

第八章 金融资源错配纠偏机制效果检验

技术创新总产出产生显著影响，但其在降低民营控股企业创新产出的同时，可以提升国有控股企业的技术创新产出水平，这一结果与我国当前诸多国有企业所存在的专利申请部门摊派的现象一致。在现实经济生活中，出于个人自身政治利益最大化的目的，很多国有企业领导都会在企业内部进行专利申请指标个人摊派，以期迎合中央政府所制定的"创新驱动发展"战略目标需要，造成我国的"专利泡沫"现象明显。

其次，金融资源错配会严重阻碍我国国有与民营控股企业原始发明创新能力的提升。表 8-8 中 Panel A 至 Panel C 的回归结果（5）~（8）显示，金融资源错配指数（FM）对国有与民营控股上市企业原始发明创新能力（Inv）的回归系数均在 1% 或 5% 的显著性水平下为负，说明金融错配指数与企业原始发明创新能力之间存在明显的负相关关系。进一步根据式（8-7）中金融错配程度测算方法可知，FM 的数值越大意味着企业的金融错配程度越严重。因此，回归结果中金融错配与企业原始发明创新能力水平之间显著的负相关意味着：当企业所面临的金融错配程度越严重时，其原始发明专利授权量占比将越低。由于金融资源错配指数（FM）对国有和民营企业原始发明专利占比的估计系数均显著为负，说明金融错配不仅会阻碍我国民营控股企业原始发明创新能力的提升，而且也同样会降低国有企业原始发明创新产出的水平。以上结论与基本研究假设 H_{8-2-1} 一致。究其原因，还是因为我国金融资源配置"脱实向虚"现象明显，很多大型国有企业在利用其所有权优势获得大量银行贷款后，并没有将银行信贷投资于实体经济中去，而是将所融得的资金再次进行盈利能力强、风险高的投机性项目，造成了资本的无序扩张与金融的自我循环。

再次，政府科技补贴仅有利于缓解金融错配对民营控股企业创新产出的不利影响，对金融错配下国有控股企业的政策效果不明显。根据表 8-8 中 Panel C 中的回归结果（1）~（4），在控制金融错配、政府科技补贴及其他变量对民营控股上市企业技术创新产出（$Lino$）影响后，金融错配与政府科技补贴交互项（$FM \cdot Sub$）的估计系数始终在 1% 的显著性水平下为负。这意味着更多政府科技补贴的获得将增加金融错配下的民营企业技术创新产出，从而有利于缓解金融错配给民营企业技术创新产出带来的不利影响。但表 Panel B 中的回归结果（1）~（4）表明，金融错配与政府科技补贴交互项（$FM \cdot Sub$）对国有控股企业创新产出（$Lino$）的估计系数并不显著，说明政府科技补贴对激励金融错配下国有控股企业技术创新的政策效果不明显。

最后，政府科技补贴有利于缓解金融错配给我国民营控股企业原始发明创新所带来的不利影响，但其对提升国有控股企业原始发明创新能力的政策效果不明显。从表 Panel C 中的民营控股上市企业样本回归结果（5）~（8）可以看出，在控制金融错配与政府科技补贴单独影响后，其交互项（$FM \cdot Sub$）对企业原始发明创新能力（Inv）的回归系数始终在 1% 的显著性水平下为负。负的交互项系数说明：在控制金融错配影响后，增加对民营控股企业的政府科技补贴将有利于其原始发明创新能力的提升。然而，在国有控股上市企业样本中，金融错配与政府补贴交互项系数在（5）~（8）并不显著，意味着政府科技补贴对提升金融错配下国有控股企业原始发明创新能力的政策效果并不明显。上述两个结论与基本研究假设 H_{8-2-3} 相符。

（四）政府科技补贴对金融错配约束下企业研发投入的"挤入效应"检验

由上述实证检验结果可知，政府科技补贴在缓解金融错配对国有与民营控股企业技术创新影响时的政策效果存在显著差异。考虑到研发投入是企业技术创新的重要前提，为了检验政府科技补贴是否对金融错配约束下的国有与民营企业研发投入产生"挤入效应"，基于式（8-6）进行回归分析验后，所得结果如表 8-9 所示。

表 8-9 中的"挤入效应"检验结果表明：一方面，金融错配会降低民营控股企业研发投入，但对国有控股企业的影响不明显。从上表中的回归结果（5）~（8）可以看出，金融错配（FM）对民营控股上市企业研发投入的估计系数始终在 1% 的显著性水平为负，说明当民营控股企业所面临的金融错配越严重时，研发投入越少。然而，在回归结果（1）~（4）中，金融错配（FM）对国有控股上市企业研发投入的回归系数并不显著，这意味国有控股企业虽然是我国"二元"所有制金融错配的赢家，但充足的资金并没有导致其研发投入的增加。另一方面，政府科技补贴对金融错配下民营控股上市企业研发投入的"挤入效应"明显，但不会对国有控股企业研发投入产生显著影响。根据表中的回归结果（5）~（8）可知，在控制金融错配和政府科技补贴影响后，金融错配与政府科技补贴交互项（$FM \cdot Sub$）对民营控股上市企业研发投入的估计系数仍始终在 1% 的显著性水平为负，但该交互项的回归系数在国有控股上市企业样本中并不显著。这一结果表明：政府科技补贴将对金融错配下民营控股企业研发投入产生明显的"挤

表 8-9 政府科技补贴对金融错配约束下企业研发投入的"挤入效应"检验

	国有				民营			
	(1)	(2)	(3)	(4)	(5)	(6)	(7)	(8)
C	2.3149 (0.0000)	2.2929 (0.0000)	2.9884 (0.0003)	5.1128 (0.0000)	3.7870 (0.0000)	3.7778 (0.0000)	3.4269 (0.0000)	3.2037 (0.0028)
FM	-0.0120 (0.5530)	-0.0027 (0.3277)	-0.0014 (0.5463)	-0.0011 (0.6119)	-0.0034*** (0.0000)	-0.0001*** (0.0000)	-0.0003*** (0.0049)	-0.0006*** (0.0005)
Sub		1.4276 (0.5292)	1.8814 (0.4148)	1.7406 (0.4516)		0.8384 (0.3898)	1.2227 (0.18120)	1.2680 (0.1638)
FM·Sub		0.5312 (0.4191)	0.0535 (0.9269)	0.1425 (0.8077)		-0.0098*** (0.0001)	-0.0258*** (0.0003)	-0.0348*** (0.0002)
Age			0.0106 (0.5728)	-0.0667** (0.0348)			-0.0283 (0.2632)	-0.0970*** (0.0000)
Scale			-0.0949 (0.3283)	-0.2655*** (0.0082)			0.2945*** (0.0003)	0.1867** (0.0333)

续表

		国有				民营		
	(1)	(2)	(3)	(4)	(5)	(6)	(7)	(8)
Roa			-3.2529*** (0.0000)	-2.9904*** (0.0000)			-6.6219*** (0.0001)	-6.3749*** (0.0001)
De			-1.5127*** (0.0078)	-1.0871** (0.0385)			-3.4064*** (0.0003)	-2.5749*** (0.0072)
Fix			0.8731 (0.5445)	0.6028 (0.6901)			-2.2461** (0.0158)	-1.7224* (0.0734)
Com			11.2338*** (0.0082)	8.5961** (0.0314)			10.9320*** (0.0000)	9.3053*** (0.0000)
$Years$	不控制	不控制	不控制	控制	不控制	不控制	不控制	控制
$Inds$	不控制	不控制	不控制	控制	不控制	不控制	不控制	控制
R^2	0.0042	0.0143	0.0363	0.2057	0.0014	0.0049	0.1590	0.3471

注：①括号里为估计系数的P-值；②***、**和*分别表示1%、5%和10%显著性水平。

入效应",但其并不会对金融错配下国有控股企业的研发投入产生任何显著影响,与基本研究假设 H_{8-2-2} 一致。

(五)稳健性检验

(1)基于技术创新不同产出指标的检验。考虑到我国可能存在的"专利泡沫"及国有企业竞相出现的专利申请"部门摊派"现象对专利授权量所造成的影响,这里将采用国泰安 CSMAR 数据库中所披露的上市公司有效专利数据来代替上市企业专利授权数据进行稳健性检验。为了消除财务报表合并时所带来的有效专利数据匹配问题,在对上市企业有效专利数据进行统计时,仍然包含了子公司的有效专利数据,但不包含上市企业联营与合营公司的有效专利数据。基于面板数据式(8-6)进行多变量分组回归后,主要研究结论仍然成立。

(2)基于金融错配程度不同衡量方法的检验。本书主要基于所获得的外部融资比例与其外部融资需要之间的失衡水平来衡量主并民营企业所受金融资源受扭曲程度,并据此进行回归检验。考虑到民营企业融资约束程度的高低也是其所面临的金融资源配置扭曲程度的另一重要表现,以基于 Kaplan 和 Zinglas(1997)测算出的融资约束 KZ 指数替代本书所构建的金融错配指数(FM)进行回归检验后,主要研究结论不变。

四、检验结果

基于企业控股权性质差异视角,本节首先理论分析金融错配对我国国有与民营控股企业技术创新产出及原始发明创新能力提升的具体影响,然后再讨论政府补贴在缓解金融错配阻碍不同控股权性质企业创新产出及其原始发明创新能力提升时的政策效果。基于实际外部融资对其外部融资需求偏离度大小构建企业金融错配程度测算模型后,以我国 A 股上市企业 2012—2017 年的年度数据为样本来进行实证检验。研究结果表明:金融错配虽然增加了国有控股企业创新产出,但其严重阻碍企业原始发明创新能力的提升与民营企业创新产出水平;政府补贴有利于缓解金融错配对民营企业创新产出和原始发明创新的不利影响,但其对金融错配下国有企业技术创新的影响不明显。进一步研究发现,政府补贴对金融错配约束下民营企业技术创新研发投入的"挤入效应"明显,但无益于国有企业研发投入的增加。

第三节　金融结构优化缓解金融资源错配效果检验

一、研究背景

在中国经济三十多年快速稳定的发展过程中，金融的稳定与发展发挥着重要而又积极的作用。作为资源配置重要渠道之一，金融资源的合理配置将直接影响到自然资源与人力资源等其他社会资源优化配置。由于中国目前尚未建立完善的资本市场，使得银行信贷成为中国金融资源配置的最主要方式，银行信贷资源配置效率水平的高低如何备受政府与学者们的高度关注。然而，正如王钰等（2015）和吕劲松（2015）所发现的，[1][2] 中国长期存在的政企不分、政银不分和银企不分等现象直接影响了中国信贷资源的优化配置，不仅严重扭曲了银行信贷市场价格信号，而且明显提高中小企业信贷融资成本，加重中小企业资金成本负担。理论上而言，银行业竞争的加剧有利于提升银行信贷配置效率，但许桂华和谭春枝（2016）发现，中国银行业之间的竞争会以牺牲流动性创造为代价。虽然中国银行业改革面临进退两难之困境，但作为金融资源配置的最重要渠道之一，银行信贷资源如果无法实现合理有效的配置，不仅会使中国"麦克米伦缺口"进一步扩大、"马太效应"进一步增强，而且还会直接影响到中国"十三五规划"目标能否顺利实现。[3]

虽然长期以来，政府对银行信贷的干预、银企之间信息不对称及银行系统内部长期存在的"国有独大"现象严重阻碍中国信贷资金配置效率的提升，但随着金融市场化改革的推进及近年来中国股份制银行、城商行、外资银行及非正规金融机构等金融机构的发展与业务规模的扩大，不仅使得中国银行系统"国有独大"现象得到有效改善、市场竞争程度日益加剧，而且其在信息搜集与技术处理方面的能力明显上升，为中国银行信贷资金配置效率的提升准备了充分条件。正如苟琴等（2014a，2014b）所发现，国有与

---

[1] 王钰，骆力前，郭琦. 地方政府干预是否损害信贷配置效率？[J]. 金融研究，2015（4）：99-114.

[2] 吕劲松. 关于中小企业融资难、融资贵问题的思考 [J]. 金融研究，2015（11）：31-32.

[3] 许桂华，谭春枝. 银行业竞争度变动对商业银行流动性创造的影响：基于中国银行业的实证分析 [J]. 金融经济学研究，2016（4）：25-35.

非国有企业之间的信贷配给差距正逐步消失,企业自身禀赋与宏观金融环境越来越成为其能否获得银行信贷的重要影响因素。①② 此外,银行结构的多元化也为中国信贷资金配置效率的提高准备了有利前提。正如姚耀军和董钢锋(2015)所指出,虽然金融发展水平的提升有利于整体推动实体经济的快速发展,但金融结构的多元化则能有效提高金融资源配置效率;由中小银行所推动的银行业结构变化显著缓解了中小企业信贷融资约束。③ 不仅如此,林毅夫等(2009)基于金融体系对实体经济发展的适应性视角,提出了新结构经济学框架下的最优金融结构理论,并阐述了特定金融结构对特定经济发展阶段的重要性。④ 虽然多元化的银行结构通过引入更有力的竞争而能更好地服务于实体经济信贷需求、提高整个银行系统的信贷配置效率,但一方面中国各地区金融发展水平与金融市场化程度差异明显,使得各地区金融结构表现出明显的非均衡发展特征;另一方面,尽管不同金融机构之间通过发展异质性客户群体、提供异质性金融服务而展开垄断性竞争,但银企之间的信息不对称始终是影响信贷资金配置效率的重要因素。这就使得在中国抵押贷款依然盛行之背景下,作为银行信贷所赖以依据的"硬信息"之一的企业规模大小将成为影响银行信贷决策及企业能否获得信贷支持的重要因素。

二、理论分析

金融资源配置效率的提升是优化一国或一经济体资源配置的重要保证,金融资源配置的优化需要通过金融体系的不断发展与完善而得以实现。金融体系涉及金融发展规模与金融结构两个层面,虽然 Beck 和 Levine(2002)及 Beck 等(2008)等均发现,在控制金融发展水平后,金融结构是否存在

---

① 苟琴,黄益平. 我国信贷配给决定因素分析:来自企业层面的证据[J]. 金融研究,2014(8):1-17.
② 苟琴,黄益平,刘晓光. 银行信贷配置真的存在所有制歧视吗?[J]. 管理世界,2014(1):16-26.
③ 姚耀军,董钢锋. 中小企业融资约束缓解:金融发展水平重要抑或金融结构重要?:来自中小企业版上市公司的经验证据[J]. 金融研究,2015(4):148-161.
④ 林毅夫,孙希芳,姜烨. 经济发展中的最优金融结构理论初探[J]. 经济研究,2009(8):4-17.

企业创新模式选择及其金融错配纠偏机制设计

银行主导型或市场主导型差异对经济发展并无显著性影响,①② 但自 Jaffee 和 Russell（1976）对不完善信贷市场进行开创性研究以来,忽略金融结构重要性的研究成果备受质疑。③ 基于金融体系对实体经济发展适应性视角,林毅夫等（2009）从理论上阐述了最优金融结构理论。④ 姚耀军和董钢锋（2015）则基于中国上市中小企业数据,对金融结构相对于金融整体发展水平的重要性进行了实证研究并发现,银行业微观市场结构的变化显著缓解了中国中小企业信贷融资约束。成力为等（2013）指出,缓解中国中小企业融资的根本出路在于积极推动中国权益融资市场的发展。⑤

除金融结构差异会影响银行信贷资金配置效率外,企业控股权性质差异对中国信贷资金配置效率的影响长期为国内外学者所关注。早期研究发现,控股权性质差异是导致中国银行信贷配给的重要原因。江伟和李斌（2006）指出,相对于非国有企业而言,国有控股企业"政治关系"更多,预算约束更软,更容易获得政府信贷支持,从而使得银行信贷决策存在明显的"所有制歧视"现象。⑥ Allen 等（2005）也发现中国银行信贷大部分流向效率低下的国有企业。然随着中国银行业及国有企业改革的深入,盈利能力与规模大小等代表企业债务偿还能力的"硬信息"在影响银行信贷决策中发挥着越来越重要的作用,银行更倾向于按照市场化机制原则为企业提供贷款。⑦ Firth 等（2009）发现,在中国银行体系相对发达的地区,银行信贷决策更多地采用商业性判断标准。⑧ 方军雄（2010）认为私营企业银行贷款较

---

① BECK T, LEVINE R. Industry Growth and Capital Allocation: Does Having a Market or Bank-Based System Matter? [J]. Journal of Financial Economics, 2002, 64 (2): 147 – 180.

② BECK T H L, DEMIRGÜÇ-KUNT A, MAKSIMOVIC V. Financial Patterns around the World: Are Small Firms Different? [J]. Journal of Financial Economics, 2008, 89 (3): 467 – 487.

③ JAFFEE D M, RUSSELL T. Imperfect Information, Uncertainty, and Credit Rationing [J]. The Quarterly Journal of Economics, 1976, 90 (4): 651 – 666.

④ 林毅夫,孙希芳,姜烨. 经济发展中的最优金融结构理论初探 [J]. 经济研究, 2009 (8): 4 – 17.

⑤ 成力为,严丹,戴小勇. 金融结构对企业融资约束影响的实证研究：基于20个国家制造业上市公司面板数据 [J]. 金融经济学研究, 2013 (1): 108 – 119.

⑥ 江伟,李斌. 制度环境、国有产权与银行差别贷款 [J]. 金融研究, 2006 (6): 116 – 126.

⑦ ALLEN F, QIAN J, QIAN M J. Law Finance and Economic Growth in China [J]. Journal of Financial Economics, 2005, 77 (1): 57 – 116.

⑧ FIRTH M, CHEN L, WONG S. Inside the Black Box: Bank Credit Allocation in China's Private Sector [J]. Journal of Banking and Finance, 2009, 33 (6): 1144 – 1155.

第八章 金融资源错配纠偏机制效果检验

少是企业自我决策的结果,否定了银行信贷存在"所有制歧视"现象。[①] 苟琴和黄益平(2014)在研究中国银行信贷决策时也未找到信贷资金配给"所有制歧视"证据,并进一步指出企业规模是影响中国银行信贷的重要因素。[②]

合理有效的信贷配置要求银行按照边际产出均等原则为企业提供贷款,效率越高的企业获得更多资金,效率次之者获得较少资金,效率最低的企业获得最少的信贷资金。不仅如此,在信贷价格方面,有效的信贷资源配置也要求按照市场价格机制为企业提供贷款支持。随着中国金融市场化改革的推进,近年来中国银行业市场结构和市场定价机制发生了显著变化。在市场结构方面,大型国有银行市场份额逐渐缩小,包括股份制银行和各地城商行在内的中小银行市场份额日益上升,财务公司、信托公司、外资银行及小额贷款等金融机构信贷规模不断扩大;在信贷价格方面,随着中国利率市场化改革的深入,银行业市场结构的变化有助于引起其之间直接或间接地展开价格竞争,各银行纷纷取道市场定价模式。由于在中国银行体系中,除大型国有银行外,市场份额最大的当属包括股份制银行和城商行在内的中小银行,本书拟重点分析中小银行市场份额的上升将会对不同规模企业信贷数量与信贷价格配置效率所产生的具体影响。考虑到信息不对称是影响银行信贷决策的重要因素,当银企之间的信息不对称程度越高时,银行将会要求更高的贷款利率以有效降低信贷违约风险所带来的损失。正如 Berger 等(2005)所指出,小银行因为组织结构较简单,信息传递链条较短,贷款决策者往往能直接接触到大量底层信息,使得小银行在处理企业家经营能力、个人品质与企业所在市场环境等难以量化的"软信息"方面更具优势。[③] Berger 和 Black(2011)、张晓玫和潘玲(2013)等均发现,银企之间所建立的关系型信贷不仅有利于凸显小银行对"软信息"处理的比较优势,而且可以极大缓解

[①] 方军雄. 民营上市公司真的面临银行信贷歧视吗?[J]. 管理世界,2010(11):123-131.
[②] 苟琴,黄益平. 我国信贷配给决定因素分析:来自企业层面的证据[J]. 金融研究,2014(8):1-17.
[③] BERGER A N, MILLER N H, PETERSEN M A, et al. Does Function Follow Organizational Form? Evidence from the Lending Practices of Large and Small Banks?[J]. Journal of Financial Economics,2005,76(2):237-269.

中小企业信贷融资约束。①② 此外，根据 Banerjee 等（1994）所提出的"长期互动假说"，大多数小银行属于地方性金融机构，对当地小企业经营状况更加了解，更能与当地小企业建立良好的银企关系，更低的信息不对称程度有利于降低其信贷违约风险。③ 不仅如此，中小银行的快速发展有利于打破传统银行业内部所存在的"国有独大"垄断局面，加剧银行业内部市场价格竞争。鉴于上述分析，提出基本研究假设如下。

H_{8-3-1}：提高中小银行市场份额将有助于提升银行信贷价格配置效率，且对中小企业信贷价格配置效率的影响更明显。

虽然近些年来中国中小银行发展迅速、银行业微观市场结构发生了较大变化，但大型国有银行所占据的绝对市场优势并未发生根本性动摇。加上国有银行与大中型国有企业之间长期存在千丝万缕的联系，当国有企业出现违约行为时有政府间接为其提供担保，使得国有控股企业更愿意向国有银行申请贷款。在中国国有经济仍占据主导地位而民营经济尚不够发达的背景下，实体经济中的企业信贷仍以国有银行提供为主。但对于中小企业而言，出于对信息不对称所带来的高昂信息成本考虑，其更愿意向股份制银行和城商行这些中小银行申请贷款并试图建立长期稳定的银企关系。正如张晓玫和潘玲（2013）所发现，与银行建立关系型信贷将有利于中小企业信贷融资约束的改善。④ 此外，考虑到中小银行自身资源禀赋与投资风险分散需要，其一般难以满足大企业单笔贷款金额较大的要求而更倾向于为中小企业提供必要的贷款，并通过不断积累中小企业相关私有信息来克服中小企业财务报表不规范、抵押资产价值不足等缺陷，以此降低与中小企业之间的信息不对称并为其提供更足额的信贷支持。基于此分析，现提出本书第二个研究假设如下。

H_{8-3-2}：中小银行越发达越有利于缓解中小企业信贷融资约束，但对规模较大企业信贷数量配置效率的影响不明显。

---

① BERGER A N, BLACK K L. Bank Size, Lending Technologies, and Small Business Finance [J]. Journal of Banking and Finance, 2011, 35 (3): 724-735.

② 张晓玫, 潘玲. 我国银行业市场结构与中小企业关系型贷款 [J]. 金融研究, 2013 (6): 133-145.

③ BANERJEE A V, BESLEY T, GUINNANE T W. The Neighbor's Keeper: The Design of a Credit Cooperative with Theory and a Test [J]. The Quarterly Journal of Economics, 1994, 109 (2): 491-515.

④ 张晓玫, 潘玲. 我国银行业市场结构与中小企业关系型贷款 [J]. 金融研究, 2013 (6): 133-145.

三、实证检验

（一）样本筛选与模型设定

考虑到中国金融市场化的历史进程及美国次贷危机给世界银行业所带来的影响，本书将以 2010 年前上市的沪深上市企业年度数据为样本来实证检验地区金融结构差异对不同规模企业信贷数量与信贷价格配置效率的具体影响。在进行实证检验前，首先按照如下程序对样本企业进行筛选：①剔除金融类上市企业；②剔除 ST、*ST 及 PT 企业；③考虑上西藏地区上市企业家数较少，这里剔除了西藏地区的上市企业；④剔除数据不全的企业；⑤剔除负债大于资产的企业；⑥采用 Winsorize 法剔除数据异常企业。经上述处理后，最后得到 1540 个样本企业；其中主板上市企业 1182 家，中小板与创业板上市企业共 358 家。上市企业数据来自国泰安 CSMAR 数据库，各地区银行业金融结构数据经《各地区金融运行报告》整理而得，此后不再赘述。

基于 Wurgler（2000）思路，笔者认为合理有效的信贷配置要求：效率较高的企业获得更多信贷数量支持，其信贷价格也应该更低；反之，则企业获得的信贷数量更少，价格更高。[①] 当信贷数量与信贷价格对企业效率越敏感时，说明信贷资源的配置效率越高。此外，根据陆正飞等（2009）、江伟和李斌（2006）及王钰等（2015）的研究可知，除盈利能力外，资产结构、杠杆率及其资产规模大小均是影响企业获取银行贷款的重要因素。[②][③][④] 本文在有效控制上述变量影响基础上，以主板上市企业代表规模较大企业、以中小版与创业板上市企业代表中小企业，基于如下面板数据模型来实证检验地区金融结构差异对不同规模企业信贷数量与信贷价格的具体影响：

$$Loan_{i,j,t} = \alpha_0 + \alpha_1 ROA_{i,j,t} + \alpha_2 FS_{i,t} + \alpha_3 ROA_{i,j,t} \cdot FS_{i,t} + \sum \alpha X_{i,j,t} + \varepsilon_{i,j,t},$$
(8-8)

---

① WURGLER J. Financial market and the allocation of capital [J]. Journal of Financial Economics, 2000, 58 (1): 187-214.

② 陆正飞, 祝继高, 樊铮. 银根紧缩、信贷歧视和民营上市公司投资者利益损失 [J]. 金融研究, 2009 (8): 124-136.

③ 江伟, 李斌. 制度环境、国有产权与银行差别贷款 [J]. 金融研究, 2006 (6): 116-126.

④ 王钰, 骆力前, 郭琦. 地方政府干预是否损害信贷配置效率? [J]. 金融研究, 2015 (4): 99-114.

其中，$i=1, 2, \cdots$为不同地区，$j=1, 2, \cdots$为不同企业，$t=1, 2, \cdots$代表年份；式（1）中的被解释变量 Loan 为企业贷款情况，包括年度银行贷款数量（TD）和贷款价格（INT）；考虑到企业短期负债多与其日常经验活动有关，这里以长期负债除以总资产来反映企业银行贷款数量，贷款价格等于利息支出除以企业长期负债；ROA 为企业资产收益率，代表企业盈利能力水平的高低；FS 为地区金融结构水平，定义为各地区中小银行资产总和除以该地区银行业金融机构资产总额；X 为影响企业信贷的控制变量，包括企业总资产的对数（LNA），资产结构（FIX）和企业杠杆率水平（LEV）；其中资产结构（FIX）定义为企业固定资产与总资产之比，杠杆率（LEV）等于企业总负债除以总资产。当 a_3 显著时，说明金融结构差异会对银行信贷配置效率产生明显影响。

（二）单变量因素分析

对模型（8-8）进行多变量实证检验前，这里首先按照各地区中小银行资产规模比例大小将其分为高、低两组，然后再采用双样本异方差均值比较法对规模较大企业与中小企业在不同金融结构地区的资产盈利能力（ROA）、信贷数量（TD）与信贷价格（INT）情况进行对比分析，所得结果如表8-10 和表8-11 所示。

从表8-10 和表8-11 中的均值比较结果可以看出，金融结构对不同规模企业信贷数量与信贷价格的影响具有如下显著特征：

首先，对于中小银行越发达的地区而言，规模较大企业资产盈利能力明显更强。从表8-10 中的均值比较结果可以看出，除2011 年外，中小银行较发达地区规模较大企业 2010—2015 年的资产盈利能力（ROA）均在5% 或10% 的临界下高于中小银行欠发达地区的水平；但中小银行发达程度对中小企业资产盈利能力（ROA）的影响除 2010 年和 2011 年外并不明显。

其次，相对于中小银行欠发达地区而言，中小银行越发达地区的中小企业信贷数量显著更高。表8-11 中的均值比较结果说明，除2010 年外，中小银行越发达地区中小企业信贷数量（TD）均在5% 临界值下高于中小银行欠发达地区的水平。

再次，地区中小银行越发达时，企业信贷价格越低。根据表8-10 和表8-11 中的均值比较结果可知，中小银行越发达地区的大规模企业2011 年、2012 年和2014 年的信贷价格（INT）均在5% 或10% 临界值下显著低于中小

表 8-10 不同金融结构地区规模较大企业资产收益率、信贷数量与信贷价格均值对照

	ROA			TD			INT		
	高	低	P-值	高	低	P-值	高	低	P-值
2010	0.0588	0.0378	0.0361**	0.1426	0.1339	0.2117	0.0029	0.0028	0.4875
2011	0.0412	0.0369	0.1110	0.1162	0.1407	0.0100**	0.0026	0.0041	0.0893*
2012	0.0322	0.0277	0.0773*	0.1140	0.1327	0.0317**	0.0025	0.0043	0.0637*
2013	0.0328	0.0191	0.0004***	0.1175	0.1336	0.0598*	0.0030	0.0034	0.2874
2014	0.0275	0.0196	0.0143**	0.1150	0.1239	0.1838	0.0027	0.0045	0.0364**
2015	0.0221	0.0092	0.0008***	0.1080	0.1197	0.1077	0.0032	0.0039	0.2288

注：***、**、* 分别表示在0.01、0.05和0.1水平下显著。

表 8-11 不同金融结构地区中小企业资产收益率、信贷数量与信贷价格均值对照

	ROA			TD			INT		
	高	低	P-值	高	低	P-值	高	低	P-值
2010	0.0694	0.1902	0.0000***	0.0779	0.0599	0.1183	0.0006	0.0025	0.0771*
2011	0.0591	0.0436	0.0453**	0.1038	0.0464	0.0017***	0.0011	0.0023	0.0166**
2012	0.0448	0.0370	0.1037	0.0836	0.0502	0.0338**	0.0015	0.0018	0.2105
2013	0.0391	0.0377	0.4138	0.1083	0.0493	0.0041***	0.0018	0.0023	0.0135**
2014	0.0436	0.0373	0.1342	0.0837	0.0521	0.0294**	0.0020	0.0022	0.2974
2015	0.0357	0.0260	0.1047	0.1008	0.0530	0.0058***	0.0016	0.0022	0.0988*

注：***、**、* 分别表示在1%、5%和10%临界水平下显著。

银行欠发达地区的水平；这些地区中小企业信贷价格除 2012 年和 2014 年外也均低于中小银行欠发达地区水平。

（三）多变量回归检验

完成对不同金融结构地区的不同规模企业资产盈利能力、信贷数量和信贷价格的单变量因素分析后，现拟基于面板模型 (8-8) 进行多变量回归检验。在对其进行模型设定形式与固定（随机）效应进行检验后，本书将采用常系数变截距的固定效应模型对地区金融结构如何影响不同规模企业的信贷价格与信贷数量进行回归分析。所得结果如表 8-12 和表 8-13 所示。

根据表 8-12 和表 8-13 的多变量回归检验结果可知，不同金融结构对地区信贷资金价格与数量配置效率的影响具有如下显著特征。

第一，各地区信贷资金价格配置效率较高，但在数量配置方面缺乏效率。表 8-12 中的回归结果表明，企业盈利能力（ROA）对其信贷价格的回归系数基本上均在 1% 临界水平下显著为负。这意味着当企业盈利能力越强时，信贷价格越低，银行信贷资金配置在价格上效率水平较高。但表 8-13 中的回归结果显示，无论是对于全样本还是规模较大企业与中小企业样本，企业盈利能力（ROA）对信贷资金数量配置的回归系数均为负，意味着企业信贷资金在数量上与其盈利能力负相关。这充分说明银行在向企业提供贷款时，并非按照企业盈利能力在数量上给予配置，银行信贷数量配置效率较低。

第二，增加中小银行资产比例将有助于提升银行信贷价格配置效率，且对降低中小企业信贷价格的影响更明显。根据表 8-12 中的回归检验结果，企业盈利能力（ROA）对各个不同样本的回归系数均为负，而其与中小银行资产比例交互项（FS·ROA）的回归系数在全样本与中小企业样本中均在 1% 临界水平下显著为正。这充分说明在有效控制企业盈利能力、资本结构、资产结构和企业规模等因素影响基础上，地区中小银行资产占银行业总资产的比例越高时，全样本与中小企业样本的信贷价格将越低，大力发展中小银行将有助于提升中国信贷资金价格配置效率。此外，企业盈利能力与中小银行资产比例交互项（FS·ROA）对中小企业样本的回归系数为 0.0181，是其对全样本回归系数（0.0054）3 倍以上。系数大小差异说明相对于全样本而言，增加中小银行资产比例将极大提升银行对中小企业信贷资金价格配置

第八章 金融资源错配纠偏机制效果检验

表8-12 地区金融结构对不同规模企业信贷价格影响回归结果

	全样本		规模较大企业		中小企业	
C	0.0026 (0.0000)	0.0017 (0.0000)	0.0029 (0.0000)	0.0020 (0.0000)	0.0020 (0.0000)	0.0011 (0.0649)
ROA	−0.0026*** (0.0000)	−0.0022*** (0.0000)	−0.0011*** (0.0001)	−0.0007* (0.0656)	−0.0098*** (0.0000)	−0.0085*** (0.0000)
FS	0.0008*** (0.0000)	0.0012*** (0.0000)	0.0008*** (0.0000)	0.0017*** (0.0000)	−0.0003 (0.3615)	−0.0004 (0.2619)
ROA·FS	0.0073*** (0.0000)	0.0054*** (0.0004)	0.0031*** (0.0014)	0.0018 (0.1801)	0.0172*** (0.0000)	0.0181*** (0.0000)
LEV		0.0017*** (0.0000)		0.0015*** (0.0000)		0.0018*** (0.0000)
FIX		−0.0004*** (0.0000)		−0.0003*** (0.0001)		−0.0005*** (0.0030)
LNA		−0.0001 (0.4774)		−0.0001 (0.5054)		0.0001 (0.9728)
R^2	0.8764	0.9023	0.8914	0.9210	0.9031	0.9233

注：①括号里面为估计系数的P-值；②***、**、*分别表示在0.01、0.05和0.1水平下显著。

表 8-13　地区金融结构对不同规模企业信贷数量影响回归结果

	全样本		规模较大企业		中小企业	
C	0. 1119 (0. 0000)	-0. 1302 (0. 0000)	0. 1310 (0. 0000)	-0. 1308 (0. 0000)	0. 0597 (0. 0000)	-0. 0886 (0. 0000)
ROA	-0. 0124 ** (0. 0120)	-0. 0108 (0. 4147)	-0. 0164 ** (0. 0272)	-0. 0092 (0. 6035)	-0. 0026 (0. 7614)	0. 0104 ** (0. 0195)
FS	-0. 0124 *** (0. 0000)	-0. 0840 *** (0. 0000)	-0. 0283 *** (0. 0000)	-0. 0919 *** (0. 0000)	0. 0018 (0. 4940)	-0. 0317 *** (0. 0001)
ROA · FS	0. 0431 ** (0. 0107)	0. 0419 (0. 3595)	0. 0553 ** (0. 0293)	0. 0298 (0. 6288)	0. 0127 (0. 6761)	0. 0358 ** (0. 0218)
LEV		-0. 0332 *** (0. 0000)		-0. 0335 *** (0. 0000)		-0. 0273 *** (0. 0000)
FIX		0. 0154 *** (0. 0000)		0. 0165 *** (0. 0000)		0. 0160 *** (0. 0002)
LNA		-0. 0109 *** (0. 0000)		-0. 0115 *** (0. 0000)		-0. 0066 *** (0. 0000)
R^2	0. 8214	0. 8354	0. 8376	0. 8512	0. 8012	0. 8342

注：①括号里面为估计系数的 P－值；②***、**、*分别表示在 0. 01、0. 05 和 0. 1 水平下显著。

效率水平，与基本研究假设 H_{8-3-1} 一致。但表 8-12 中的回归结果亦表明，当控制资产结构、资产负债率和资产规模等因素影响后，企业盈利能力与中小银行资产比例交互项（$FS \cdot ROA$）的回归系数在规模较大企业样本中并不显著，意味着中小银行资产比例的变化目前尚未对规模较大企业信贷资金价格产生显著影响。

第三，发展中小银行仅有助于提升中小企业信贷资金在数量上的配置效率，但其对规模较大企业的影响不明显。从表 8-13 中的回归结果可知，盈利能力水平（ROA）对中小企业信贷数量的回归系数在 5% 临界水平下显著为正，而中小银行资产比例与企业盈利能力的交互项（$FS \cdot ROA$）回归系数亦在 5% 临界水平下显著为正。这充分说明当中小企业盈利能力相同时，地区中小银行的资产规模越大，中小企业将获得更多的信贷资金支持。系数大小等于 0.0358 进一步说明，当银行业中的中小银行资产比例上升 1% 时，中小企业的信贷数量在提高 3.58%。但对于全样本和规模较大企业样本而言，表 8-13 中的回归结果显示，一方面，企业盈利能力与信贷数量配置显著负相关，说明中国银行信贷资金在数量配置上缺乏效率；另一方面，当控制资产结构、资产负债率和资产规模等因素影响后，中小银行资产比例与企业盈利能力的交互项（$FS \cdot ROA$）回归系数并不显著，这说明提高中小银行资产比例不会对全样本和规模较大企业样本的信贷数量配置效率产生显著影响，与基本研究假设 H_{8-3-2} 相符。

四、检验结果

以中小银行资产规模占整个银行业资产总额的比例大小来衡量地区金融结构差异，本部分首先基于企业规模差异视角对金融结构变化如何影响银行信贷资金数量与价格配置效率进行了理论分析，然后再以 2010—2015 年中国上市企业年度数据为样本对其进行实证检验。结果发现：银行信贷数量对企业资产盈利能力缺乏敏感性，银行信贷在数量配置上缺乏效率；但信贷价格与企业盈利能力水平负相关，说明信贷资金在价格上的配置效率较高。进一步研究发现，发展中小银行将有助于进一步提升银行信贷价格配置效率，且对降低中小企业信贷成本的影响更明显；但在信贷数量配置方面，发展中小银行仅能提升中小企业信贷资金配置效率，而对规模较大企业的影响不明显。

本章小结

以我国上市企业数据为样本，本章首先在理论分析跨所有制并购影响主并民营企业金融资源配置受扭曲程度作用机制基础上，进一步对比分析不同地域与行业选择时的跨所有制并购对降低主并民营企业金融资源配置受扭曲程度的差异性影响。经研究发现：通过提升投资者信心与主并民营企业会计信息质量、降低金融机构对其"风险感知"，跨所有制并购在当年、第二年与第三年均能显著降低主并民营企业金融资源配置受扭曲程度；且相对于异地并购与同业并购而言，属地并购与跨业并购国有资本更有利于主并民营企业金融资源配置受扭曲程度的降低。

然后，本章第二部分首先理论分析金融错配对我国国有与民营控股企业技术创新产出及原始发明创新能力提升的具体影响，然后再讨论政府科技补贴在缓解金融错配阻碍不同控股权性质企业创新产出及其原始发明创新能力提升时的政策效果。基于实际外部融资对其外部融资需求偏离度大小构建企业金融错配程度测算模型后，以我国 A 股上市企业 2012—2017 年的年度数据为样本来进行实证检验。研究结果表明：金融错配虽然增加了国有控股企业创新产出，但其严重阻碍企业原始发明创新能力的提升与民营企业创新产出水平；政府补贴有利于缓解金融错配对民营企业创新产出和原始发明创新的不利影响，但其对金融错配下国有企业技术创新的影响不明显。进一步研究发现，政府补贴对金融错配约束下民营企业技术创新研发投入的"挤入效应"明显，但无益于国有企业研发投入的增加。

在第三部分，以中小银行资产规模占整个银行业资产总额的比例大小来衡量地区金融结构差异，首先基于企业规模差异视角对金融结构变化如何影响银行信贷资金数量与价格配置效率进行了理论分析，然后再以 2010—2015 年中国上市企业年度数据为样本对其进行实证检验。结果发现：银行信贷数量对企业资产盈利能力缺乏敏感性，银行信贷在数量配置上缺乏效率；但信贷价格与企业盈利能力水平负相关，说明信贷资金在价格上的配置效率较高。进一步研究发现，发展中小银行将有助于进一步提升银行信贷价格配置效率，且对降低中小企业信贷成本的影响更明显；但在信贷数量配置方面，发展中小银行仅能提升中小企业信贷资金配置效率，而对规模较大企业的影响不明显。

第九章　主要结论与路径优化对策建议

第一节　研究结论

改革开放以来，我国经济持续维持高位增长，社会经济发展水平举世瞩目。然而，随着我国不断步入高质量经济发展新阶段，技术创新能力不足、核心竞争力匮乏等问题日益凸显，正逐渐成为制约我国经济进一步高质量发展的重要因素。毋庸置疑，一国或一经济体技术创新能力的提升离不开资源配置的优化。作为社会核心资源之一，金融资源配置的优化将引导资本、人力与技术等其他生产要素在不同企业和生产部门之间的合理流动，使得效率更高的企业获得更多资源，效率较低者次之，效率最低者获得最少资源。然而，在"二元"所有制经济结构与金融资源配置政府主导型特征影响下，我国金融资源配置扭曲程度明显。效率更多的民营企业所面临"融资难、融资贵"问题日益凸显，国有企业虽然效率更低，但因其所有权性质优势普遍获得更多金融支持，导致资金冗余现象明显。

金融资源配置的扭曲不仅使效率更高的效率难以获得金融支持，而且还会扭曲资本市场信号与金融系统应有的资金融通、风险分散与收益评估等功能的正常发挥，严重影响企业技术创新活动的进行及其对技术创新模式的选择，本研究旨在研究金融资源配置扭曲对我国企业技术创新模式选择的具体影响，据此进一步设计相应的纠偏机制与优化路径，以期不断优化金融资源配置、促进我国企业技术创新能力水平的提升。基于对现有相关研究成果的梳理与提炼，本章首先在对我国企业技术创新及其模式选择现状进行了统计分析。在系统分析了我国金融资源配置扭曲的具体形态及其成因基础上，我们进一步设计能进行适时测算的地区、产业和企业层面的金融资源配置扭曲程度测算模型，并以我国不同时期的数据样本进行了具体测算。在此基础上，进一步基于演化博弈模型深入分析金融资源配置扭曲影响企业技术创新模式选择的内在机制，并采用系统动力学模型对其进行模拟仿真分析。在完成对金融资源配置扭曲如何影响企业技术创新模式选择的分析后，本章进一步基于信号发送理论与领导者—追随者数量博弈模型设计能有效缓解金融资源配置扭曲的3种机制，并以我国企业数据为样本对其进行实证检验与路径优化。为此，得到诸多研究结论如下所述。

一、企业技术创新模式选择方面

从企业总体技术创新能力来看：一方面，我国企业原始发明专利授权量占比不稳定，且总体上偏低；另一方面，虽然外观设计专利授权量占比逐年递减，但以实用新型专利为主的技术创新模式仍呈上升趋势。从与世界其他几个发达国家的比较来看，根据对中国国家知识产权局（CNIPA）、美国专利商标局（USPTO）、日本特许厅（JPO）、韩国特许厅（KIPO）和欧洲专利局（EPO）五大知识产权局（以下简称"五大局"）与世界知识产权组织（WIPO）所联合发布的《世界五大知识产权局统计报告》中的统计数据分析可知：在原始发明创新能力方面，自2012年开始，除2013年较之于2012年略有下降外，我国发明专利授权量在五大局中的占比逐年上升，说明我国企业原始发明创新能力自"创新驱动发展"战略实施以来得到明显增强；在有效专利方面，在美国、日本和韩国的有效专利占比不断下滑的同时，中国的有效专利数量占比自2012年开始的增速迅猛，且虽然与美国和日本之间的差距在逐渐减少，但与欧盟之间的差距仍然较大。从国内各个地区的分布差异来看，我国企业原始发明创新能力地区间差异明显，而且原始发明创新目前尚未成为驱动地区经济发展的核心要素，原始发明创新能力与地区经济发展水平之间的失衡现象非常严重；虽然浙江、江苏、福建、山东等沿海省份的经济发达水平较高，但其原始发明专利授权量占比不仅在2012年较低，而且在随后的几年中亦明显地区其他地区水平。从行业分布来看，我国被授权的企业发明专利主要集中于化学、冶金、纺织、造纸、物理和电学部类，其他部类的企业发明专利授权量则相对更低。从不同控股权性质企业之间的比较来看，相对于国有企业而言，我国民营企业专利申请数、发明专利申请数与有效发明专利数不仅远超于国有企业水平；民营企业的专利申请数、发明专利申请数与有效发明专利数的占比递增趋势明显。

二、金融资源错配成因、形态与程度测算方面

在我国金融资源错配成因方面：政府干预、金融结构不合理、金融资源

配置所有权歧视等是导致我国金融资源配置扭曲的主要原因。在我国金融资源错配形态方面：我国金融资源错配主要包括银行信贷错配和证券市场股权融资错配两大类；其中银行信贷错配包括价格错配和数量错配两种，证券市场错配包括IPO错配和股权再融资错配两种。具体的金融资源错配形态包括：银行信贷企业价格错配、企业数量错配、行业价格错配、行业数量错配，IPO错配包括地区数量错配、行业数量错配和企业数量错配，股权再融资错配又包括定向增发地区数量错配、行业数量错配和企业数量错配。在金融资源错配程度大小方面，本章重新设计了金融资源错配程度测算"熵"值法、融资需求满足度法和股权融资敏感度法三种。基于熵值法测算结果发现：我国银行信贷错配程度与地区经济发展水平呈现出明显的不对称性；北京和上海两地不仅经济发达水平处于全国前列，而且其信贷错配程度指数亦非常低；江苏、福建、山东、浙江等沿海省份虽然经济发达水平较高，但其在过去诸多年份中的信贷错配程度仍相当严重；虽然甘肃、新疆、宁夏、陕西和山西这几个省区的经济发展水平较低，但其信贷资金配置效率较高。基于融资需求满足度法对企业股权再融资错配情况进行分析后发现：我国上市企业定向增发对企业盈利能力不敏感，定向增发错配现象明显；在数量上，国有企业外部融资需求更低，但其融资规模明显更高；在价格上，相对于国有控股企业而言，民营控股上市企业定向增发价格错配程度更严重。

三、金融错配扭曲企业技术创新模式选择内在机制方面

当金融错配程度及企业研发成功概率分别处于一方恒定而另一方变化状态时，受到（未受到）金融资源配置扭曲影响的企业选择原始发明创新的概率随时间变化分别呈现出线性或非线性递增、递减及无序化等多样性特征。进一步采用系统动力学SD模型进行模拟仿真后发现：金融资源的错配导致资金流入效率更低的部门，降低了企业的研发资本投入水平；金融错配对我国企业技术创新具有明显的抑制作用，金融错配程度每增加10%，企业技术创新水平下降7.1%；政府干预会加大金融错配对技术创新的抑制作用，政府干预力度增大10%可抑制技术创新水平8.25%的上升幅度。

四、金融资源错配纠偏机制设计与效果检验方面

基于信号发送博弈进行均衡分析后发现：在一定的假设条件下，银行根据民营企业是否进行跨所有制并购情况来决定信贷发放金额将是一种有效的

信贷错配纠偏机制，其能够有效区分民营企业质量的高低并降低高质量民营企业所面临的信贷错配程度；政府科技补贴具有信号发送功能，银行根据民营企业所获政府科技补贴的多寡来决定信贷申请的审批是一种有效的信贷错配纠偏机制，既可以企业杜绝逆向选择行为的发生，又可以降低高质量民营企业所面临的信贷错配程度。基于领导者—追随者数量博弈模型分析后发现：增加中小银行不仅有利于民营企业金融资源数量错配程度的缓解，而且对降低民营企业金融资源价格错配的积极影响明显。

当对金融资源错配纠偏机制进行效果检验时发现：①通过提升主并民营企业会计信息质量、降低债权人对主并民营企业"风险感知"、提升投资者对主并民营企业信心，跨所有制并购有助于降低主并民营企业金融资源配置受扭曲程度；相较于异地与同业跨所有制并购而言，属地内的多元化跨所有制并购更有利于主并民营企业金融资源配置受扭曲程度的降低。②金融错配在提升国有控股企业创新产出的同时，会降低民营控股企业创新产出水平及国有与民营控股企业的原始发明创新能力；政府补贴对金融错配下民营控股企业研发投入的"挤入效应"明显，但其不会对国有控股企业的研发投入产生显著影响；政府补贴有利于金融错配下民营控股企业创新产出与原始发明创新能力的提升，但对国有控股企业的政策效果不明显。③提高中小银行市场份额将有助于提升银行信贷价格配置效率，且对中小企业信贷价格配置效率的影响更明显；中小银行越发达越有利于缓解中小企业信贷融资约束，但对规模较大企业信贷数量配置效率的影响不明显。

第二节　调研访谈及其结果分析

针对我国企业技术创新及其金融资源错配纠偏路径问题，在进行理论分析的同时，不仅进一步开展了大量实地调研，同时也进行了有针对性的深入式访谈。调研对象包括浙江、北京、江西、深圳等多地不同的规模企业与金融机构，访谈的对象主要包括××中小银行的高管、××中小民营企业负责人、国有银行××省分行负责人及政府科技部门负责人等。

一、样本数据采集

为了提高调研样本数据的真实性与可靠程度，在前期制定调查问卷基础上，于2017年10月至2020年11月期间共实地走访不同性质与规模的企业

110家，调研国有银行、中小银行、城商行及证券公司等银行、证券公司及其分支机构15家。不仅如此，我们还围绕本书重点研究问题进行了5次深度访谈，访谈对象包括××中小民营企业负责人、××银行省区分行高管、××国有银行××省分行负责人、××省科技管理部门负责人和新三板××企业负责人。

所设计的调查问卷围绕如下10个方面展开：①企业所处区域；②企业所有权性质；③企业规模大小及其上市与否；④企业所属行业；⑤企业技术创新及其模式选择情况；⑥企业技术创新所面临的困境；⑦企业主要融资渠道选择；⑧企业融资困境产生的原因及其解决方案；⑨如何提升企业研发投入；⑩如何鼓励企业进行原始发明创新。深度访谈重点围绕如下5个问题展开：①中小银行在欠发达地区的发展困境；②中小企业技术创新现状与困境；③如何破解中小民营企业融资难、融资贵问题；④中小民营企业股权融资现状与困境问题；⑤当前政府科技补贴政策的不足及未来的改革方向问题。

二、调研访谈结果分析

（一）企业调研结果分析

结合不同地区、规模、行业及不同所有权性质企业差异，围绕调查问卷中所涉及的关键问题，对110家不同的企业和15家不同的金融分支机构的样本数据进行处理与分析后，得到有关企业技术创新及其模式选择、融资渠道选择与困境，以及就如何进一步增加研发投入与提升原始发明创新能力的若干重要结论如下：

1. 企业技术创新及其模式选择分析

（1）不同地区企业技术创新及其模式选择差异明显。在所调查的110家实体企业中，东、中、西与东北地区各为35家、50家、15家和10家。在东部地区所调查的企业中，有23家进行了不同程度的技术创新，但多以外观设计与实用新型的二次创新为主。在中部地区所调查的50家企业中，有21家企业曾经获得专利授权，但只有7家获得过原始发明创新专利授权；在西部与东北地区的被调查企业中，原始发明专利占比较高，但有效专利数依然甚少。

（2）不同控股权性质企业技术创新及其模式选择差异明显。在所调查的 32 家国有企业中，获得过专利授权的企业有 18 家，但有 14 家仅获得过实用新型与外观设计专利授权，原始发明创新占比偏低。在所调查的 55 家民营企业中，有 40 家曾经获得过专利授权，且获得原始发明专利授权的有 23 家，远高于国有企业水平。在所调查的 23 家集体所有制企业或外资企业中，外资企业专利授权家数偏多、集体所有制企业偏少；且外资企业的发明专利授权占比较高。

（3）技术创新模式选择存在明显的企业规模异质性特征。在所调查的 65 家中小微企业中，企业人数小于 50 人的微型企业基本上不进行技术创新；中小企业技术创新比较活跃，但大多以进行包括实用新型与外观设计的技术创新为主。在所调查的 10 家上市企业中，曾经均进行过技术创新活动，且所获得的发明专利较多。在剩下的 35 家规模以上但并未上市的企业中，有 32 家均进行过不同程度的技术创新，且发明专利占比达 32% 左右。

（4）传统行业企业技术创新多以二次创新为主，而新型产业里的企业则更偏重于原始发明创新。按照是否属于战略新兴产业将所调查的企业划分为传统产业和新型产业后，在所调查的 75 家传统产业企业中，有 46 家曾进行过技术创新活动，但所授权的发明专利占比不到 30%。在所调查的 35 家新型产业企业中，有 32 家获得过专利授权，且发明专利占比高达 57%，这一结果说明战略新型产业的原始发明创新活动明显高于传统产业里的企业水平。

2. 企业技术创新动因及其困境分析

（1）技术创新动因不仅呈现明显的企业所有权差异性特征，而且因企业规模与所处行业的不同而不同。在所调查的民营企业样本中，72% 的企业认为技术创新是为了提升市场竞争力的需要，12% 的企业希望通过技术创新获得政府补贴，9% 的企业认为是为了满足工作考核的需求。在国有企业样本中，只有 42% 的企业认为需要通过技术创新来进一步提升企业竞争力，27% 的企业则认为技术创新是为了应对政府部门的考核需求，还有 29% 的企业认为是为了获得更多的政府补贴而进行各种技术创新。在不同规模的企业样本中，73% 的中小企业认为技术创新是为了提升企业未来竞争力水平，19% 认为是为了获得政府补贴；67% 的规模以上但未上市的企业认为技术创新可以提升企业竞争力。但是在上市企业中，只有 37% 的企业认为技术创新是为了提升竞争力，26% 认为是为了工作考核需要，还有 34% 认为技术创新可以获得更多政府补贴。在行业差异方面，68% 的新型产业里面的企业认为技术创新有助于提升竞争力，21%认为是为了得到政府补贴，还有8%认为是工作考核需要。

（2）在企业技术创新困境方面：创新激励不强是国有企业主要特征，企业融资困难严重束缚中小民营企业技术创新活动的进行，创新风险难以分散则成为制约企业技术创新的重点因素。在所调研的样本企业中，64%的国有企业认为创新激励不强是其创新动力不足的主要原因，而84%的中小民营企业则认为融资困难是阻碍其技术创新的重要束缚。但在所调研的企业样本中，88%的企业认为技术创新风险难以分散。

3. 企业技术创新融资困境及其解决途径分析

（1）在企业融资渠道选择方面：国有企业和规模以上民营企业更多选择大型国有银行与股权融资，小微民营企业则更多通过中小银行和非正规金融机构进行融资。在所调查的样本企业中，83%的国有企业和78%左右的规模以上民营企业会选择国有银行信贷或进行股权融资。在小微企业样本中，21%的企业会向股份制银行申请贷款，43%的企业会向城商行申请贷款支持，27%的企业获得农信社和邮储银行的贷款，还有9%的企业会求助于非正规金融机构。

（2）在融资困境诱因方面：抵押物不充分、融资规模小、报表不规范是小微企业融资难的主要原因，股权退出机制不完善是规模以上民营企业股权融资困难的重要因素，且所有权性质差异成为严重影响民营企业获得银行贷款的重要因素。在被调查的样本企业中，76%的小微企业认为抵押物不充分、单笔融资规模小、报表不规范是难以获得银行贷款的主要原因；46%的规模以上民营企业认为股权退出机制不完善使其难以获得股权融资；84%的民营企业均认为企业所有权性质差异是影响其能否获得银行信贷的重要因素。

（3）在融资困境解决途径方面，不同规模民营企业所提出的建议各异。因相对于民营企业而言，国有企业所面临的技术创新融资约束甚少，在对民营企业样本进行统计后发现：46%的小微民营企业认为应该进一步大力扶持中小银行的发展，53%的中小民营企业则认为规范企业信息披露更重要。在规模以上民营企业中，41%的样本企业认为跨所有制并购国有企业可能是缓解其融资约束的重要途径，55%的民营企业建议全面实行注册制与退市制度改革。

4. 如何引导企业增加研发投入分析

(1) 提升政府补贴公平性、设立更多专项补贴基金更能激励民营企业增加研发投入。在对如何激发企业增加研发投入进行调研时发现：68%的民营样本企业认为提升政府补贴公平性是引导他们增加研发投入的有效途径，在此其中又有83%的民营企业建议实行政府补贴后置化改革。此外，还有57%的民营企业建议设立更多的政府补贴专项基金。

(2) 鼓励市场公平竞争是激励民营企业技术创新的有效途径，但完善市场风险分散机制则是所有企业进行技术创新时的一致呼声。除了设立更多专项补贴基金并提升政府补贴公平性能有效增加民营企业研发投入外，63%的民营企业还认为建立公平的市场竞争体系、打破国有企业行业垄断将有效促进其增加研发投入。此外，在所调查的110家企业样本中，有97家企业均指出完善风险分散机制、降低创新失败时的损失是激励其增加研发投入的重要举措。其中，有27家建议由政府设立创新失败补偿基金，41家建议增设研发创新相关险种，还有13家建议设立研发创新互助基金。

5. 如何鼓励企业进行原始发明创新分析

(1) 加大政府补贴原始发明创新补贴力度并增加前期投入是重中之重。对调研数据进行统计后发现，在所调查的企业样本中，87%的企业认为政府应加大原始发明创新补贴力度，93%的企业希望政府能在企业原始发明创新初期增加资金投入并严格后续跟踪管理。

(2) 积极发挥大企业引领作用并帮助企业实现原始发明创新的成果转化将极大促进企业原始发明创新活动的进行。在调研的样本企业中，61%的企业认为应充分发挥大企业在原始发明创新中的重要引领作用，89%的企业希望政府能帮助实现企业原始发明创新后的成果转化。

(二) 深度访谈结果分析

(1) 业务开展艰难是欠发达地区中小银行数量少的主要原因，提供更多的政策优惠是增加这些地区中小银行数量的重要途径。广发银行×××分行负责人指出：中西部欠发达地区的大部分业务被先入为主且资金雄厚的大型国有银行所把持，中小银行在这些地方难以打开局面并与大型国有银行展开竞争。为了吸引更多的中小银行进入这些欠发达地区，他建议政府通过提供3~5年的税收优惠、降低场地租金并减少各种行政费用等办法或许能吸引到更多中小银行入驻这些地区。

第九章　主要结论与路径优化对策建议

（2）中小民营企业乐于技术创新，但资金短缺、风险难以分散是阻碍其技术创新的主要因素。××中小民营企业负责人指出："规模稍大的民营企业有能力会进行技术创新，但小微企业很难进行技术创新活动，因为其根本没有创新风险承担能力；一旦失败，其就很有可能破产。"他还指出："如果其能获得更多的资金支持或有更好的风险分散渠道让其降低创新失败时的损失，中小企业的技术创新活动将更加频繁。"

（3）民营企业良莠不齐是造成大银行不愿给其提供贷款的主要原因，完善信息共享平台、严格虚假信息披露惩罚制度是重中之重。×××国有银行分行负责人指出："虽然民营企业里面有很多优秀的企业，但民营企业的良莠不齐给其带来较高的信息搜集与处理成本。加上很多中小民营企业单笔业务量小，且历史上违约的民营企业占比居高，致使大部分国有银行不愿给这些企业发放更多的贷款。"他进一步指出："要想从根本上解决中小民营企业的贷款难问题，还应建立长效的信息披露机制，对弄虚作假的企业要实行'黑名单'制度，就像个人信用一样。只有这样才能降低银行信息搜集成本，同时极大增加企业的违约成本。"

（4）前置化的政府补贴难以提升企业技术创新能力，政府补贴后置化改革更能激发企业创新、提升公平性。××科技部门的工作人员指出："当前的政府科技补贴政策使得很多企业把精力放在前期申报上，这及其容易导致寻租行为的发生并形成"劣币驱逐良币"的恶性循环，政府补贴更应采取后置化补贴的形式。只有根据企业实际的技术创新产出成果差异对其进行补贴，才能更好地激活其创新潜力，达到政府科技补贴应有的政策效果。"

（5）PE、VC等机构投资的行业倾向性明显，完善股权退出机制更有利于发挥其对新三板企业的扶持作用。×××新三板企业负责人指出："PE、VC等金融机构投资时的行业选择特别明显，其倾向于投资那些市场前景好、经营理念先进且具有一定技术要求的企业，很少投资于传统产业。"他进一步指出："目前新三板企业进入主板甚至中小板的渠道非常不畅通，这极大影响到PE、VC等机构的投资热情，使得它们所投资金难以及时撤出。如果能打通新三板上市渠道，将在很大程度上提升PE、VC等机构对创立初期高新技术企业的培育作用，加速它们的成长。"

第三节　路径优化与对策建议

综合前文理论分析所得结论与调研访谈所得结论，现就如何提升企业原始发明能力、如何降低金融资源错配程度及其对企业技术创新模式选择的不利影响提出具体的路径优化与对策建议。

一、企业原始发明创新能力提升路径优化与对策建议

虽然我国专利申请数量自 2012 年以来长期位居世界第一，但原始发明创新不足、核心竞争力匮乏及诸多技术的存在仍是制约我国经济高质量发展的重要因素。结合我国企业技术创新模式选择现状，现提出若干对策建议如下：

（1）在强化大企业引领作用、鼓励中小企业技术创新的同时，加大政府基础前沿技术研发投入水平、完善投入机制改革。虽然根据相关资料统计，中小微企业的专利授权量占我国专利总数超过 75%，但受技术基础、研发经费与人员投入规模等限制，中小微企业难以攻克我国诸多领域的技术难题。因此，我国应在进一步鼓励中小企业进行原始发明创新的同时，还得强化大企业在攻克核心技术中的引领作用。然后，核心技术的攻克不仅需要长期投入大量研发经费，而且研发周期长、风险高、正外部性明显，这就需要政府大力提升对基础前沿核心技术领域的研发投入支持。为了杜绝我国当前可能存在的"策略性创新"与"假创新"现象、提升政府对基础前沿技术研发投入的产出效率，我国应进一步完善政府对基础前沿技术研发投入的机制改革，政府对企业重大基础性前沿技术的研发投入支持应采取"边研发边投入"，形成与研发主体之间的项目捆绑，避免政府研发投入资金被"套空"。

（2）提升科研人员待遇、完善科研成果权益分享机制，强化经济发达地区企业技术创新引导制度建设。受改革红利、制度红利等因素影响，自改革开放以来，我国东部沿海地区得到迅猛发展。但本研究结果表明，我国企业地区间原始发明创新能力差异明显，东部地区虽然经济发展水平较高，但其原始发明创新专利占比却长期远低于欠发达地区水平。究其原因：一方面，东部发达地区很多企业均处于行业国内领先地位，就算其不进行任何的技术创新，凭借在行业市场中的领先地位也能获取可观的利润水平，导致企

业技术创新动力不足；另一方面，东部地区工资待遇普遍较高，加上科研人员与非科研人员之间的收入差距不明显，严重阻碍科研人员从事技术创新（特别是原始发明创新）活动的进行。因此，为了充分利用经济发达地区较好的资金、技术、人才等各方面优势对提升我国原始发明创新能力的积极影响，政府应在不断强化经济发达地区企业技术创新引导制度建设的同时，进一步提升科研人员待遇、完善科研成果权益分享机制，以期吸引更多优秀的科研人员从事原始发明技术创新活动。

（3）加大战略性新兴产业原始发明创新政府扶持力度，提升政府资金引导效应。虽然自2012年"创新驱动发展"战略实施以来，我国原始发明创新专利申请与授权量出现大幅提升，但主要仍集中于纺织、化工、冶金、造纸等传统型产业，这些产业不仅产能低，而且对我国经济增长的拉动效应不明显。考虑到战略性新兴产业目前仍处于产业发展的初期阶段，企业盈利能力与资本积累能力仍相当有限，我国应不断加大政府对这些战略性新兴产业的原始发明创新资金扶持力度的同时，充分发挥政府资金所具有的导向性功能，以期吸引更多的社会资金流向战略性新兴产业、促进其更好、更好地发展。

（4）加大国有企业官员晋升的原始发明创新考核力度，激活国有企业原始发明创新潜力。受政治性主从次序的影响，国有企业因其所有权属性优势不仅吸引了大量高素质人才，而且资金充足。然而，因国有企业在很多行业中处于垄断地位，根据创新经济学理论可知，垄断利润的获取会严重遏制企业技术创新活动的进行。加上原始发明创新活动周期长、风险高，在我国国有企业官员政府任命与任期制的影响下，处于个人政治利益最大化目标考虑，他们并不乐意进行那种"前人栽树、后人乘凉"的原始发明创新活动。正如研究结果所表明：虽然国有企业资金冗余现象明显，但其原始发明专利远低于民营企业水平。为了有效发挥国有企业在技术、人才与资金等方面的优势，应加大对国有企业官员晋升时的原始发明创新能力考核力度，以此激活国有企业原始发明创新能力。

二、金融错配及其对企业技术创新模式选影响纠偏路径与对策建议

研究结果表明：我国不仅在银行信贷资源配置时存在扭曲现象，而且在证券市场股权再融资时的错配亦比较明显。结合对我国金融资源错配的原因

及其对企业技术创新模式的影响探析,现提出若干对策建议如下:

(1) 加强制度环境顶层设计、减少政府对金融资源配置的干预,充分发挥市场在金融资源配置中的主导作用。长期以来,受政府官员晋升考核惟"GDP"制的影响,为了自身政治利益的最大化,地方政府官员会对金融这一社会核心资源进行干预。加上国有企业长期负有促进经济增长、稳定就业及贯彻落实地方产业发展政策等诸多政治性负担,使得更多的金融资源向国有企业倾斜,造成民营企业融资约束与金融资源的错配。因此,为了进一步提升金融资源配置效率,我国应尽快完善制度环境顶层设计,弱化政府官员晋升与地方经济发展水平之间的关联程度,从而减少政府对金融资源配置的干预程度、发挥市场在金融资源配置中的主导地位。

(2) 鼓励金融科技发展,加速企业信息披露大数据平台与诚信制度建设。事实上,除了控股权性质差异外,企业自身会计信息质量水平高低差异也是造成我国银行信贷资金错配的重要因素之一。由于大部分民营企业目前尚未真正履行现代企业管理制度,加上家族企业对其会计报表的随意粉饰,使得民营企业会计信息相对更低。在高昂的信息搜集与甄别成本影响下,风险规避的理性商业银行自然更愿意降低信贷资金投资于会计信息更可靠且有政府担保的国有企业。为了充分降低银企之间信息不对称给民营企业所带来的不利影响,我国应加速金融科技发展与企业信息披露大数据平台建设,充分发挥大数据与新一代人工智能技术在搜集与处理企业信息时的优势,减少高昂信息搜集成本对民营企业获得信贷支持的不利影响。与此同时,还应不断完善企业诚信制度建设,从而积极引导企业尽快建立健全现代企业管理制度体系,提高企业会计信息质量,降低信息不对称给民营企业资金融通所带来的不利影响。

(3) 加大欠发达地区政府扶持中小银行发展扶持力度,进一步增加银行业市场竞争与金融普惠性。虽然近年来,四大国有银行的总体市场份额有所下降、股份制银行与城商行等中小银行机构得到快速发展,但在中西部欠发达地区中,四大国有银行的业务占比仍占比半壁江山,中小银行发展缓慢。鉴于中小微企业单笔业务小、抵押物不充分等原因,其难以成为大型国有企业的信贷客户。相对而言,由于中小银行(特别是城商行)在搜集特定企业客户群体信息时的优势更明显,欠发达地区政府应加大对中小银行发展的扶持力度,以此来构建多元化银行业结构体系、优化地区银行业市场结构。具体而言,经济欠发达地区需积极创造有利条件促进当地股份制银行的快速发展，金融欠发达地区需采取积极措施扶持当地城商行的发展，不断引进价格竞争以有效缓解中小民营企业融资约束、降低企业融资成本。

（4）在全面实行注册制改革、完善常态化退市机制与场外交易市场的股权退出机制建设的同时，开征较高资本利得税；尽快完善。虽然我国自2018年和2020年先后实行了科创板与创业板企业上市审批的注册制改革，但因这两个板块的企业家数与市值均较小，仍需进一步在主板和中小板全面实行注册制改革。与此同时，尚需完善常态化的退市制度建设，确保那些质量更优、效率更高的企业有更多机会获得股权融资。虽然近年来我国股权融资的场外交易市场得到快速发展，但投资主体退出机制不健全、企业上市通道不通畅等严重制约了PE、VC等金融机构对科技型中小企业进行股权投资的积极性。尽快完善场外交易市场股权投资退出机制、加快中小科技企业上市通道建设将有利于吸引更多的社会资金投资于种子期与萌芽期的科技型企业，为增强我国未来的原始发明创新能力培育中坚力量。此外，结合我国股票交易超高换手率的基本现实，为了减少投机性投资行为对企业经营所带来的不利影响，我国应尽快开征较高资本利得税以期引导居民进行长期性投资，从而更好地匹配企业技术创新所需长期资金需要。

（5）加强企业贷后资金使用稽查，减少金融自循环与资本无序扩张，避免金融资源"脱实向虚"。近些年来，随着世界经济不景气程度的加深，我国实体经济盈利能力持续走低，导致大部分资金向金融、房地产、博彩等虚拟经济行业，在金融自循环不断加深的同时，出现资本向一二线大城市聚集，金融资源"脱实向虚"与虚拟化程度严重，实体经济的过早空心化已经严重威胁到我国经济进一步高质量发展目标的实现。很多大型企业利用自身各种优势从银行或证券市场获得资金以后，并未按照项目规划去使用与支配相应的资金，而是随意更改资金用途。不仅信贷资金未能如期进入实体经济，在资源稀缺性假定下，那些"融资难、融资贵"的企业又将进一步面临更严格的融资约束，严重阻碍实体经济的健康发展。因此，我国应努力强化企业贷后资金使用稽查制度，减少金融自循环与资本无序扩张，避免金融资源"脱实向虚"行为的发生。

（6）健全民营企业现代企业管理制度，鼓励民营企业积极参与多元化属地混合所有制。首先，虽然因所有权属性优势导致国有企业在金融资源配置中处于绝对优势地位备受诟病，但相较于国有企业而言，民营企业在自身发展过程中存在更多的治理缺陷与更低的会计信息质量亦是不争的事实，但这也是造成民营企业普遍面临融资约束和金融资源错配的重要诱因。出于对高昂信息搜集与甄别成本及履约风险规避的考虑，金融机构自然会倾向于将更多金融资源配置给那些效率较低但治理更规范的国有企业，由此导致民营企业面临更高的金融资源配置受扭曲程度。当民营企业不断规范自身内部治理、提升会计信息质量水平后，银企之间的信息不对称与债权人对其"风险感知"程度将有所降低，从而有机会获得更多的金融支持。因此，我国民营企业应在自身不断健全现代企业管理制度、提升会计信息质量以降低金融机构对其"风险感知"的同时，积极参与到混合所有制改革的洪流之中，充分享受我国混合所有制改革制度红利对降低其金融资源配置受扭曲程度的积极影响。

其次，在我国财政分权及政府官员晋升考核时所遵循的相对业绩"锦标赛"制度背景下，相对于异地并购而言，属地并购更有利于民营企业获得各种要素资源，促进其金融资源配置扭曲程度的降低。与此同时，因国有资本在一些行业内享有垄断特权或保护型政治关系资源，加上我国诸多金融机构所具有的倾向性行业经营特征，民营企业在进行跨所有制并购时应更多地选择跨业并购，以期充分发挥国有资本的行业垄断与保护型政治关系所带来的所有权属性优势。这样不仅有助于主并民营企业行业准入壁垒的消除，而且有助于通过多元化的跨所有制并购获得更多金融资源，以此降低其所面临的金融资源配置受扭曲程度。考虑到金融资源错配对企业技术创新及其模式选择所带来的不利影响，实施属地多元化跨所有制并购国有企业对主并民营企业金融资源错配程度的降低将有助于主并民营企业原始发明创新能力的提升。

（7）规范政府科技补贴标准，落实政府补贴"后置化"改革。在我国"二元"所有制金融错配影响下，国有控股权属性使其成为金融错配的受益者，资金冗余现象明显。加上我国政府科技补贴长期缺乏统一的法律与制度标准，不仅导致在进行科技补贴审批时存在严重的政府官员寻租行为，而且使得国有企业因其控股权属性更容易成为政府补贴的对象，资金冗余问题进一步加剧、政府会计补贴的政策效果不明显。正如研究结果所指出：政府科技补贴仅能缓解金融错配对民营控股企业技术创新的不利影响，对国有控股企业的政策效果不显著。为了充分发挥政府会计补贴对我国金融错配下企业技术创新的正向激励作用，应尽快建立并规范政府补贴统一标准，避免政府在对国有企业进行补贴时的"运动员"与"裁判员"双重身份给民营控股

第九章　主要结论与路径优化对策建议

企业所造成的不利影响,从而有利于提升政府会计补贴在缓解金融错配对我国企业技术创新不利影响时的政策效果。与此同时,我国应尽快落实政府补贴"后置化"改革,不仅有利于避免企业在申请政府科技补贴时逆向选择与寻租行为的发生,而且有利于降低获得政府科技补贴前官员寻租与补贴后企业道德风险发生的概率,极大降低政府在"前置化"补贴时所产生的后期跟踪与监管成本,这对于提升政府科技补贴的效率与公平、激励企业技术创新活动的进行具有重要意义。

(8) 在加大对民营企业原始发明创新政府补贴力度的同时,积极开发研发保险新产品以不断完善原始发明创新的风险分散机制。原始发明创新不足、核心竞争力匮乏是制约我国真正实现"创新驱动发展"战略的重要因素。金融错配不仅造成民营企业原始发明创新时的融资约束,而且还会导致金融系统风险分散功能的紊乱,降低企业原始发明创新的积极性。根据本章所得研究结论,政府科技补贴对激励金融错配下民营企业原始发明创新的政策效果显著,但其对金融错配下国有企业原始发明创新的政策效果不明显。考虑到短期内我国"二元"所有制金融错配仍难以彻底消除,又因原始发明创新所需研发投入规模更大、风险更高,为了尽快摆脱国外先进技术封锁所带来的不利影响并实现核心技术的赶超,我国应进一步加大对民营企业原始发明创新的政府科技补贴力度,以期充分发挥政府科技补贴对提升金融错配约束下民营企业原始发明创新能力的正向激励作用。与此同时,为了有效降低金融错配下的金融系统风险分散功能紊乱给企业原始发明创新所造成的不利影响,我国应积极开发研发保险新险种,尽快完善原始发明创新风险分散机制、激发企业原始发明创新潜力。

第十章　研究展望

　　由于我国企业数量众多、行业门类广泛，通过国泰安 CSMAR、Wind 数据库等官方网站，以及实地调研所搜集到的企业数据难免有所偏差。另外，由于本书立足于因"二元"所有制经济结构所导致的金融资源配置扭曲问题，故而将研究重点放在国有和民营这两种主体企业上。但是，目前我国的企业不仅包括国有与民营这两种，同时还有外资企业、集体所有制企业等诸多企业形式，从而使得所调研和访谈的企业代表性有所偏颇、数据完整性不足，这是本研究的一个不足，使得所得研究结论难以覆盖所有不同控股权性质的企业类型，而更多适用于国有和民营这两种主要类型的企业。

　　虽然经过三年多的研究与探索，本书深入分析了我国金融资源错配产生的深层次原因及其对企业技术创新模式选择的影响，但本书所采用的企业技术创新模式选择以原始发明创新和包括实用新型与外观设计在内的二次创新进行衡量。然而，虽然自 2014 年来我国专利专利申请与授权量已长期位居世界第一，但中美贸易战背后所隐含的"技术封锁"问题进一步说明我国在技术创新方面的诸多问题仍未得到有效解决，这可能是因为我国所存在的"专利泡沫"假象所致。针对我国金融资源配置与企业技术创新及其模式选择现状，虽然本书从金融资源错配的成因、金融错配对企业技术创新及其模式选择的影响、金融错配纠偏机制设计与路径优化对策等几个主要方面进行了分析与阐述，但仍有如下一些问题值得深度关注：

　　（1）如何更有效地构建金融资源配置支持实体经济发展快速健康发展的长效机制？

　　（2）如何充分利用金融科技创新来支持民营企业（特别是中小微民营企业）的发展与技术创新能力水平的进一步提升？

　　（3）如何避免金融资源"脱实向虚"与资本的无序扩张，以期更好地发挥金融资源优势对国有企业原始发明创新能力的提升作用，不断打破我国诸多领域的技术约束。

参考文献

[1] AGHION P, ANGELETOS G M, BANERJEE A, et al. Volatility and growth: credit constraint and the composition of investment [J]. Journal of monetary economics, 2010, 57 (4): 246-265.

[2] ALLRED B B, PARK W G. The influences of patent protection on firm innovation investment in manufacturing industries [J]. Journal of international management, 2007, 13 (2): 91-109.

[3] ALLEN F, QIAN J, QIAN M. Law, finance and economic growth in China [J]. Journal of financial economics, 2005, 77 (1): 57-116.

[4] ANG J S, CHENG Y, WU C. Does enforcement of intellectual property rights matter in China? Evidence from financing and investment choices in the high-tech industry [J]. Review of economics and statistics, 2014, 96 (2): 332-348.

[5] AOKI S. A Simple accounting framework for the effect of resource misallocation on aggregate productivity [J]. Journal of the Japanese and international economies, 2012, 26 (4): 473-494.

[6] AUDRETSCH D B, KEILBACH M. Entrepreneurship capital and economic performance [J]. Regional studies, 2004, 38 (8): 949-959.

[7] BARTELSMAN E, HALTIWANGER J, SCARPETTA S. Cross-country differences in productivity: the role of allocation and selection [J]. The American economic review, 2013, 103 (1): 305-334.

[8] BRANDT L, TOMBE T, ZHU X D. Factor market distortions across time, space and sectors in China [J]. Review of economic dynamics, 2013, 16 (1): 39-58.

[9] BROWN J R, FAZZARI S M, PETERSEN B C. Financing innovation and growth: cash flow, external equity and the 1990's R&D boom [J]. Journal of finance, 2009, 64 (1): 151-185.

[10] FANG L H, LERNER J, WU C. Intellectual property rights protection, ownership, and innovation: evidence from China [J]. The review of financial studies, 2017, 30 (7): 2446-2477.

[11] GORODNICHENKO Y, SCHNITZER M. Financial constraints and innovation: why poor

countries don't catch up [R]. Cambridge, MA: NBER Working paper No. 15792, 2010.

[12] HOPPE H C, LEHMANN-GRUBE ULRICH. Innovation timing games: a general framework with applications [J]. Journal of economic theory, 2005, (121): 30-50.

[13] HSIEH C T, KLENOW P J. Misallocation and manufacturing TFP in China and India [J]. Quarterly journal of economics, 2009, 124 (4): 1403-1448.

[14] HUANG YASHENG. Selling China: foreign direct investment during the reform era [M]. Cambridge: Cambridge University Press, 2003.

[15] ILYINAL A., SAMANIEGO R. Technology and financial development [J]. Journal of money, credit and banking, 2011, 43 (5): 899-921.

[16] KANG K N, PARK H. Influence of government R&D support and inter-firm collaborations on innovation in Korean biotechnology SMEs [J]. Technovation, 2012, 32 (1): 68-78.

[17] KING R G, LEVINE R. Finance, Entrepreneurship and Growth: Theory and Evidence [J]. Journal of Monetary Economics, 1993, 32 (3): 513-542.

[18] LARRAIN M, STUMPNER S. Finanical liberalization and aggregate productivity: the microeconomic channels [R]. SSRN working paper, 2012, No. 2172349.

[19] LEMLEY M, SHAPIRO C. Probabilistic Patents [J]. Journal of economic perspectives, 19 (2): 75-98.

[20] LI D. Financial constraints, R&D investment and stock returns [J]. Review of Financial Studies, 2011, 24 (9): 2974-3007.

[21] MAYNARD S J. The theory of games and the evolution of animal conflict [J]. Journal of theory biology, 1974, (47): 209-212.

[22] MIDRIGAN V, XU D Y. Financial and misallocation: evidence from plant-level data [J]. The American economic review, 2014, 104 (2): 422-458.

[23] SCHUMPETER J T. Business cycle [M]. New York: McGraw-Hill, 1939.

[24] TETHER B S. Who Co-operates for Innovation and why: an empirical analysis [J]. Research policy, 2002, 31 (6): 947-967.

[25] TAYLOR P D, JONKER L. Evolutionarily stable strategy and game theory [J]. Mathematical bioscience, 1978, (40): 145-156.

[26] WURGLER J. Financial market and the allocation of capital [J]. Journal of financial economics, 2000, 58 (1): 187-214.

[27] XU K, HUANG K F, XU E M. Giving fish or teaching to fish? An empirical study of the effects of government research and development policies [J]. R&D management, 2014, 44 (5): 484-497.

［28］SONG Z M, STORESLETTEN K, ZILIBOTTI F. Growing like China［J］. The American economic review, 2011, 101（1）: 196 - 233.

［29］白钦先, 谭庆华. 论金融功能演化与金融发展［J］. 金融研究, 2006（7）: 41 - 52.

［30］曹琪格, 任国良, 骆雅丽. 区域制度环境对企业技术创新的影响［J］. 财经科学, 2014（1）: 71 - 80.

［31］蔡翔, 谌婷. 中小企业自主创新与模仿创新博弈分析［J］. 科技进步与对策, 2013（4）: 91 - 94.

［32］陈华. 增强企业自主创新能力的路径探索［J］. 经济学动态, 2006（7）: 45 - 47.

［33］陈力为, 温源, 张东辉. 金融错配、结构性研发投资短缺与企业绩效: 基于工业企业大样本面板数据分析［J］. 大连理工大学学报（社会科学版）, 2015（4）: 26 - 33.

［34］陈永伟, 胡伟民. 价格扭曲、要素错配和效率损失: 理论与应用［J］. 经济学季刊, 2011（4）: 1401 - 1422.

［35］陈学彬. 博弈学习理论［M］. 上海: 上海财经大学出版社, 1999.

［36］戴静, 张建华. 金融错配、所有制结构与技术进步: 来自中国工业部门的证据［J］. 中国科技论坛, 2013（3）: 70 - 76.

［37］戴利君, 刘斌斌. 控股权性质、外部融资需求与上市企业定向增发资源错配［J］. 企业经济, 2018（8）: 105 - 111.

［38］戴园园, 梅强. 我国高新技术企业技术创新模式选择研究: 基于演化博弈的视角［J］. 科研管理, 2013（1）: 2 - 10.

［39］邓若冰. 产权性质、政府补贴与企业研发投入: 基于政治寻租视角［J］. 软科学, 2018（3）: 5 - 9.

［40］丁重, 邓可斌. 中小企业的政府补贴与技术创新［J］. 当代经济科学, 2019（5）: 97 - 105.

［41］范寒冰, 徐承宇. 我国政府补贴促进了企业实质性创新吗?: 基于中国企业 - 劳动力匹配调查的实证分析［J］. 暨南学报, 2018（7）: 1 - 13.

［42］范红忠. 有效需求规模假说、研发投入与国家自主创新能力［J］. 经济研究, 2007（3）: 33 - 44.

［43］范祚军, 关伟, 岳桂宁. 地区经济增长中金融要素贡献的差异与金融资源配置优化: 基于环北部湾（中国）经济区的实证分析［J］. 经济理论与经济管理, 2008（1）: 54 - 58.

［44］房子琳, 余丽斌. 金融错配与企业创新模式选择［J］. 金融视线, 2017（9）: 44 - 45.

［45］冯雁秋. 后发优势悖论与中国的技术战略选择［J］. 世界经济, 2000（7）:

44-49.

[46] 高帆. 什么粘住了中国企业自主创新能力提升的翅膀 [J]. 当代经济科学, 2008 (2): 1-10.

[47] 高广阔, 高书潜. 企业自主创新与模型行为的进行博弈及政策分析 [J]. 科技与经济, 2012 (4): 31-34.

[48] 龚传洲. 科技创新的风险收益分析 [J]. 科技进步与对策, 2012 (3): 10-13.

[49] 洪银兴. 自主创新投入的动力与协调机制研究 [J]. 中国工业经济, 2010 (8): 15-22.

[50] 靳来群. 所有制歧视所致金融资源错配程度分析 [J]. 经济学动态, 2015 (6): 36-44.

[51] 靳来群. 所有制歧视下金融资源错配的两条途径 [J]. 经济与管理研究, 2015 (7): 36-43.

[52] 苟琴, 黄益平. 我国信贷配给决定因素分析: 来自企业层面的证据 [J]. 金融研究, 2014 (8): 1-17.

[53] 苟琴, 黄益平, 刘晓光. 银行信贷配置真的存在所有制歧视吗? [J]. 管理世界, 2014 (1): 16-26.

[54] 康志勇. 金融错配阻碍了中国本土企业创新吗? [J]. 研究与发展管理, 2014 (5): 63-72.

[55] 李方. 长三角经济一体化与金融资源配置优化 [J]. 社会科学, 2006 (8): 48-51.

[56] 李金保. 湖南省R&D资源配置优化研究: 基于省际比较的视角 [J]. 开发研究, 2010 (5): 36-39.

[57] 李林汉, 胡尹燕. 金融发展效率对技术创新的门限特征 [J]. 工业技术经济, 2017 (2): 73-82.

[58] 黎杰生, 胡颖. 金融集聚对技术创新的影响: 来自中国省级层面的证据 [J]. 金融论坛, 2017 (7): 39-52.

[59] 李苗苗, 肖洪钧, 赵爽. 金融发展、技术创新与经济增长的关系研究: 基于中国的省市面板数据 [J]. 中国管理科学, 2015 (2): 162-169.

[60] 李青原等. 金融发展与地区实体经济资本配置效率: 来自省级工业行业数据的证据 [J]. 经济学季刊, 2013 (2): 527-548.

[61] 李士梅, 潘宇瑶, 吴迪. 企业自主创新的博弈分析 [J]. 东北师大学报, 2015 (6): 87-92.

[62] 林毅夫, 孙希芳, 姜烨. 经济发展中的最优金融结构理论初探 [J]. 经济研究, 2009 (8): 4-17.

[63] 刘畅, 梅洪常. 大数据企业技术创新的主要影响因素 [J]. 科技管理研究, 2020

(12): 125-131.

[64] 刘斌斌. 上市企业定向增发对信贷融资、投资和资本配置效率的影响研究 [D]. 南昌：江西财经大学，2014.

[65] 刘斌斌, 陈熹. 信贷错配环境下知识产权保护对区域技术创新影响分析：基于中美贸易战背景的思考 [J]. 金融经济学研究，2020 (1): 137-149.

[66] 刘斌斌, 黄吉焱. 金融结构对地区信贷资金配置效率的影响：基于企业规模差异的视角 [J]. 金融经济学研究，2017 (5): 66-74.

[67] 刘斌斌, 严武, 黄小勇. 信贷错配对我国绿色技术创新的影响分析：基于地区环境规制差异的视角 [J]. 当代财经，2019 (9): 60-71.

[68] 刘和东, 石岿然. 自主创新与模仿的博弈分析 [J]. 科学学与科学技术管理，2007 (4): 68-70.

[69] 刘任重, 郭雪, 徐飞. 金融错配、区域差异与技术进步：基于我国省级面板数据 [J]. 山东财经大学学报，2016 (6): 1-8.

[70] 龙小宁, 易巍, 林志帆. 知识产权保护的价值有多大？：来自中国上市公司专利数据的经验证据 [J]. 金融研究，2018 (8): 120-136.

[71] 卢峰, 姚洋. 金融压抑下的法治、金融发展和经济增长 [J]. 中国社会科学，2004 (1): 42-55.

[72] 鲁晓东. 金融资源错配阻碍了中国的经济增长吗？ [J]. 金融研究，2008 (4): 55-67.

[73] 毛蕴诗, 汪建成. 基于产品升级的自主创新路径研究 [J]. 管理世界，2006 (5): 114-120.

[74] 彭纪生, 刘春林. 自主创新与模仿创新的博弈分析 [J]. 科学管理研究，2003 (6): 18-22.

[75] 郄萌, 韩树政. 我国企业技术创新行为及影响因素研究 [J]. 科学管理研究，2013 (4): 76-79.

[76] 邵宜航, 步晓宁, 张天华. 资源配置扭曲与中国工业全要素生产率：基于工业企业数据库再测算 [J]. 中国工业经济，2013 (12): 39-51.

[77] 盛永祥等. 技术因素影响产学研合作创新意愿的演化博弈研究 [J]. 管理工程学报，2020 (2): 172-179.

[78] 孙伍琴, 王培. 中国金融发展促进技术创新研究 [J]. 管理世界，2013 (6): 172-173.

[79] 汤吉军. 沉淀成本效应与国有企业自主创新动力不足分析 [J]. 经济体制改革，2012 (5): 103-105.

[80] 万君康. 论技术引进与自主创新的关联与差异 [J]. 武汉理工大学学报，2000 (4): 43-46.

[81] 王金涛,曲世友,冯严超.基于演化博弈的高新技术企业创新风险防控研究[J].科技管理研究,2019(23):19-24.

[82] 王钦,张雀.中国工业企业技术创新40年:制度环境与企业行为的共同演进[J].经济管理,2018(11):5-20.

[83] 王钰,骆力前,郭琦.地方政府干预是否损害信贷配置效率?[J].金融研究,2015(4):99-114.

[84] 王昱,成力为,王昊.金融低效、资本错配与异质企业两阶段创新[J].山西财经大学学报,2014(10):46-57.

[85] 王贞洁.信贷歧视、债务融资成本与技术创新投资规模[J].科研管理,2016(10):9-17.

[86] 魏巍,安同良.中国高铁技术引进与自主创新的博弈分析[J].南京社会科学,2019(7):19-26.

[87] 吴剑峰,杨震宁.政府补贴、两权分离与企业技术创新[J].科研管理,2014(12):54-61.

[88] 徐鹏,白贵玉.动态竞争视角下制度环境与企业技术创新:来自企业集团框架内上市公司的经验证据[J].财经科学,2019(10):94-105.

[89] 杨德林,陈宝春.模仿创新、自主创新与高技术企业成长[J].中国软科学,1997(8):107-112.

[90] 杨国忠,陈佳.企业突破性技术创新行为研究:基于前景理论的演化博弈分析[J].工业技术经济,2020(5):57-64.

[91] 杨亭亭,罗连化,许伯桐.政府补贴的技术创新效应:"量变"还是"质变"?[J].中国软科学,2018(10):52-61.

[92] 姚耀军,董钢锋.中小企业融资约束缓解:金融发展水平重要抑或金融结构重要?:来自中小企业版上市公司的经验证据[J].金融研究,2015(4):148-161.

[93] 尹志锋,叶静怡,黄阳华,等.知识产权保护与企业创新:传导机制及其检验[J].世界经济,2013(12):111-129.

[94] 余雪飞,宋清华."二元"信贷错配特征下的金融加速器效应研究:基于动态随机一般均衡模型的分析[J].当代财经,2013(4):48-58.

[95] 于晓宇,谢富纪.基于DEA-Tobit的区域创新系统资源配置优化策略研究[J].研究与发展管理,2011(23):1-10.

[96] 袁泽沛,王琼.技术创新与创新风险的研究综述[J].经济学动态,2002(3):79-82.

[97] 袁志刚,邵挺.国有企业的历史地位、功能及进一步改革[J].学术月刊,2010(1):55-66.

[98] 占明华.金融摩擦、货币政策银行信贷渠道与信贷资源的产业间错配[J].金融研

究，2015（5）：1-17.

[99] 张小蒂，李风华. 技术创新、政府干预与竞争优势 [J]. 世界经济，2001（7）：44-49.

[100] 张庆君，李雨霏，毛雪. 所有制结构，金融错配与全要素生产率 [J]. 财贸研究，2016，14（4）：9-15.

[101] 周寄中，张黎，汤超颖. 关于自主创新与知识产权的互动 [J]. 管理评论，2005（11）：41-46.

[102] 周煜皓，张盛勇. 金融错配、资产专用性与资本结构 [J]. 会计研究，2014（8）：75-80.

调查问卷

尊敬的先生/女生：

您好！

为深入实施创新驱动发展战略，解决我国企业技术创新过程中所遇到的资金融通痛点问题，以期激发企业深层次技术创新潜力、攻克我国核心技术瓶颈约束，本书希望针对贵企业技术创新及其模式选择的现状、困境及其具体需求展开调查，我们对您的个人信息将严格保密。本次调查大约需5分钟，感谢您的配合！

温馨提示：○为单选，□为不定项选择。

(1) 您的企业所处区域是哪里？

○东部地区　○中部地区　○西部地区　○东北地区

(2) 您的企业为：

○国有控股企业　○民营控股企业　○集体所有制企业　○外资企业

(3) 您的企业属于：

○上市企业　○未上市但属于规模以上企业　○中小企业　○小微企业

(4) 您的企业所处的行业为：

○传统行业　○新型行业

(5) 您的企业是否进行过技术创新？

○是

①您的企业获得过何种专利授权？

□发明　□实用新型　□外观设计

②您认为您的企业进行技术创新的动因是什么？

□提高市场竞争力　□工作考核需求　□政府补贴的激励　□其他

○否

（6）您的企业在进行技术创新时面临过何种困境？

□创新动力不足

①您认为创新动力不足的主要原因是什么？

□市场需要不明显

□创新激励不强

□创新能力较弱

□政策支持不到位

□创新资金不足

②您认为您的企业研发投入不足的原因是什么？

□研发投入意愿不强

□研发投入意愿强，但自有资金不足

□企业融资困难

③您认为该如何缓解研发投入不足难题？

□提高政府科技补贴力度

□提高政府科技补贴公平性

□提高企业自有资金

□提升外部融资可得性

□创新风险很高，创新失败损失难以分散

□创新环境不佳

④您认为创新环境不佳的根本原因有哪些？

□创新文化氛围不足

□政府科技引导政策不明显

□融资环境较差

□创新基础薄弱

（7）您的企业经常选择的融资渠道是什么？

□大型国有银行　　□股份制银行　　　□城商行　　□农信社

□邮政储蓄银行　　□非正规金融机构　□股票融资　□其他

（8）您的企业在技术创新时是否遇到融资难问题？

○是

①您认为造成融资难的原因是什么？

□抵押物不足 □企业所有权性质差异 □自身财务报表不规范

□融资规模小 □股权退出机制不完善 □其他

②您认为解决融资难问题的有效途径有哪些？

□扶持中小金融机构发展 □规范企业信息披露

□全面实行注册制与退市制度 □并购国有资本 □其他

○否

（9）您认为该如何激发企业增加研发投入？

□加大政府科技支持力度

□增加科技补贴金额 □增加科技补贴广度

□建立更多支持专项 □提升政府研发风险补贴力度

□提升政府补贴公平性

□补贴后置化 □取消行政官员评价、建立技术专家评价体系

□增加企业融资可得性

□鼓励市场公平竞争

□打破行业国有垄断 □降低进入门槛 □减少政府干预

□完善风险分散机制、降低创新失败损失

□由政府设立创新失败补偿基金 □增设研发创新相关险种

□建立研发创新互助基金 □其他

（10）您认为该如何鼓励企业原始发明创新？

□加大政府原始创新补贴力度

□建立专项原始发明创新基金

□发挥大企业引领作用

□政府支持原始发明创新成果转化

□实行"揭榜挂帅"组织管理

□增加政府前期投入、严格后期跟踪监管

□其他

访谈纲要

一、关于中小银行发展所遇到的现实困境

访谈对象：广发银行×××分行高管
问题1：贵行在全国各个地区的分布情况如何？
问题2：为什么在中西部地区业务开展不理想？
问题3：怎样才能促进中小银行在欠发达地区更好地开展业务？

二、关于中小民营企业技术创新现状与困境

访谈对象：×××中小民营企业负责人
问题1：贵企业是否进行技术创新？
问题2：贵企业技术创新过程中遇到哪些困难？
问题3：有何好的建议解决当前技术创新中所遇到的困难？

三、如何破解中小民营企业融资难、融资贵问题

访谈对象：×××国有银行江西省分行负责人
问题1：贵行主要信贷业务的对象是谁？
问题2：贵行对中小民营企业发放贷款所遇到的困难有哪些？
问题3：有什么好的建议来解决中小民营企业融资难问题？

四、当前政府科技补贴政策所存在的问题

访谈对象：××省科技管理部门负责人
问题1：贵省当前政府科技补贴的标准是什么？
问题2：获得科技补贴的企业主要是哪些？
问题3：今后如何更好地发挥政府科技补贴对技术创新的引导作用？

五、中小民营企业股权融资现状与困境问题

访谈对象：新三板×××企业负责人

问题1：贵企业是否获得 PE、VC 等机构的支持？

问题2：获得 PE、VC 等机构支持的困境有哪些？

问题3：如何更好地大力发展 PE、VC 等机构并让其在企业技术创新时发挥更好的作用？